Die Materialien enthalten Veröffentlichungen des Instituts für Kulturgeographie, Stadt- und Regionalforschung der J.W. Goethe-Universität Frankfurt am Main, die aus Diplom- und Staatsexamensarbeiten entstanden sind oder die Ergebnisse von Projekten, gutachterlichen Stellungnahmen, Tagungen, Workshops wiedergeben. Sie dokumentieren damit Ergebnisse der Arbeit des Instituts, die besonders von regionalem Interesse sind und so der wissenschaftlichen Diskussion und der praktischen Verwertung nicht vorenthalten werden sollen. Es werden bewusst und auch gerade Arbeiten von jungen Kolleginnen und Kollegen oder unter studentischer Beteiligung unseres Lehr- und Forschungsbereichs aufgenommen.

Die Deutsche Bibliothek – CIP-Einheitsaufnahme

Wolf, Klaus
Regionale Freizeiteinrichtungen im Rhein-Main-Gebiet / Klaus Wolf; Christian Langhagen-Rohrbach. – Frankfurt am Main: Inst. f. Kulturgeographie, Stadt- und Regionalforschung, 2001
(Materialien / Institut für Kulturgeographie, Stadt- und Regionalforschung der J. W. Goethe-Universität Frankfurt am Main; Bd. 31)
ISBN 3-923218-24-9

Alle Rechte vorbehalten

© Copyright 2001 bei K. Wolf

J. W. Goethe-Universität Frankfurt am Main
Institut für Kulturgeographie,
Stadt- und Regionalforschung
Senckenberganlage 36
D-60325 Frankfurt am Main

ISSN   0170-897 X

ISBN 3-923218-24-9

Bestellungen an:

Dr. Franz Schymik
J. W. Goethe-Universität Frankfurt am Main
Institut für Kulturgeographie, Stadt- und Regionalforschung
Senckenberganlage 36
D-60325 Frankfurt am Main

Titelfoto: Klaus Wolf 7/2000

Herstellung: Books on Demand GmbH, Norderstedt

INSTITUT FÜR KULTURGEOGRAPHIE, STADT- UND REGIONALFORSCHUNG
DER J. W. GOETHE-UNIVERSITÄT FRANKFURT AM MAIN
Prof. Dr. Klaus Wolf

Schriftleitung: Dr. Franz Schymik

MATERIALIEN 31

Regionale Freizeiteinrichtungen im Rhein-Main-Gebiet

Teil A: Der Rodgausee – Struktur und Potential
Teil B: Badeseen der Region im Vergleich

von

Klaus Wolf und Christian Langhagen-Rohrbach

Frankfurt am Main 2001

Vorwort

Das vorliegende Heft 31 der MATERIALIEN enthält die Ergebnisse verschiedener Praktika, die im Grundstudium Diplomgeographie am Institut für Kulturgeographie, Stadt- und Regionalforschung der Goethe-Universität Frankfurt in Zusammenarbeit mit dem Umlandverband Frankfurt durchgeführt wurden:

- „Der Rodgausee – Struktur und Potential einer regionalen Freizeiteinrichtung im Rhein-Main-Gebiet" – Die Untersuchung fand im Sommer 2000 zur Ermittlung der Nutzerstruktur und des Nutzerpotentials des Rodgausees statt. Der endgültige Bericht wurde im Februar 2001 vorgelegt.

- „Schultheisweiher, Langener Waldsee und Rodgausee – Strukturvergleich regionaler Freizeiteinrichtungen" – fasst die Ergebnisse der in Zusammenarbeit mit dem Umlandverband Frankfurt bisher durchgeführten Untersuchungen zur Nutzerstruktur und zum Nutzerpotential der Badeseen Schultheisweiher, Langener Waldsee und Rodgausee vergleichend zusammen.

Mit Heft 31 der MATERIALIEN starten wir gleichzeitig den Versuch, einen der Schriftenreihe stärker angepassten Weg der Veröffentlichung zu gehen. Das Heft erscheint als sogenanntes „Book on demand". Neben dem noch effektiveren Einsatz der finanziellen Mittel zum Druck der Reihe versprechen wir uns davon auch eine schnellere Veröffentlichung und damit aktuellere Publikation unserer Arbeitsergebnisse.

Dipl.-Ing. Elke Alban und Dorothy Hauzar sei an dieser Stelle herzlich gedankt für die sorgfältige Betreuung der Kartographie und die Erstellung der Druckvorlagen.

Wir hoffen, dass sich diese Form der Publikation bewährt und wünschen dem Heft ein möglichst vielfältiges Interesse.

Frankfurt am Main, im März 2001

Christian Langhagen-Rohrbach   Klaus Wolf

Inhaltsverzeichnis

		Seite
Teil A:	Der Rodgausee – Struktur und Potential einer regionalen Freizeiteinrichtung im Rhein-Main-Gebiet	9
Teil B:	Schultheisweiher, Langener Waldsee und Rodgausee – Strukturvergleich regionaler Freizeiteinrichtungen	185

Teil A:

Der Rodgausee – Struktur und Potential einer regionalen Freizeiteinrichtung im Rhein-Main-Gebiet

Projektleitung: Prof. Dr. Klaus Wolf

Bearbeitung: Dipl.-Geogr. Christian Langhagen-Rohrbach

Statistik: Andreas Paul

Vorwort:

Nutzerstruktur und Nutzerpotential der Badegäste am Rodgausee sowie eine Bewohnerbefragung der Bewohner der Ortsteile Dudenhofen und Nieder-Roden wurden im Sommer 2000 durchgeführt. Die Untersuchungen fanden zu einem Zeitpunkt statt, als der Vertrag zwischen dem Umlandverband Frankfurt und der Stadt Rodgau über den zukünftigen gemeinsamen Betrieb des Badesees in Kraft getreten und die geplanten Ausbaumaßnahmen im Freizeitbereich z. T. schon umgesetzt waren. Die Untersuchung sollte Sicherheit über die tatsächliche Nutzung und die Wünsche hinsichtlich der Ausbaumaßnahmen durch die Badegäste bringen. Im Rahmen des Praktikums wurde außerdem aus eigenem Forschungsinteresse unseres Instituts mit der Befragung der Badegäste die Anwohnerbefragung verknüpft.

Studentische Teilnehmerinnen und Teilnehmer an dem Proseminar „Geographie der Freizeit" und dem damit verbundenen Praktikum im SS 2000 waren:

Cora Bretschneider	Pascal Irmscher	Sami Rabieh
Nicole Brüggen	Peggy Jörke	Jutta Rehfeld
Jörn Brunotte	Daniel Kegler	Kathrin Rützel
Thomas Brunner	Bernadette Krefeld	Alexander Schad
Wencke Büntgen	Alexander Kunkel	Annett Warczok
Björn Dattner	Susanne Lockermann	Stefanie Weitz
Andreas Eistert	Volker Marold	Anke Wipfler
Sebastian Feick	Andreas Paul	
Barbara Hock	Christoph Perner	

Die EDV-gestützte Auswertung der erhobenen Daten wurde im Institut unter intensiver Beteiligung von Andreas Paul geleistet. Der vorliegende Bericht wurde von Dipl.-Geogr. Christian Langhagen-Rohrbach erarbeitet. Ihnen beiden gilt dafür mein ausdrücklicher Dank.

Weder das Praktikum noch die vorliegende Analyse der Nutzerstruktur des Rodgausees wären jedoch zu Stande gekommen, wenn der Umlandverband Frankfurt die Arbeiten nicht finanziell gefördert hätte. Für die sehr gute Kooperation mit dem Umlandverband gilt Dr. Thomas Rautenberg und Norbert Jährling mein besonderer Dank. In der Stadt Rodgau wurden wir von Bürgermeister Thomas Przibilla, von Jutta Lusert und Monika Treske aus dem Planungsamt unterstützt. Auch Ihnen sei dafür herzlich gedankt.

Frankfurt am Main, im März 2001

Klaus Wolf

Inhaltsverzeichnis

		Seite
1	**Ziel der Untersuchung**	17
2	**Allgemeiner Hintergrund der Untersuchung**	18
3	**Durchführung der empirischen Untersuchung**	20
3.1	Allgemeines	20
3.2	Lage des Untersuchungsgebietes	21
3.3	Kartierung	22
3.4	Kennzeichenzählung	23
3.5	Befragung der Badegäste	23
3.6	Befragte Anwohner in den angrenzenden Stadtteilen	24
3.7	Zusätzliche Befragung	27
4	**Ergebnisse der Anwohnerbefragung in Dudenhofen und Nieder-Roden**	29
4.1	Nutzungsintensität	29
4.2	Erreichbarkeit des Sees	31
4.3	Verkehrsbelastung durch An- und Abreiseverkehr zum See	33
4.4	Aktivitäten der Anwohner beim Strandbesuch	34
4.5	Bewertung des Sees und Zufriedenheit der Anwohner	39
4.6	Die Planungen des UVF und der Stadt aus der Sicht der Bürger	44
4.7	Verbesserungsvorschläge und Anregungen der Anwohner	50
4.8	Soziodemographische Merkmale der Anwohner	51
5	**Ergebnisse der Befragung der Badegäste am Rodgausee**	57
5.1	Nutzungsintensität	57
5.2	Einzugsbereich und Erreichbarkeit des Sees	65
5.3	Aktivitäten der Badegäste beim Strandbesuch	73
5.4	Bewertung des Sees und Zufriedenheit der Badegäste	81
5.5	Die Planungen des UVF und der Stadt aus der Sicht der Badegäste	90

		Seite
5.6	Verbesserungsvorschläge und Anregungen der Badegäste	97
5.7	Soziodemographische Merkmale der Badegäste	99
6	**Fazit**	103
7	**Literatur**	107
8	**Abkürzungen**	108
9	**Anhang**	109

Abbildungsverzeichnis

		Seite
Abb. 1:	Ausschnitt aus dem FNP des UVF für die Stadt Rodgau	20
Abb. 2:	Parkplätze am Rodgausee	22
Abb. 3:	Blick über den Textil-Strand	23
Abb. 4:	Befragte Anwohner und Badegäste während des Untersuchungszeitraumes	24
Abb. 5:	Prozentualer Anteil der Haushalte an den Haushalten pro Stadtteil insgesamt im Vergleich zu den im Rahmen der Flächenstichprobe befragten Haushalte	26
Abb. 6:	Benutztes Verkehrsmittel der Anwohner zur Anreise an den Rodgausee	31
Abb. 7:	Bewertung der Erreichbarkeit des Strandbades nach Verkehrsmitteln	32
Abb. 8:	Aktivitäten der Anwohner bei Badewetter	35
Abb. 9:	Aktivitäten der Anwohner bei Nicht-Badewetter	36
Abb. 10:	Zufriedenheit aller Anwohner mit der Ausstattung des Rodgausees	40
Abb. 11:	Kenntnis über die Ausbaupläne des Strandbades am Rodgausee	46
Abb. 12:	Bewertung der geplanten Anlagen am Rodgausee	47
Abb. 13:	Mögliche Nutzung der geplanten Einrichtungen am Rodgausee	49
Abb. 14:	Geschlecht der befragten Anwohner	52
Abb. 15:	Altersstruktur der befragten Anwohner	53
Abb. 16:	Besuchshäufigkeit der Badegäste bei Badewetter	59
Abb. 17:	Besuchshäufigkeit der Badegäste nach Wochentagen	60
Abb. 18:	Ankunftszeit der Badegäste am Befragungstag	61
Abb. 19:	Aufenthaltsdauer der Badegäste	61
Abb. 20:	Besuchshäufigkeit der Badegäste bei Nicht-Badewetter	62
Abb. 21:	Begleitung der Badegäste	64
Abb. 22:	Kennzeichenzählung auf dem Parkplatz am 01.07.2000	66
Abb. 23:	Kennzeichenzählung auf dem Parkplatz am 02.07.2000	67

Seite

Abb. 24:	Wohnorte der Badegäste am Rodgausee	68
Abb. 25:	Benutzte Verkehrsmittel der Badegäste	70
Abb. 26:	Zufriedenheit mit der Anbindung des Strandbades	72
Abb. 27:	Aktivitäten der Badegäste bei Badewetter	74
Abb. 28	Aktivitäten der Badegäste an allen Seen im Vergleich	75
Abb. 29:	Aktivitäten der Badegäste bei Nicht-Badewetter	76
Abb. 30:	Aktivitäten der Badegäste an allen Seen im Vergleich	77
Abb. 31:	Zufriedenheit der Badegäste	83
Abb. 32:	Zufriedenheit der Badegäste im Textil-Strand	84
Abb. 33:	Zufriedenheit der Badegäste im FKK-Strand	85
Abb. 34:	Bewertung der Planungen durch die Badegäste	90
Abb. 35:	Mögliche Nutzung der geplante Anlagen durch die Badegäste	91
Abb. 36:	Bewertung der Planungen durch die Badegäste des Textil-Strandes	93
Abb. 37:	Mögliche Nutzung der geplanten Einrichtungen durch die Gäste des Textil-Strandes	94
Abb. 38:	Bewertung der geplanten Anlagen durch die Gäste des FKK-Strandes	95
Abb. 39:	Mögliche Nutzung der geplanten Einrichtungen durch die Gäste des FKK-Strandes	97
Abb. 40:	Geschlecht der befragten Badegäste	100
Abb. 41:	Altersverteilung der befragten Badegäste	102

1 Ziel der Untersuchung

In den Jahren 1993 und 1997 wurden vom Institut für Kulturgeographie, Stadt- und Regionalforschung (KSR) Untersuchungen an wasserbezogenen Freizeiteinrichtungen durchgeführt. Die Untersuchung des Schultheisweihers in Offenbach am Main (1993) und die Befragung am Langener Waldsee (1997)[1] waren Auftragsarbeiten des Umlandverbandes Frankfurt am Main (UVF)(beim Langener Waldsee gemeinsam mit der Stadt Langen). Das nun vorliegende Gutachten des Rodgausees, seiner Nutzerstruktur und die Untersuchung der Meinung der Anwohner aus den angrenzenden Stadtteilen in Bezug auf den Rodgausee ist ebenfalls ein Auftrag des UVF an das KSR, dieses Mal in Kooperation mit der Stadt Rodgau. Damit fügt sich die Untersuchung nahtlos in die Reihe der bereits abgeschlossenen Untersuchungen ein und ermöglicht damit auch einen Vergleich der drei Freizeiteinrichtungen untereinander[2].

Im vorliegenden Fall liegen Pläne des Landschaftsarchitekten Dirk Schelhorn, Frankfurt, vor, die einen Ausbau des Rodgausees skizzieren. Im Rahmen der Erweiterung des Strandbades ist die Errichtung verschiedener Freizeiteinrichtungen geplant, die in der Vergangenheit in Presse und Öffentlichkeit zum Teil widersprüchlich diskutiert wurden. Ein Teil der Erweiterungspläne war zum Zeitpunkt der Untersuchung vom 29.06.2000 bis 05.07.2000 bereits realisiert (Beachvolleyballanlage, eingeweiht am 03.07.2000) bzw. befand sich kurz vor der Fertigstellung (Inlineskateanlage, Einweihung am 13.07.2000). Die vom KSR durchgeführte Untersuchung sollte die Struktur der Nutzer des Rodgausees und deren Ansichten zum Rodgausee, seinen Freizeitanlagen und dem geplanten Ausbau erarbeiten. Vom KSR wurde darüber hinaus eine Anwohnerbefragung in den Rodgauer Stadtteilen Dudenhofen und Nieder-Roden durchgeführt, um die Nutzung und Einschätzung der Nutzung durch die Anwohner zu ermitteln.

Für die Durchführung der Untersuchung wurden verschiedene Methoden angewandt, die in Kapitel 3 näher erläutert werden.

---

[1] Die Ergebnisse der Untersuchung am Langener Waldsee befinden sich zur Zeit in der Druckvorbereitung und werden noch im Jahr 2001 als Band 30 der MATERIALIEN erscheinen. Aus diesem Grund beziehen sich Zitate im Text auf den unveröffentlichten Originaltext.

[2] In diesem Bericht werden nur hin und wieder Vergleiche zu den beiden Vorläuferuntersuchungen angestellt. Vergleiche zwischen den drei Badeseen im Rhein-Main-Gebiet zu ziehen, ist Gegenstand einer weiteren Abhandlung (s. 2. Teil dieses Bandes).

2 Allgemeiner Hintergrund der Untersuchung

Ende 1999 schlossen der UVF und die Stadt Rodgau einen Vertrag ab, mit dem vereinbart wurde, sich zukünftig gemeinsam um den Betrieb des Strandbades in Nieder-Roden am Rodgausee zu bemühen. Hintergrund ist u.a. die Aufgabe des UVF, überörtlich bedeutsame Freizeiteinrichtungen in der Region Rhein-Main zu planen und zu betreiben (vgl. §3 (2) UVG). Nach dem Schultheisweiher und dem Langener Waldsee ist der Rodgausee der dritte Badesee, an dem sich der UVF beteiligt. Bei den im Sommer 2000 abgeschlossenen Arbeiten des ersten Ausbaus handelte es sich bereits um die Umsetzung gemeinsamer Pläne von UVF und Stadt Rodgau.

Einer der Gründe, warum der Rodgausee in Zukunft zu einer Freizeiteinrichtung mit einem großen Angebot an Freizeitaktivitäten ausgebaut werden soll, ist dessen zentrale Lage innerhalb der Region Rhein-Main[3]. Innerhalb eines Kreises von 10 km um den Rodgausee leben etwa 210.000 Menschen[4], die mehr und mehr freie Zeit zur Verfügung haben. Der Anteil der Freizeit innerhalb einer Woche hat sich seit 1950 von ca. 25% auf etwa 35% im Jahr 1995 erhöht. Das bedeutet einen absoluten Anstieg von ca. 3 Stunden auf 8 Stunden mehr an Freizeit (!). Im selben Zeitraum ist die Lebenserwartung von etwa 70 auf ca. 75 Jahre gestiegen (WOLF/ SCHOLZ 1999, 63; LANGHAGEN-ROHRBACH/WOLF 2000, 106). Damit steht jedem deutlich mehr Zeit insgesamt und entsprechend auch mehr freie Zeit zur Verfügung. Als Freizeit oder „freie Zeit" wird hier die Zeit verstanden, in der weder Erwerbs-, noch andere Arbeit geleistet wird und die auch nicht durch andere Zwänge blockiert ist. Die Zeit, die tagtäglich für den Lebenserhalt (Schlafen, Waschen, Essen etc.) aufgewandt wird, ist keine freie Zeit, die für Aktivitäten zur Verfügung steht, und soll daher auch nicht Gegenstand der Betrachtung sein.

Zum Zweiten haben sich durch die verbesserte ökonomische Situation vieler Bundesbürgerinnen und Bundesbürger auch deren Möglichkeiten, Freizeit zu verbringen, vervielfältigt. In diesem Zusammenhang lässt sich feststellen, dass die Nachfrage sich vor allem auf „neue" Trendsportarten bzw. die dafür notwendigen Einrichtungen (z.B. die Indoorkletterhallen) konzentriert. Darüber hinaus entstehen neue Infrastruktureinrichtungen und -kategorien an Freizeiteinrichtungen. Hier sind insbesondere Freizeitparks, sog. Freizeitzentren der zweiten Generation (z.B. die „Center Parks"), Großveranstaltungshallen, Musicalarenen, Multiplexkinos und Spaß- bzw. Erlebnisbäder zu nennen (zur Übersicht über die „neue" Freizeitinfrastruktur vgl. HATZFELD/ROTERS 1998, 526-530 bzw. LANGHAGEN-ROHRBACH/WOLF 2000, 107). Die genannten Einrichtungen stellen im Freizeit-

---

[3] Als Abgrenzung des Rhein-Main-Gebietes wird hier die im KSR übliche Abgrenzung verwendet (vgl. KSR 2000).

[4] Im Umkreis von 10 km Luftlinie um den Rodgausee liegen die Gemeinden Babenhausen, Dietzenbach, Eppertshausen, Hainburg, Heusenstamm, Obertshausen, Rodgau, Rödermark und Seligenstadt. Alle Gemeinden haben zusammen 213.734 Einwohner (Stand: 31.12.1997)(Hess. Stat. Landesamt 1998).

bereich die unmittelbare Konkurrenz zu älterer Freizeitinfrastruktur dar: Das kleine Hallen- oder Freibad konkurriert mit „Center Parks" und Erlebnisbädern, das Kino um die Ecke mit den Multiplexkinos etc. Gleiches gilt natürlich auch für den Rodgausee. Zudem ist die „Freizeitindustrie", von der in den letzten Jahren zunehmend die Rede ist, auch eine der Wachstumsbranchen schlechthin. Dementsprechend bauen Investoren und Investorengruppen zur Zeit verstärkt die Freizeitinfrastruktur aus (vgl. HATZFELD/ROTERS 1998, 526).

Aus den vorangehenden Ausführungen lassen sich folgende Schlussfolgerungen in Bezug auf den Rodgausee ziehen:

- Freizeit ist eine Zeitkategorie, die in den vergangenen Jahren enorm gewonnen hat – zum einen in rein quantitativer Hinsicht, zum anderen ist Freizeit ein bestimmender Faktor im Leben vieler Menschen geworden. Im Zuge der Verminderung der Gesamtarbeitszeit hat sich auch das Verhältnis von Arbeitszeit zur Freizeit bei großen Teilen der Bevölkerung verändert. Dadurch wächst der Bedarf und die Bedeutung der Einrichtungen, an denen Freizeit verbracht werden kann. Insbesondere in Verdichtungsräumen wie der Region Rhein-Main entsteht durch die große Nachfrage nach Freizeitaktivitäten ein hoher Druck auf die vorhandenen Einrichtungen (vgl. zum Beispiel die Meldungen des Verkehrsfunks an sommerlichen Wochenenden, mit denen durchgegeben wird, an welchen Freizeitanlagen die Parkplätze bereits erschöpft sind. Besonders oft werden hier der Langener Waldsee und der Große Feldberg genannt).

- Es gibt – bedingt durch die skizzierten gesellschaftlichen Veränderungen – nicht mehr „die" Freizeit in der deutschen Gesellschaft. Freizeit und die Art ihrer Verwendung ist vielmehr zum Ausdruck einer bestimmten Lebensart geworden, die bestenfalls noch als Charakteristikum bestimmter Gesellschaftsteile bezeichnet werden kann. Für Betreiber von Freizeitanlagen bedeutet dies notwendigerweise die Beschränkung auf zielgruppengerechte Angebote und zunächst ein Bewusstsein darüber, welche Zielgruppe man mit dem vorhandenen (oder geplanten) Angebot ansprechen möchte. Dabei darf auch nicht übersehen werden, dass nicht alle Angebote ökonomisch sinnvoll sind, da sich die eine oder andere Art, die Freizeit zu verbringen, als kurzfristige Mode erwiesen hat. Zwischen kurzer Mode und langlebigem Trend zu unterscheiden, ist im Voraus immer problematisch.

- Aufgrund veränderter Angebots- und Nachfragestrukturen reicht es heute kaum noch aus, ein einfaches Angebot innerhalb dieses Sektors zu machen. Der Trend – insbesondere bei den angesprochenen Großeinrichtungen – geht eindeutig zu multifunktionalen Anlagen, die mehrere Sport- oder Freizeitmöglichkeiten unter „einem Dach" vereinen. Aufgrund seiner zentralen Lage innerhalb des Verdichtungsraumes Rhein-Main sind daher Maßnahmen eingeleitet worden, den Rodgausee zur Freizeitanlage auszubauen, die den gewandelten Freizeitansprüchen eher gerecht wird.

3 Durchführung der empirischen Untersuchung

3.1 Allgemeines

Die Untersuchung zu Nutzerstruktur und -potential des Rodgausees wurde in der Zeit vom 29.06.2000 (Donnerstag) bis einschließlich Mittwoch, den 05.07.2000 durchgeführt. Die Untersuchung wurde von Herrn Prof. Dr. Klaus Wolf und Dipl.-Geogr. Christian Langhagen-Rohrbach geleitet. Die Befragungen, Kartierung etc., die im Folgenden näher erläutert werden, wurden von Studierenden des Grundstudiums der Studiengänge Diplom-Geographie, Lehramt an Gymnasien (Erdkunde) und Magister Artium (Nebenfach Geographie) an der Johann Wolfgang Goethe-Universität durchgeführt. Insgesamt 25 Studierende nahmen an dem vorbereitenden Proseminar mit dem Titel „Geographie der Freizeit" teil und setzen im anschließenden Geländepraktikum am

Abb. 1: Ausschnitt aus dem FNP des UVF für die Stadt Rodgau

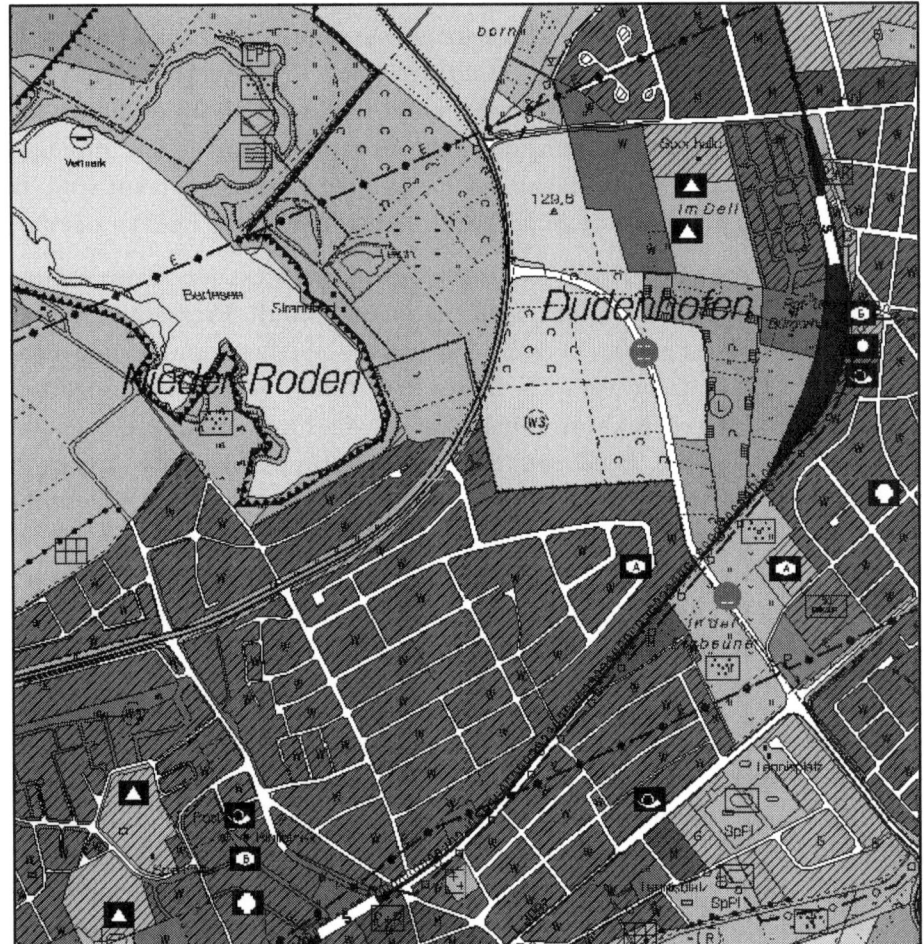

Quelle: UVF 2000

Rodgausee erlerntes theoretisches Wissen in die Praxis um. Das Geländepraktikum erfüllt in der Ausbildung der Studierenden den Zweck, bereits frühzeitig praxisrelevante Fragestellungen zu erkennen und mit Hilfe wissenschaftlicher Methoden zu untersuchen. An dieser Stelle sei allen Studierenden des Proseminars mit Geländepraktikum noch einmal herzlich für ihr Engagement und ihre Unterstützung gedankt!

3.2 Lage des Untersuchungsgebietes

Der Rodgausee liegt unmittelbar südlich der sog. „Kreisquerverbindung" (L3121), die den Landkreis Offenbach in west-östlicher Richtung durchquert. Im Süden grenzt das Gelände des Rodgausees, der von den Bewohnern der angrenzenden Stadtteile auch als „Kiessee" bezeichnet wird, an den Rodgauer Stadtteil Nieder-Roden (vgl. Abb. 1). Das Gebiet des Rodgausees liegt auf quartären Flugsanden, die im Osten an alte Flussterrassen des Mains und im Westen an das Messeler Hügelland angrenzen. Dieses ist die südliche Fortsetzung des Sprendlinger Horstes und aus Schichten des Rotliegenden aufgebaut. Der Rodgausee sowie der Bereich zwischen Rodgausee und der B459 im Westen ist im Regionalplan Südhessen 2000 (RP 2001) als „Bereich oberflächennaher Lagerstätten" ausgewiesen. Dasselbe gilt für ein Gebiet, das unmittelbar nördlich des Rodgausees an der Kreisquerverbindung beginnt und ca. 2-3 km nach Norden in Richtung Jügesheim / Weiskirchen reicht. Für den Rodgausee selbst sind im nördlichen Bereich noch Flächen für den Sand- und Kiesabbau ausgewiesen, für die auch bereits Genehmigungen vorliegen, die den weiteren Betrieb des am See ansässigen Kieswerks bis ca. 2010-2015 sichern. Mit der Größe, die der See dann haben wird, wird er allein aufgrund der Wasserfläche zu den attraktivsten Einrichtungen dieser Art in der Region gehören. Bis zum Ende der Auskiesung soll das Strandbad sukzessive erweitert und das Angebot an Freizeitaktivitäten ausgeweitet werden.

Die Erschließung des Sees erfolgt über die Verbindungsstrasse zwischen Nieder-Roden und Kreisquerverbindung, die Rodgau-Ringstraße. Unmittelbar an der Ringstrasse stehen unbewachte und unentgeltliche Parkplätze (s. Abb. 2) für die Besucher des Strandbads zur Verfügung. Etwa an der Einfahrt zum Badesee befindet sich eine Bushaltestelle der Buslinie 969 (Langen-Seligenstadt). Vom Jahr 2003 an soll auf den Gleisen der heutigen Bahnlinie durch die Stadt Rodgau eine S-Bahn verkehren, so dass dann auch überörtlich eine verbesserte Anbindung des Sees mit dem öffentlichen Personennahverkehr gewährleistet wäre. Der nächste S-Bahn-Bahnhof wird sich auf dem Gelände des heutigen Bahnhofes in Dudenhofen befinden (ca. 10 Minuten Fußweg zum Badesee, vgl. FNP-Ausschnitt in Abb. 1).

Das Strandbad am Ostufer des Sees ist in zwei Teile gegliedert – der südliche wird als Textilbadestrand benutzt (vgl. Abb. 3), der nördliche als FKK-Strand.

Abb. 2: Parkplätze am Rodgausee

Quelle: Eigene Aufnahme 7/2000

Der Parkplatz in unmittelbarer Nähe des Strandbades fasst ca. 1.200 Fahrzeuge und ist ebenfalls über die Rodgauringstraße zu erreichen. Ebenfalls in unmittelbarer Nähe des Strandbades befindet sich die „Kieskuhle" und ein Sandmagerrasen. Beide Flächen stehen lt. §23 HENatG unter Naturschutz. Der Sandmagerrasen wird jedoch vom Drachen-Verein „Aiolos" als Start- und Landeplatz für Lenkdrachen verwendet. Das südliche bzw. süd-westliche Ufer des Rodgausees wird ebenfalls von einem Verein genutzt: Die Pflege dieses Landschaftsteils obliegt dem Rodgauer Angelverein, dessen Vereinsheim am südlichen Ende des Sees am Nieder-Rodener Siedlungsrand liegt.

3.3 Kartierung

Um einen Überblick über die am Rodgausee vorhandene Freizeitinfrastruktur zu gewinnen, wurde der Rodgausee und seine nähere Umgebung an den ersten beiden Tagen der Untersuchung kartiert. Da sich in der unmittelbaren Umgebung des Sees jedoch ausschließlich Parkplätze bzw. angrenzende, unter Naturschutz stehende Flächen befinden, beschränkte sich die Kartierung auf den Bereich des Strandbades mit seinen beiden Stränden (Textil/FKK). Insbesondere das Westufer des Sees sowie der nördliche Teil wurden in die Kartierung nicht mit einbezogen. Das Westufer – betreut vom Rodgauer Angelverein – wird in einem naturnahen Zustand gehalten und ausschließlich von den Anglern genutzt. Weitere Infrastruktur, die für Freizeitaktivitäten genutzt werden könnte, ist in diesem Bereich nicht vorhanden. Der nördliche Teil ist für Badegäste ebenso wie für die Bürgerinnen und Bürger der Stadt Rodgau nicht zu betreten. In diesem Bereich betreibt die Firma Schüttler Sand- bzw. Kiesabbau. Das Gelände ist eingezäunt und enthält ebenfalls keine weiteren freizeitrelevanten Einrichtungen. Das Ergebnis der Kartierung ist im Anhang beigefügt.

Abb. 3: Blick über den Textil-Strand

Quelle: Eigene Aufnahme 7/2000

3.4 Kennzeichenzählung

Um einen schnellen Überblick über den ungefähren Einzugsbereich des Rodgausees zu bekommen, wurden an Tagen mit hohen Besucherzahlen in der Zeit von 14 bis 16 Uhr die Kennzeichen der auf dem Parkplatz des Rodgausees abgestellten Fahrzeuge erfasst und auskartiert. Auf diese Weise lässt sich feststellen, ob der Einzugsbereich eher lokal oder regional geprägt ist. Detaillierte Auskunft über den Einzugsbereich nach Wohnorten der Badegäste bekommt man jedoch erst mit Hilfe der Befragung mit dem vom KSR angefertigten Fragebogen (vgl. Kap. 5.2).

Zudem ist bei der Aufnahme der Kennzeichen mit Fehlern zu rechnen: Nicht immer ist das benutzte Fahrzeug auch am Wohnort des Fahrers zugelassen (z.B. bei Firmenwagen), so dass sich unter die Kennzeichen der näheren und weiteren Nachbarschaft auch Kennzeichen weiter entfernterer Landkreise mischen können, deren Fahrer in Seenähe beheimatet sind. Das gleiche gilt zum Beispiel auch bei Mietwagen.

3.5 Befragung der Badegäste

Den wesentlichen Anteil der Untersuchung am Rodgausee machte die Befragung der Badegäste mit Hilfe im vorbereitenden Seminar erarbeiteter und getesteter Fragebögen aus. Die Fragebögen wurden zum einen in Anlehnung an die bei den vorhergehenden Untersuchungen am Langener Waldsee bzw. am Schultheisweiher verwendeten erstellt, zum anderen aber auch an die spezifische Situation am Rodgausee angepasst. Die Inhalte des Fragebogens wurden mit dem UVF und der Stadt Rodgau abgestimmt.

Während der Untersuchungsphase besuchten insgesamt 4921 Personen das Nieder-Rodener Strandbad, von denen insgesamt 379 Badegäste befragt werden konnten. Das entspricht einem Stichprobenumfang von etwa 8%. In Anbetracht der zumindest an den ersten und letzten Tagen widrigen Witterung ist dieses Ergebnis hervorragend und sichert die Aussagekraft der Befragung.

Abb. 4: Befragte Badegäste und befragte Anwohner während des Untersuchungszeitraumes

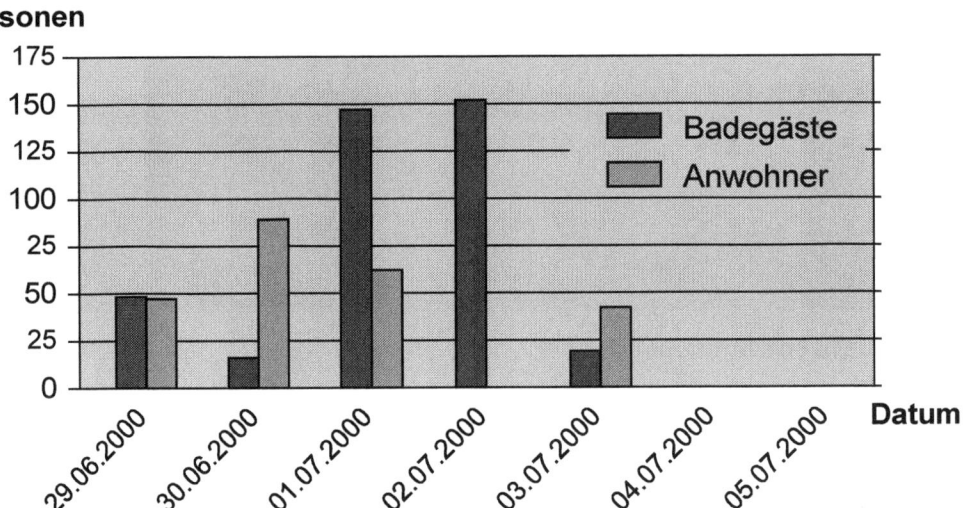

Quelle: Eigene Erhebung 2000

Der Fragebogen (siehe Anhang) gliederte sich in folgende Fragenkomplexe: Der erste Komplex fragte Quantität, Intensität und Art der Nutzung sowie die Besuchshäufigkeit der Nutzerinnen und Nutzer ab. Der zweite Teil fragte nach der Erreichbarkeit des Sees und den zur Anreise gewählten Verkehrsmitteln sowie der Begründung dieser Auswahl. Im dritten Teil wurde nach Verbesserungsvorschlägen zum See und den vorhandenen Einrichtungen gefragt bzw. um eine Stellungnahme zum geplanten Ausbau des Sees gebeten. Personen, denen die Planungen des UVF und der Stadt Rodgau unbekannt waren, wurden die Vorhaben in ihren Grundzügen kurz vorgestellt. Im letzten Komplex des Fragebogens wurden die Befragten schließlich um Auskunft über verschiedene soziodemographische Merkmale gebeten, mit deren Hilfe auch Auskunft über die am See vorwiegend anzutreffenden sozialen Gruppen möglich sein sollten.

3.6   Befragung der Anwohner in den angrenzenden Stadtteilen

Zusätzlich zu den Badegästen im Strandbad des Rodgausees wurden aus eigenem Interesse des KSR und zu Ausbildungszwecken in den angrenzenden Stadtteilen Dudenhofen und Nieder-Roden Anwohner befragt. Auf diese Weise sollten Informationen über die Ansichten zum geplanten Ausbau des Rodgausees aus der Sicht der betroffenen Bevölkerung gewonnen werden. Der für die Anwohnerbefragung verwendete Fragebogen ist ebenfalls im Anhang beigefügt. Zudem ermöglichen die durch diese Teilbefragung gewonnenen Daten einen Vergleich mit den am Schultheisweiher 1993 befragten Anwohnern, so dass nun zu den drei insgesamt untersuchten Badeseen zwei Quellgebietsuntersuchungen potentieller Badegäste zur Verfügung stehen.

Um von der Bevölkerung aus einer bestimmten räumlichen Einheit repräsentative Auskünfte über deren Meinung zu einem bestimmten Thema zu erhalten, wurde in den 60er Jahren das Verfahren der sog. *Flächenstichprobe* entwickelt. Hierbei werden nach einer genau festgelegten Vorgehensweise Haushalte so befragt, dass deren Verteilung innerhalb der Fläche einen repräsentativen Querschnitt ergibt. Voraussetzung ist, dass der Umfang der Stichprobe groß genug ist (NOELLE 1963, 128).

Für eine Flächenstichprobe ist es zunächst notwendig, die Zahl der Haushalte in der zu befragenden Fläche zu kennen, um den Umfang der Stichprobe festzulegen. Die Stadtteile Dudenhofen und Nieder-Roden haben zusammen 10.114 Haushalte (Stand: 30.06.1998, STADT RODGAU 2000a). Obwohl diese Zahl bereits aus dem Jahr 1998 stammt, kann sie als ausreichend genau angenommen werden, da sich die Bevölkerungszahl in den einzelnen Stadtteilen während des Jahres 1999 nur geringfügig verändert hat (Nieder-Roden gewann 166 Einwohner hinzu, Dudenhofen 98, vgl. STADT RODGAU 2000b). Gleiches ist daher auch für die Zahl der Haushalte anzunehmen. Der Größe der Stichprobe wurden auf insgesamt 400 zu befragende Haushalte festgelegt. Damit ist gewährleistet, dass sich das Ergebnis der Befragung auf einem Signifikanzniveau von ca. 90% bewegt – d.h., dass die Ergebnisse die Meinung(en) der Bevölkerung in 90% der Fälle richtig abbilden.

Für die Durchführung der Flächenstichprobe werden zunächst Teams aus je zwei Interviewern gebildet, denen täglich neue zufällige Startpunkte in einem der beiden Stadtteile zugewiesen werden. An ihren Startpunkten begannen die Interviewer am zweiten Haus zu zählen und suchten jeden 25. Haushalt auf, um anwesende Personen – nach Möglichkeit den Haushaltsvorstand – zu befragen. Der Abstandswert – also die Zahl der zwischen den zu befragenden Haushalten liegenden Haushalte – ergibt sich aus der Division der Haushalte insgesamt durch die festgelegte Stichprobengröße. Zur Vereinfachung der Durchführung der Flächenstichprobe wurde im Voraus festgelegt, dass pro Klingel je ein Haushalt anzunehmen sei. Somit mussten die Interviewer an jeder 25. Klingel läuten, um den jeweils nächsten zu befragenden Haushalt zu ermitteln (vgl. NOELLE 1963, 128; WOLF et al. 1997, 124-127).

Der Weg, den die Interviewerteams zurücklegen, wird durch das sog. „Random-Route-Verfahren" (WOLF et al. 1997, 124-125) bestimmt: An der ersten Möglichkeit wird links abgebogen und anschließend auf der linken Seite weitergezählt. Danach wird die nächste Abzweigung nach rechts gewählt und auf der rechten Seite weitergezählt. An Bebauungsgrenzen wird umgekehrt und die laut Plan nächstfolgende Abzweigung gewählt. Erst an der Abzweigung wird die Zählung fortgesetzt.

Abb. 5: Prozentualer Anteil der Haushalte an den Haushalten pro Stadtteil insgesamt im Vergleich zu den im Rahmen der Flächenstichprobe befragten Haushalte

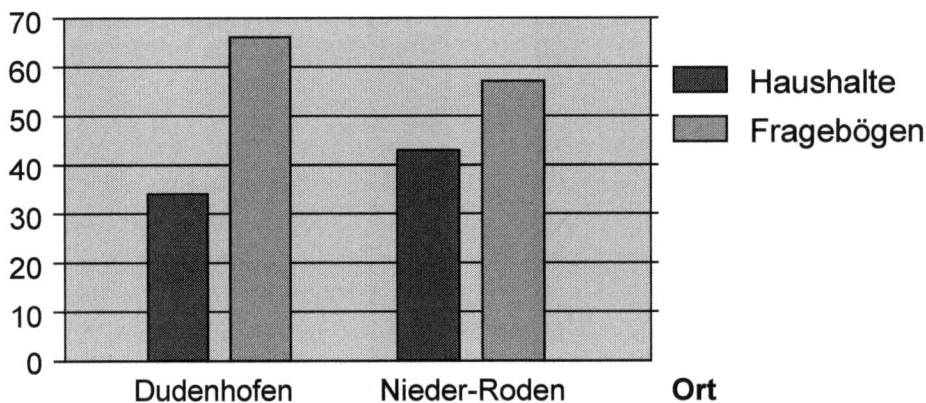

Quelle: Eigene Erhebung 2000

Mit Hilfe dieses Verfahrens wurden die Stadtteile Dudenhofen und Nieder-Roden abgelaufen und die Bevölkerung befragt. Zusätzlich wurden die befragten Haushalte in einer Karte (1:2000) eingetragen, um einen Überblick über die Zahl und den Ort der befragten Haushalte zu erhalten.

Am Ende des Befragungszeitraumes (29.06.2000 – 05.07.2000) waren 243 Haushalte befragt worden. Die Zahl der Haushalte, bei denen befragt werden sollte, lag erheblich höher. Leider waren viele Haushalte nicht bereit, an der Befragung teilzunehmen. Aus der Zahl der Totalverweigerer erklärt sich auch die Zahl der vorliegenden Fragebögen insgesamt: Um 243 verwertbare Fragebögen zu gewinnen, wurden während der Befragung ca. 1000 Haushalte aufgesucht – pro befragtem Haushalt wurden drei weitere angefragt, ohne ein greifbares Ergebnis zu erzielen. Die mangelnde Auskunftsbereitschaft der Bevölkerung in Dudenhofen und Nieder-Roden entspricht Ergebnissen ähnlicher Untersuchungen in den vergangenen Jahren, bei denen eine ständig rückläufige Auskunftsbereitschaft der Bevölkerung festgestellt werden kann. Dies konfrontiert die Interviewer stets mit neuen Herausforderungen und verlangt von diesen neben Neugierde und Kontaktfreudigkeit auch eine Menge „Frustrationstoleranz". Die vorliegenden Befragungsergebnisse sind jedoch in Zahl und Qualität eine gute Basis, um Auskunft über die Struktur und Meinung der Bevölkerung in Bezug auf den Ausbau des Rodgausees geben zu können.

Allein die Verteilung der Fragebögen zeigt, dass diese ausreicht, um Auskunft über die Ansichten der Bevölkerung aus beiden Stadtteilen zu geben: Die 10.114 Haushalte beider Stadtteile verteilen sich folgendermaßen: In Dudenhofen gibt es 3.396 Haushalte, in Nieder-Roden 6.718, also eine Verteilung von 34% (Dudenhofen) zu 66% (Nieder-Roden). Auch die insgesamt eingegangenen, auswertbaren Fragebögen spiegeln dieses Verhältnis annähernd wieder: 43% der Fragebögen stammen aus Dudenhofen, 57% aus Nieder-Roden (vgl. Abb. 5).

3.7 Zusätzliche Befragungen

Neben den Befragungen der Badegäste des Strandbades in Nieder-Roden und der Bevölkerung in den benachbarten Stadtteilen mit Hilfe vorgefertigter Fragebögen wurden sog. problemzentrierte Interviews oder Expertengespräche durchgeführt. Die Interviewer werden dabei mit einem Leitfaden (vgl. Anhang) ausgestattet und führen anschließend Gespräche mit zuvor ausgewählten Interviewpartnern. „Das Interview lässt den Gesprächspartner möglichst frei zu Wort kommen, um einem offenen Gespräch nahe zu kommen. Es ist aber zentriert auf eine bestimmte Problemstellung, die der Interviewer einführt, auf die er immer wieder zurückkommt. Die Problemstellung wurde vom Interviewer bereits vorher analysiert; er hat bestimmte Aspekte erarbeitet, die in einem Interviewleitfaden zusammengestellt sind und im Gesprächsverlauf von ihm angesprochen werden" (MAYRING 1996, 50). Die Ergebnisses des Gesprächs werden aufgezeichnet oder protokolliert. Anschließend wird das Material strukturiert, interpretiert und zu einem Text, einer Tabelle o.ä. zusammengefasst, so dass Kernaussagen erkennbar werden (MAYRING 1996, 73).

Der im Vorfeld erarbeitete Leitfaden für die von uns geplanten Interviews ist wie die beiden verwendeten Fragebögen dem Anhang zu entnehmen. Geplant waren folgende Expertengespräche zur Zukunft des Rodgausees:

- Bürgermeister der Stadt Rodgau Herr Przibilla (gemeinsam mit Herrn Simon (Wirtschaftsförderung der Stadt Rodgau) und Frau Moray (Presse- und Informationsamt der Stadt Rodgau),
- Herr Mertens, Umlandverband Frankfurt,
- Herr Landrat a.D. Lach, Rodgau,
- Herr Ruckelshausen und Herr Leinhos, Schwimmmeister am Rodgausee,
- Vertreter des Rodgauer Drachenfliegervereins „Aiolos",
- Vertreter des Angelvereins Rodgau,
- Besitzerin des Kiosk im Strandbad,
- Vertreter der DLRG Rodgau,
- Vertreter des Sport- und Kulturamtes der Stadt Rodgau (als Betreiber des Strandbades).

Aufgrund verschiedener Umstände konnten nicht alle der geplanten Interviews tatsächlich durchgeführt werden. Zu den Gründen, ein Interview zu verweigern, gehörte vor allem die Angst, in den bislang bestehenden Nutzungsrechten bzw. -

kompetenzen am Rodgausee aufgrund gemachter Aussagen beschnitten zu werden. Soweit Interviews zustande kamen und Protokolle angefertigt wurden, werden sie an den entsprechenden Stellen im Gutachten berücksichtigt.

4 Ergebnisse der Anwohnerbefragung in Dudenhofen und Nieder-Roden

Nachdem in den einleitenden Kapiteln die Ziele und Methoden der vom KSR am Rodgausee und in den umliegenden Stadtteilen durchgeführten Untersuchung vorgestellt worden sind, ist die Interpretation und Zusammenfassung der Ergebnisse der Anwohnerbefragung Gegenstand dieses Abschnittes.

4.1 Nutzungsintensität

Im ersten Teil der Auswertung der Anwohnerbefragung geht es zunächst einmal darum zu klären, ob und wie die Anwohner aus den angrenzenden Stadtteilen Dudenhofen und Nieder-Roden den Rodgausee (bzw. den „Kiessee" oder „Nieder-Rodener-See" wie der See umgangssprachlich auch genannt wird) nutzen. Immerhin 84,8% der befragten Anwohner geben an, den See zu besuchen (Dudenhofen 86,7%, Nieder-Roden 83,3%). Dies spricht für einen hohen Bekanntheitsgrad der Einrichtung in der Bevölkerung, der sich in vielen Fällen – den Antworten auf die Frage „Woher kennen Sie den Rodgausee?" entsprechend – auf eigene Erfahrungen und Erinnerungen mit dem bzw. am See gründet. Immerhin 76,9% der Dudenhöfer, die schon einmal den See besucht haben, kennen ihn von anderen Anwohnern – das könnte auf einen guten Ruf des Sees und Mundpropaganda innerhalb des Ortes hinweisen. Freunde und die eigene Kindheit sind ebenfalls sehr wichtige Faktoren, durch die einige den See kennen gelernt haben: 16,5% kamen während der Kindheit oder in Begleitung von Freunden zum ersten Mal ins Strandbad. Dass es sich hierbei um die jüngere Klientel handeln dürfte, erscheint in Anbetracht des Alters des Strandbades (1977 eröffnet) logisch. Die Mundpropaganda unter den Anwohnern spielt in Nieder-Roden sogar eine noch größere Rolle: 90,4% der Anwohner, die schon einmal am See waren, kannten den See zunächst vom Hörensagen. Die anderen genannten Faktoren sind dafür in Nieder-Roden zu vernachlässigen.

Der Anteil der Nicht-Besucher des Sees an den Anwohnern insgesamt macht nur 15,2% aus. Die Gründe liegen vor allem im Zeitbudget der Anwohner: „keine Zeit" ist die häufigste Antwort auf die Frage nach den Ursachen für den Nicht-Besuch. Die Überlastung des Sees unter dem Stichwort „Mir ist es dort zu voll" steht unmittelbar dahinter auf Rang 2 (vgl. Kap. 4.5). Nichtschwimmer und die Anmerkung, es gebe auf dem Gelände zu wenig Schatten, schließen sich an. Wichtig ist, dass es offensichtlich kaum am See selbst liegt, wenn die Anwohner der Einrichtung fern bleiben.

Wenden wir uns nun der Nutzung des Sees in der zeitlichen Dimension zu. Zunächst gilt es die Frage zu beantworten, wann der See zuletzt besucht worden ist. Bei einem Viertel der Befragten (24,8%) liegt der Besuch des Sees immerhin mehrere Jahre zurück. Bei weiteren 21,8% lag der letzte Besuch noch im vergangenen Jahr. In den beiden Wochen vor der Untersuchung waren immerhin 32,5% der befragten Anwohner am See. Erfreulich ist, dass der See bei allen Altersgruppen gleichermaßen beliebt zu sein scheint, denn jüngere wie ältere Anwohner besuchen den See ähnlich oft. Lediglich wenn man nach dem Familienstand differenziert, ergeben sich leichte Unterschiede: Ledige suchen den See häufiger auf als Verheiratete bzw. der letzte Besuch liegt bei ihnen nicht so lange zurück (40,0% der Ledigen waren in den letzten 14 Tagen am See, aber nur 30,7% der Verheirateten). Dies spricht dafür, dass der See von Ledigen als Ort, um Freunde zu treffen bzw. kennen zu lernen benutzt wird, während Verheiratete durch ihr etwas höheres Alter und einen anderen beruflichen Status mit anderweitigen Verpflichtungen von häufigeren Besuchen am See abgehalten werden.

Immerhin knapp 11,7% der Anwohner sind sogar täglich am See anzutreffen. Werktage wie Wochenende erfreuen sich für einen Besuch am Badesee nahezu gleicher Beliebtheit: Die Wochenenden werden von 27,7% der Anwohner bevorzugt für einen Besuch des Sees genutzt, unter der Woche sind es 26,7%, während 17,5% den See gleichermaßen an Werktagen und Wochenenden aufsuchen. Eklatante Unterschiede ergeben sich jedoch, wenn man die Tage des Besuchs nach der Berufsgruppenzugehörigkeit betrachtet: So bevorzugen Hausfrauen, Arbeitslose und Rentner – zur Gruppe der Erwerbslosen[5] zusammengefasst – deutlich die Wochentage (37,7% zu 9,4% am Wochenende), während Schüler, Studenten, Zivil- und Wehrdienstleistende die Wochenenden verstärkt für einen See-Besuch nutzen (48,6% zu 5,7%). Hier spiegelt sich ohne Frage der übliche von außen determinierte zweigeteilte Wochenablauf wieder: Dieser unterscheidet zwischen Werktagen und dem Wochenende. Bei Zivil- und Wehrdienstleistenden kommt hinzu, dass diese zum Teil durch einen dienstlich bedingten Standortwechsel während der Woche gar nicht an den See kommen können. Bei Angestellten lassen sich keine speziellen Präferenzen feststellen, während Beamte überdeutlich die Wochentage vorziehen (60,0% zu 0,0%), ebenso wie die Selbständigen (46,7% zu 20,0%). Der Anteil derjenigen, die den See tagtäglich aufsuchen, liegt in allen Berufsgruppen zwischen 10 und 20%.

Betrachtet man die beiden Stadtteile in Bezug auf die Besuchshäufigkeit, so liegen die Nieder-Röder etwas vorne: 34,8% geben an, in den letzten 14 Tagen am See gewesen zu sein, in Dudenhofen sind es dagegen nur 29,7%. Die Verteilung auf die Wochentage ist ebenfalls unterschiedlich: 34,1% der Dudenhöfer kommen vor allem an Wochenenden und 16,5% ausschließlich unter der Woche. In Nieder-Roden dagegen nutzen 34,8% die Wochentage für einen Ausflug an den See, die Wochenenden sind nur bei 22,6% Besuchstage des Strandbads. Die Ursache dafür dürfte wohl sein, dass der See aus der Sicht der Nieder-Rodener unter Überlastungserscheinungen leidet, die den See insbesondere an Wochenenden zu einem Ziel auswärtiger Badegäste macht.

---

[5] Die Gruppe der Erwerbslosen umfasst Hausfrauen, Arbeitslose und Rentner, weil diese keine Lohnempfänger sind. Die Zusammenfassung ist keine Wertung hinsichtlich der Tatsache, ob die in dieser Gruppe zusammengefassten Personen arbeiten oder nicht.

4.2 Erreichbarkeit des Sees

Interessant ist auch – insbesondere aufgrund der geringen Distanzen zum See – mit welchen Verkehrsmitteln die Anwohner den See aufsuchen. Das Fahrrad ist hierbei das beliebteste Fortbewegungsmittel (43,7%). Ein gutes Drittel (29,6%) geht zu Fuß ins Strandbad und etwa ein Viertel (24,8%) nutzt trotz der geringen Entfernung den Pkw. Differenziert man diese Frage nach dem Stadtteil, in dem befragt wurde, so ist anzunehmen, dass die Radfahrer und Fußgänger eher in Nieder-Roden, also in unmittelbarer Nachbarschaft des Sees wohnen. Tatsächlich kommen nur 15,4% der Dudenhöfer, aber 40,9% der Nieder-Röder zu Fuß an den Badesee. Bei Radfahrern und Pkw-Nutzern verhält es sich umgekehrt. 50,5% der Dudenhöfer reisen mit dem Fahrrad an bzw. 30,8% mit dem Pkw. In Nieder-Roden sind es dagegen nur 38,3% bzw. 20,0%.

Abb. 6: Benutztes Verkehrsmittel der Anwohner zur Anreise an den Rodgausee

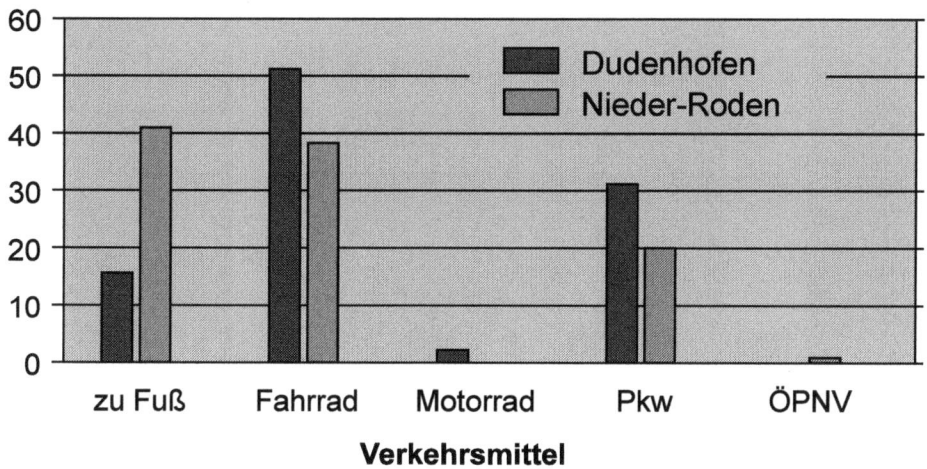

Quelle: Eigene Erhebung 2000

Die Verkehrsmittelwahl, unterschieden nach Altersgruppen zeigt bei den 21-25jährigen den größten Anteil an Fußgängern (70,0%). Bei jüngeren wie auch bei älteren Gruppen steht das Fahrrad eindeutig höher in der Gunst als das Laufen (mit Ausnahme der 19-20jährigen, bei denen noch 50,0% zu Fuß kommen); der Anteil der Radfahrer erreicht maximal 54,1% (14-18jährige), wahrscheinlich weil diese Gruppe noch nicht motorisiert und daher auf die Pedalerie bzw. Schusters Rappen angewiesen ist. Die Pkw-Fahrer erreichen bei den 19-20jährigen einen Anteil von 37,5%, was wohl darauf zurückzuführen ist, dass jede günstige Gelegenheit zu einer Ausfahrt mit dem noch relativ neuen Führerschein genutzt wird. Übertroffen wird diese Altersgruppe nur von den 31-40jährigen, wohl, weil diese Altersgruppe mit Gepäck und eigenen Kindern an den See kommt. Sie ist daher auf eine gewisse Logistik zwecks Materialtransport für die An- und Abreise angewiesen. Tatsächlich liegt der Anteil der 31-40jährigen Anwohner, die ihre Verkehrsmittelwahl mit der Mitnahme von Kindern oder Gepäck begründen, am höchsten – ihr Anteil erreicht in dieser Altersgruppe mit 20,9% das Maximum.

Die Antwort auf die Frage, warum ausgerechnet das angegebene Verkehrsmittel ausgewählt wird, wird vor allem von den Fußgängern und den Radfahrern mit einem Hinweis auf die kurze Distanz zum Strandbad beantwortet. Ein anderes Verkehrsmittel lohne sich bei dieser geringen Entfernung nicht. Zudem sei diese Art der Anreise die bequemste und einfachste. Einige werden auch durch die Ihrer Meinung nach prekäre Parkplatzsituation vor Ort abgeschreckt. Die Pkw-Fahrer hingegen sind oft mit Kindern oder mit „großem Gepäck" unterwegs, so dass sich für den Transport der Kinder und/oder der Strandausrüstung nur der Pkw anbietet (s.o.).

Abb. 7: Bewertung der Erreichbarkeit des Strandbades nach Verkehrsmitteln

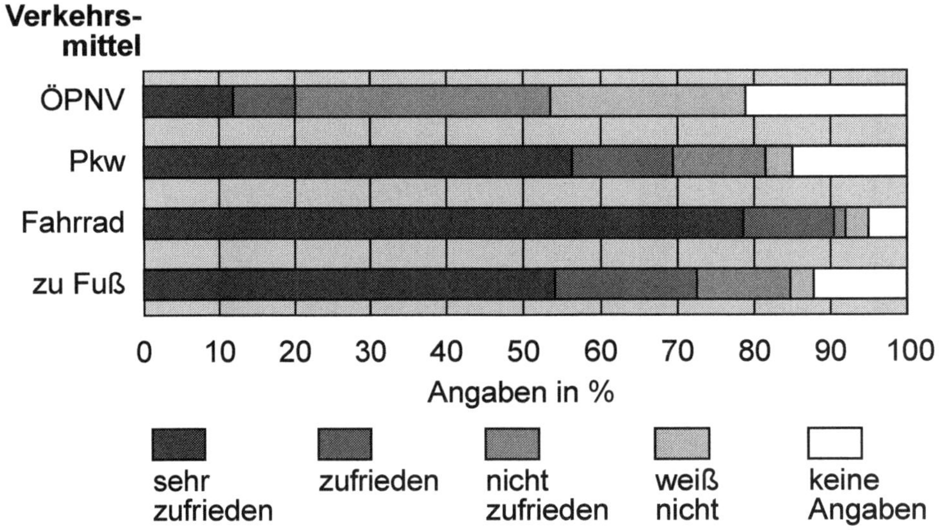

Quelle: Eigene Erhebung 2000

Die Erreichbarkeit des Sees insgesamt wird unterschiedlich bewertet: Offensichtlich ist der Badesee mit dem Fahrrad mit Abstand am besten zu erreichen. 88,3% der befragten Anwohner sind der Ansicht, der Badesee sei mit dem Zweirad „gut" zu erreichen bzw. sind mit der Verbindung zufrieden. Dies spricht für die Nähe der Siedlungen und gute Radwegeverbindungen zwischen Siedlungskörper und See. Für die Fußwege scheint ähnliches zu gelten: Immerhin 68,9% der Anwohner meinen, der See sei zu Fuß gut zu erreichen bzw. sind mit der Anbindung zufrieden. Die Anbindung für den Pkw schneidet in etwa so gut ab wie die Anbindung für Fußgänger: 67,0% der Anwohner beurteilen die Anbindung des Strandbades an das Straßennetz als „gut" oder sind mit den bestehenden Verbindungen zufrieden. Miserabel wird der Anschluss an den ÖPNV bewertet. Nur ein Fünftel ist der Meinung, die Busanbindung sei gut bzw. sind mit dem bestehenden Angebot zufrieden. Mit 31,6% ist der Anteil, der die Erreichbarkeit mit dem ÖPNV als „schlecht" bewertet, deutlich höher als bei den anderen Möglichkeiten der Erreichbarkeit.

Dies hat seine Gründe u.a. wohl darin, dass in der Nähe des Sees nur eine Haltestelle der Linie 969 zur Verfügung steht, die in Richtung Langen bzw. Seligenstadt lediglich im 1-Stunden-Takt bedient wird. Zudem ist es schwer, mit dem Gepäck, das von vielen für den Besuch an einem Badesee mitgeführt wird, im Bus anzureisen (vgl. die Gründe für die Benutzung des Pkw in diesem Abschnitt weiter oben).

4.3 Verkehrsbelastung durch An- und Abreiseverkehr zum See

Der Rodgausee verzeichnet an besonders warmen Tagen mehrere tausend Besucher. Das absolute Maximum waren 13.010 Besucher am 18.07.1999 (STADT RODGAU 2000c). Durch eine solche hohe Zahl an Besuchern entsteht erheblicher An- und Abreiseverkehr. Die Anwohner wurden deswegen auch danach gefragt, ob sie diesen zusätzlichen Verkehr wahrnehmen und, falls dies der Fall ist, wie.

Erfreulich aus der Sicht des Strandbades und der Badegäste ist zunächst, dass nur ein Viertel der Anwohner (27,7%), die den See auch tatsächlich nutzen, den durch den Badebetrieb verursachten Verkehr überhaupt wahrnimmt. Der Teil der Anwohner, die den Verkehr negativ wahrnehmen und sich durch das Verkehrsaufkommen belästigt fühlen, liegt noch einmal niedriger, nämlich bei 8,3%. Damit ist bereits angesprochen, was von den Anwohnern am meisten wahrgenommen wird: Es handelt sich dabei um die schlichte Feststellung, es sei „viel Verkehr" bzw. „an den Wochenenden sei viel Verkehr" (24,6% bzw. 10,5%). Weitere 3,5% der Anwohner fühlen sich durch den Verkehrslärm in ihrer Ruhe gestört. Problematisch ist allenfalls die Parkplatzsituation. An Tagen, an denen das Strandbad besonders stark frequentiert ist, wird, wohl sobald der Parkplatz am Strandbad voll ist, in die angrenzenden Wohngebiete von Nieder-Roden ausgewichen. Dies wird von den Anwohnern kritisiert (19,3%), ebenso wie die Tatsache, dass es auf den innerörtlichen Strassen zu Staus kommen kann (10,5%). Die beiden zuletzt genannten Kritikpunkte der Anwohner legen nahe, in den Hochzeiten des Strandbetriebes in angrenzenden Wohngebieten „Falschparker" aufzuspüren bzw. darüber nachzudenken, ob es möglich ist, eine andere, weniger störende Verkehrsverbindung zu wählen.

Betrachtet man die Äußerungen getrennt nach den Stadtteilen, in denen sie gemacht wurden, so fällt auf, dass die Nieder-Röder den An- und Abreiseverkehr des Strandbades deutlich mehr wahrnehmen als die Dudenhöfer (33,9% zu 19,8%). Dies liegt schlicht daran, dass Nieder-Roden in unmittelbarer Nachbarschaft zum Rodgausee liegt und insbesondere Anwohner des Gebietes zwischen Badesee und Rodgau-Ringstraße bzw. Personen, die direkt an der Rodgau-Ringstraße wohnen, aufgrund der Nähe zu See am meisten betroffen sind. In Dudenhofen dürfte eher der Verkehr entlang der Nieuwporter Straße in Nord-Süd-Richtung ein Problem darstellen und weniger der Verkehr in westlicher Richtung zum Badesee entlang der Mainzer Strasse.

Dementsprechend fühlen sich auch mehr Einwohner Nieder-Rodens durch den Verkehr in ihrer Ruhe gestört: Während der Anteil an den Bewohner, denen der Verkehr unangenehm auffällt, in Dudenhofen nur bei 4,4% liegt, fühlt sich in Nieder-Roden mehr als jeder Zehnte (11,4%) Anwohner durch das Verkehrsaufkommen gestört. Wie bereits erwähnt, ist der Anteil derer, die der „Seeverkehr" stört, mit 8,3% sehr gering. Dies bedeutet jedoch nicht, dass sich nicht noch mehr Anwohner durch das Verkehrsaufkommen unangenehm berührt fühlen, wenn der See tatsächlich zu einem der Freizeitzentren der Region wird und noch mehr Fahrzeuge an den Spitzentagen an den See drängen.

4.4 Aktivitäten der Anwohner beim Strandbesuch

Wie in Kap. 4.1 beschrieben liegt der Anteil der Anwohner aus Dudenhofen und Nieder-Roden, die den Rodgausee schon einmal besucht haben, bei 84,8%. Immerhin knapp die Hälfte der Befragten (49,0%) war innerhalb des vergangenen Monats am Rodgausee. Es stellt sich also die Frage, zu welchem Zweck die Anwohner den Rodgausee und seine Einrichtungen nutzen. Da das Wetter aus der subjektiven Sichtweise des einen oder anderen stets unterschiedlich beurteilt wird, haben wir in der Befragung mit den Kategorien „Badewetter" und „Nicht-Badewetter" gearbeitet. Diese Kategorien wurden bereits am Schultheisweiher und am Langener Waldsee verwendet und haben sich bewährt, da sie das Tätigkeitsspektrum der Badegäste sehr gut abzubilden vermögen. Die Aktivitäten der Anwohner des Rodgausees werden im Folgenden mit denen der Anwohner des Schultheisweihers verglichen.

Bei Badewetter gehören Schwimmen, Sonnen und das „mit Freunden zusammensein" zu den am häufigsten genannten Beschäftigungen am Rodgausee (vgl. Abb. 8). Damit ist auf dem „dritten Rang" eine Aktivität, die am Schultheisweiher nicht einmal erwähnt worden ist. Sie unterstreicht jedoch den kommunikativen Charakter der Einrichtung Badesee und bestätigt die von vom ersten Beigeordneten des UVF, Herrn Dr. RAUTENBERG anlässlich der Eröffnung der Beachvolleyballanlage am 13.07.2000 gemachte Aussage, „sehen und gesehen werden" gehöre an einem Badesee mit dazu (vgl. OFFENBACH POST 2000). Unter den sonstigen Beschäftigungen (nicht in Abb. 8 dargestellt) findet sich außerdem die Nennung Kontakte knüpfen/pflegen, was den kommunikativen Charakter des Aufenthaltes am Badesee noch einmal unterstreicht. Dennoch würde man annehmen, dass große Teile der zumindest jüngeren Anwohner, die den See besuchen, aktivitätsorientierter sind als ältere. Dies ist aber nur bedingt der Fall: Selbst in der jüngsten Alterskategorie, bei den 14-18jährigen, geben nur 30,0% an, die Zeit am See mit Sport treiben und Spielen zu verbringen. Der Anteil dieser Aktivitäten nimmt mit dem Alter immer weiter ab. Selbst für die Jüngsten ist es wichtiger, mit Freunden oder der Familie zusammen zu sein (immerhin 50,0% aus dieser Gruppe geben dies als Aktivität an), statt dem Bewegungsdrang nachzugeben.

Ursache für den geringen Anteil der bewegungsorientierten Freizeitbeschäftigungen dürfte die Tatsache sein, dass es auf dem Gelände des Strandbades bislang kaum Sportmöglichkeiten gibt. Bis Anfang Juli 2000 gab es nur im FKK-Bereich ein Volleyballfeld. Auf der Liegewiese im Textilbereich fehlten derartige Einrichtungen, so dass mangels entsprechender Einrichtungen auch keine Möglichkeit bestand, sich sportlich zu betätigen. Dazu kommt die drangvolle Enge auf der Liegewiese an heißen Tagen mit hohen Besucherzahlen, die ebenfalls solche Aktivitäten unterbindet. Zudem gibt es am Rodgausee ein in der Benutzungsordnung des Badesees verankertes Verbot sportlicher Aktivitäten wie z.B. Ballspielen.

Es wirken also mehrere Faktoren zusammen, die sportliche Aktivitäten am See verhindern:

- Sportliche Einrichtungen fehlen,
- Kein Platz für sportliche Aktivitäten,
- Verbot sportlicher Aktivitäten.

Damit entsteht eine Situation, die mit der am Schultheisweiher vergleichbar ist: Auch dort antworteten die Badegäste, sie würden gern Sport treiben, aber es fehle an den dafür notwendigen Einrichtungen (vgl. WOLF et al. 1997, 55). Dass dies auch am Rodgausee der Fall ist, zeigt der wiederholt geäußerte Wunsch nach solchen Anlagen (vgl. Kap. 4.7), doch davon wird später noch die Rede sein.

Abb. 8: Aktivitäten der Anwohner bei Badewetter

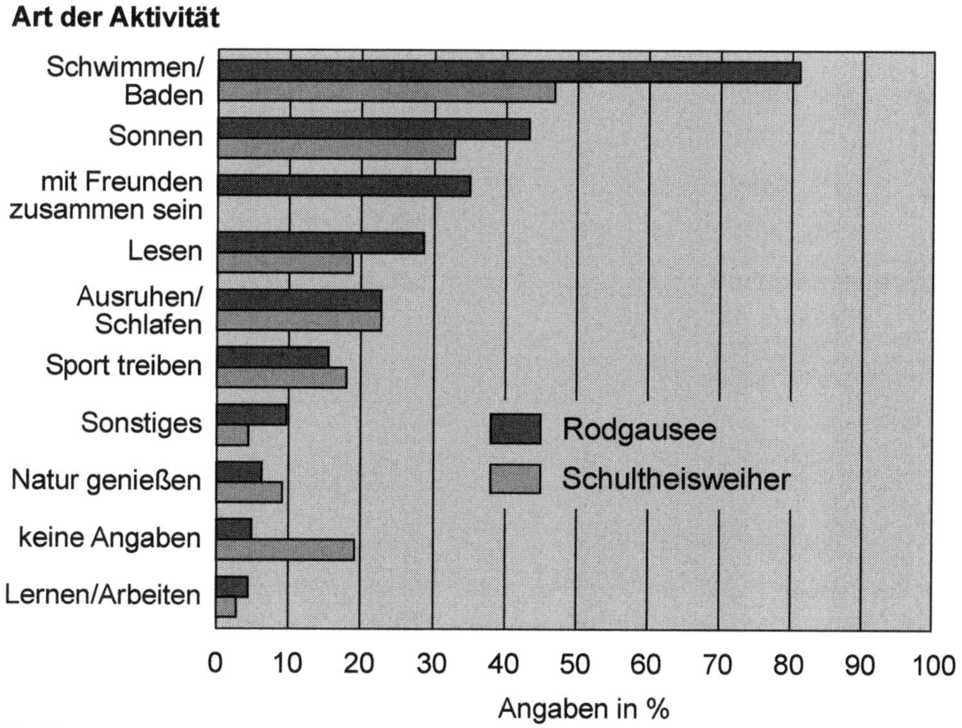

Quelle: Eigene Erhebung 2000

Die ruhigeren „Zeitgenossen" ziehen es vor, sich am Badesee zu entspannen oder etwas zu lesen. Immerhin ein knappes Drittel (28,6%) der Anwohner, die den See hin und wieder aufsuchen, nimmt ein Buch, eine Zeitung oder eine Zeitschrift mit, um dort in Ruhe zu lesen. Am Schultheisweiher ist Lesen bei weitem nicht so beliebt – hier greift nicht einmal jeder Fünfte (18,8%) zur Lektüre. Vor allem bei Frauen ist Lesen während eines Besuches am Rodgausee als Beschäftigung sehr beliebt (31,1% zu 15,7% bei den Männern), ebenso wie das Ruhebedürfnis der Frauen insgesamt größer zu sein scheint als das der Männer: 37,1% der Frauen sonnen sich am See (Männer: 35,2%) bzw. 22,0% ruhen sich nur aus (Männer: 16,7%). Schlafen oder sich einfach nur ausruhen ist für 22,8% (Rodgausee wie Schultheisweiher) eine wichtige Beschäftigung während des Strandaufenthaltes. Hier kommt die Freizeit als „Gegenpol" zur Arbeit zum Tragen und unterstreicht, dass sie eigentlich der Erholung und der Wiederherstellung der Arbeitskraft dienen sollte. Dies gilt in besonderem Maß für Personen mit Bildungsabschlüssen oder hohen Einkommen.

Abb. 9: Aktivitäten der Anwohner bei Nicht-Badewetter

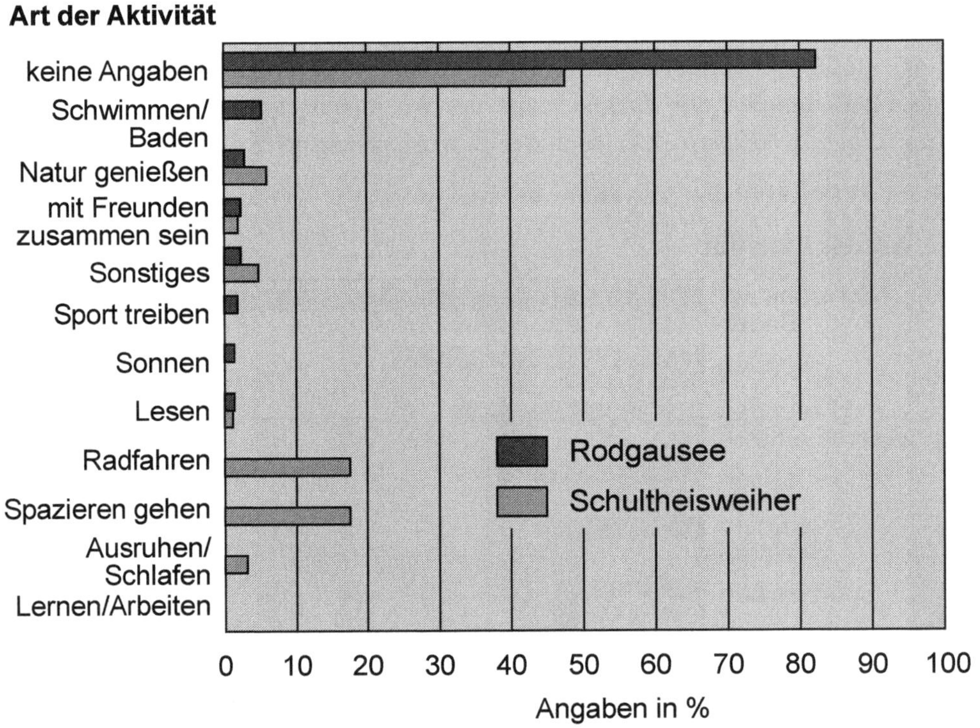

Quelle: Eigene Erhebung 2000

Der Anteil derer, die sich außerhalb des Wassers „aktiv" erholen möchten, ist an beiden Seen relativ gering. Dies mag auf fehlende Angebote in diesem Bereich zurückzuführen sein. So ist Fußballspielen auf der Liegewiese bei einem Tag mit schönem Wetter und entsprechender Besucherzahl ein schwieriges Unterfangen, das in jedem Fall zu Konflikten mit anderen Badegästen führt, und zum anderen ist es wie bereits beschrieben von der Satzung nicht erlaubt.

Zu guter Letzt gibt es an beiden Seen eine kleine Gruppe, die sich die Zeit mit Naturbeobachtung oder -genuss vertreibt. Am Schultheisweiher ist dies selbstverständlich, da der Badestrand dieses Sees an einem Naturschutzgebiet liegt, in dem u.a. seltene Vögel zu beobachten sind. Am Rodgausee lädt allenfalls das vom Angelverein betreute Süd- bzw. Westufer des Sees dazu ein, länger andauernde Beobachtungen anzustellen. Am See selbst sind Tiere in freier Wildbahn zwar eher rar, dafür aber bekommt das geschulte Auge auch hier seltene Tiere zu Gesicht: Im Wasser gibt es Jahr für Jahr Haubentaucher, die am See brüten, und zumindest in diesem Jahr zieht über dem See ein Roter Milan seine Kreise.

Das Spektrum der bei Nicht-Badewetter ausgeübten Aktivitäten ist ein anderes – es zeigt sich hier, ebenso wie am Schultheisweiher und am Langener Waldsee (vgl. WOLF et al. 1997, 64; WOLF/SCHOLZ 1997, 56), dass sowohl der Besuch, als auch die Aktivitäten an einem Badesee in höchstem Maß witterungsabhängig sind. Zwar erweisen sich die Badegäste am Rodgausee als hartgesottener, denn immerhin 4,3% der Anwohner gehen selbst bei Nicht-Badewetter zum Schwimmen an den See. Gleiches gilt für Sport treiben, mit Freunden zusammensein bzw. sich sonnen (was zeigt, dass an Tagen mit Nicht-Badewetter nach der Auffassung der Befragten trotz allem die Sonne scheinen kann). Am Schultheisweiher hingegen stehen ganz andere Tätigkeiten im Vordergrund, so dass Schwimmen hier nicht einmal genannt wurde. Zu den sonstigen Aktivitäten, die am See ausgeübt werden, gehören u.a. Radfahren oder Spazieren gehen – Tätigkeiten, die mit jeweils ca. 14% der Nennungen am Schultheisweiher zu den Hauptbeschäftigungen der Gäste bei Nicht-Badewetter gehörten.

Am höchsten ist jedoch der Anteil derer, die über ihre Aktivitäten an beiden Badeseen keine Angaben machen (22,0% am Rodgausee stehen 19,2% am Schultheisweiher gegenüber). Der Hauptgrund liegt darin, dass diese Anwohner den jeweiligen See bei Nicht-Badewetter gar nicht erst aufsuchen, so dass sich die Frage nach dem, was man am See bei Nicht-Badewetter tun könnte, gar nicht erst stellt. Die Zahl der Antwortverweigerer ist ein unmissverständlicher Hinweis darauf, dass ein Badesee – unabhängig von den vorgehaltenen Angeboten – grundsätzlich eine Schönwettereinrichtung ist.

Nachdem nun dargelegt worden ist, wie sich die Anwohner als Badegäste am Rodgausee beschäftigen, soll nun der Frage nach den Einrichtungen, die dabei genutzt werden, nachgegangen werden.

An erster Stelle der genutzten Einrichtungen steht der Kiosk am Strandbad. Für fast die Hälfte der Anwohner scheint ein Einkauf am Kiosk eine Art „Pflicht" beim Strandbesuch zu sein – 40,8% geben an, bei ihrem Besuch am Kiosk einzukehren und dort ein Eis zu kaufen, etwas zu trinken oder zu essen. Die eifrigsten Nutzer des Kiosk sind – wie kaum anders zu erwarten – die 14-18jährigen (70,3%). Geradezu bescheiden nimmt sich dagegen der Anteil derjenigen aus, die die sanitären Anlagen benutzen. Ihr Anteil liegt nur bei 23,3%. Dies ist vor allem deswegen erstaunlich, weil die Länge der Aufenthaltsdauer am See eigentlich die Nutzung der sanitären Anlagen in vielen Fällen nahe legen würde. Vielleicht ist auch die Nicht-Nutzung oder das „Verkneifen" jedweder Bedürfnisse dieser Art ein Zeichen für den schlechten Zustand der Anlagen. Es bleibt zu hoffen, dass die Badegäste, die angeben, die sanitären Anlagen nicht zu nutzen, ihre „Geschäfte" nicht andernorts am oder im See erledigen. Die weiteren genannten Einrichtungen vor Ort betreffen den See selbst, also vor allem die dort vorhandene Rutsche und die Badeinseln bzw. den Sandstrand selbst. 11,2% - also gut jeder Zehnte – nutzt eines der genannten Geräte am See. Die Liegewiese benutzen noch gut 1,9% zu anderen Zwecken als zum Sonnen, Ausruhen oder Lesen. Hier stehen dann vor allem Sport und Spiel im Vordergrund. Dass dieser Anteil nur sehr gering ist, weist bereits darauf hin, dass der See im Bereich der Sportanlagen Defizite hat: Ebenso wie bislang Ballsporteinrichtungen fehlen[6], fehlt ein Kinderspielplatz, so dass den Kindern als einzige Möglichkeit das Spielen im Sand bzw. der Bau von Sandburgen o.ä. oder die Benutzung einer kleinen Rutsche, die an der Grenze zwischen FKK-Bereich und Textil-Strand aufgestellt ist, bleibt.

Es ist daher nicht weiter verwunderlich, dass der Wunsch nach einem Kinderspielplatz den ersten Rang der geäußerten Wünsche bezüglich weiterer Einrichtungen am See einnimmt. 18,4% der Anwohner meinen, für Kinder müsse ein größeres Angebot an Aktivitäten geschaffen werden. Weitere 15,0% schlagen beinahe in dieselbe Kerbe, denn sie wünschen sich im weitesten Sinne Ballsporteinrichtungen, also die bereits erwähnte Wiese, auf der Badminton gespielt werden kann, oder die man als Bolzplatz nutzen kann. Auch die vorhandenen insgesamt sechs Badeinseln (davon drei im Textilbereich) und die kleine Rutsche sind vielen Anwohnern nicht genug: Noch einmal 10,7% äußern den Wunsch, weitere Wassersportmöglichkeiten am See zu installieren. Die Vorschläge sind dabei vielfältig: Sie reichen von der Einrichtung eines Sprungbrettes auf den vorhandenen Inseln bis zur Errichtung eines neuen Sprungturmes oder einer großen Rutsche. Die geäußerten Wünsche zeigen, dass der UVF und die Stadt Rodgau mit ihren Plänen, einen „Schwimmenden Sprungturm" einzurichten bzw. mit dem Bau der Volleyballfelder durchaus die Bedürfnisse der Anwohner befriedigen, die sich mehr Einrichtungen dieser Art wünschen. Mehr Schatten durch Bäume oder Schattenpilze wollen noch 7,3% der Anwohner, wobei jeder weitere Schattenspender das Sichtfeld der Schwimmaufsicht einschränken würde und somit zu einer Beeinträchtigung der Rettungs- und Aufsichtsmöglichkeiten durch die Schwimmmeister führen könnte. Die Wunschliste der Anwohner am Rodgausee ähnelt daher stark der der

---

[6] Die neu eingeweihten Beachvolleyballfelder machen sich in den Ergebnissen der Erhebung kaum bemerkbar, da ihre Einweihung zu einem Zeitpunkt geschah, als ein Großteil der Anwohnerbefragung bereits abgeschlossen war.

Anwohner am Schultheisweiher. Auch dort wünschen sich die Anwohner vor allem anderen einen Kinderspielplatz.

Auch die Anwohner, die den See bislang noch nicht besucht haben, schreckt das in ihren Augen mangelhafte Angebot an Freizeitaktivitäten, insbesondere für Kinder und Jugendliche, ab: 8,1% wünschen sich mehr Sportmöglichkeiten, um den See für sie attraktiver zu machen und sie als Besucher an den See zu locken. Kinderspielangebote oder weitere Wassersporteinrichtungen möchten insgesamt 5,4% der Anwohner am See haben. Auch hier gehört eine Rutsche zu den am häufigsten gewünschten Geräten. Mit weitem Abstand jedoch werden Klagen über die Liegewiese vorgetragen: Hier wird vor allem mehr Schatten gefordert, die Einrichtung von Grillmöglichkeiten wird gewünscht und die Sauberkeit der Liegewiese (und auch des Sees selbst) wird beklagt. Insgesamt 16,2% der potentiellen See-Besucher unter den Anwohnern möchten, dass im Bereich der Liegewiese die angesprochenen Verschönerungsmaßnahmen durchgeführt werden.

4.5 Bewertung des Sees und Zufriedenheit der Anwohner

Ein Fragenkomplex im Fragebogen für die Anwohner beschäftigte sich mit der Zufriedenheit der Anwohner, wenn sie den Rodgausee als Badegäste aufsuchen. Zuvor wurde schon in der Einstiegsfrage gefragt „Wie gefällt Ihnen der Rodgausee?" Dabei fällt das Urteil der Anwohner ausgesprochen positiv aus: Insgesamt 70,4% der Anwohner, die den Badesee von eigenen Besuchen kennen, gefällt der See „gut" oder sogar „sehr gut". Ein weiteres Viertel bewertet den See mit „teils/teils" und die Gruppe derjenigen, denen der See nur „schlecht" oder „sehr schlecht" gefällt, macht nur 4,9% aus – eine zu vernachlässigende Größe also. Nach Schulnoten gerechnet, ergibt sich für den Rodgausee damit die Note 2,1 (Schultheisweiher zum Vergleich: 1,8). Differenziert man in der Bewertung nach den Stadtteilen von Rodgau, so wird der See aus der Sicht der Dudenhöfer eine Spur besser bewertet: Insgesamt gefällt 24,2% der See „sehr gut", während der See nur 17,4% der Nieder-Röder „sehr gut" gefällt („gut": 55,7%, „sehr gut" und „gut" haben gemeinsam einen Anteil von 73,0% in Nieder-Roden und von 67,0% in Dudenhofen).

Zusätzlich zu dieser globalen Frage nach dem Gefallen des Sees wurde in einer Reihe von Nachfragen noch weiter darauf eingegangen, wie der Rodgausee von den Anwohnern tatsächlich wahrgenommen wird. Dies waren zum einen die konkreten Nachfragen „Was gefällt Ihnen am ‚Rodgausee' besonders gut?" bzw. „Was gefällt Ihnen am ‚Rodgausee' nicht so gut?" Zum zweiten wurde in einem großen Fragenkomplex abgefragt, wie zufrieden die Anwohner mit bestimmten Eigenschaften des Sees bzw. Angeboten im Strandbad sind. Zum dritten wurde auch die Konkurrenz durch andere Seen in der Umgebung berücksichtigt. Schließlich zeigen sich Stärken und Schwächen einer Freizeiteinrichtung vor allem im Vergleich mit ähnlichen Anlagen und der Vergleich erleichtert es zudem, eigene Defizite klar anzusprechen und zu beseitigen. Die Anwohner wurden daher nicht nur gefragt, ob sie andere Seen besuchen, sondern auch, warum sie dies tun bzw. welche Vorteile andere Seen gegenüber dem Rodgausee haben.

Nun zur Zufriedenheit der Anwohner mit dem See und seinen Angeboten (vgl. Abb. 10): Bedenkt man dabei die Zufriedenheit insgesamt, so sind etwa drei Viertel (75,6%) der Anwohner mit der Wasserfläche an sich zufrieden oder sehr zufrieden. Betrachtet man dazu, dass die meisten Anwohner an den See kommen, um dort zu schwimmen oder zu baden, so ist es umso erfreulicher, dass das dafür nötige Angebot auch positiv wahrgenommen und bewertet wird. Für die Luftqualität und das Gelände an sich gelten sehr ähnliche Werte: Mit der Luft sind insgesamt 77,7% zufrieden oder sehr zufrieden, beim Gelände sind es 78,7%. Die Qualität des Sees und seiner Umgebung wird von den Besuchern positiv aufgenommen und auch geschätzt. Des weiteren werden die Sicherheit, der FKK-Bereich und die Verkehrsanbindung gelobt. Alle drei Kategorien wurden von mindestens 70,0% der Anwohner zumindest als zufriedenstellend bezeichnet.

Abb. 10: Zufriedenheit aller Anwohner mit der Ausstattung des Rodgausees

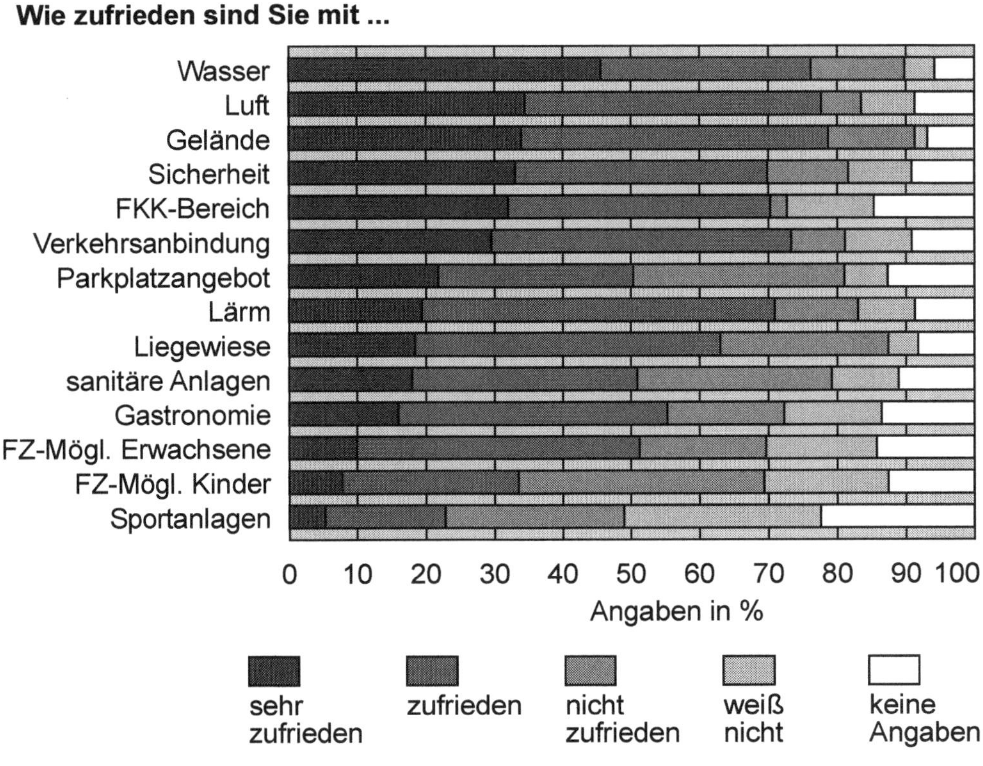

Quelle: Eigene Erhebung 2000

Nicht ganz so gut schneidet dagegen das Parkplatzangebot ab: Zwar bewerten 50,4% die Parkplätze als „zufriedenstellend" oder „gut", aber der Anteil derjenigen, die nicht zufrieden sind, liegt mit 30,4% so hoch wie in kaum einer anderen Kategorie sonst. Dies mag an Überlastungserscheinungen liegen, die auf dem Parkplatz insbesondere an schönen Wochenendtagen auftreten oder mit der kürzlich vorgenommenen Einteilung des Parkplatzes mit Baumstämmen zusammenhängen. Ebenfalls etwas kritischer wird die Liegewiese gesehen. 24,3% sind mit der Liegewiese in der Form, in der sie heute existiert, nicht zufrieden. Ursachen sind der vielfach angesprochene fehlende Schatten auf der Wiese, aber auch Anmerkungen wie „Sauberkeit", die Hinweis darauf geben, dass die aufgestellten Mülleimer an Tagen, an denen das Strandbad stark frequentiert ist, nicht mehr ausreichen. Auch die sanitären Anlagen bieten Grund zu Unmutsäußerungen: Zwar meinen 51,0%, die sanitären Anlagen seien ausreichend und sind mit dem vorhandenen zufrieden oder sogar sehr zufrieden, so ist doch ein knappes Drittel (28,2%) mit den Anlagen nicht zufrieden. Eine Anwohnerin brachte dies während der Befragung in einem Brief folgendermaßen zum Ausdruck: „4 Damentoiletten, 4 Duschen und ganze 2 brauchbare Umkleidekabinen. Wenn an schönen Sonntagen über 10.000 Besucher jetzt schon am See sind, ist das ja wohl ein Witz."

Es soll an dieser Stelle nicht verschwiegen werden, dass der See noch andere – bereits angesprochene – Defizite hat, die von den Anwohnern, die den See aus eigener Anschauung kennen, angesprochen wurden: So sind 35,9% der Anwohner nicht mit den am See vorhandenen Kinderspielmöglichkeiten zufrieden. In diesem Bereich scheint ein eindeutiges Defizit des Sees zu bestehen, denn auch bei der Frage nach den fehlenden Einrichtungen (vgl. Kap. 4.4) wurde ein Kinderspielplatz oft gewünscht. Offensichtlich wollen aber nicht nur die Eltern Spielmöglichkeiten für ihre Kinder bereitstellen, sondern auch Jugendliche und junge Erwachsene wünschen sich einen Platz zum „Austoben" und Abreagieren: Mit den Sportanlagen waren 28,6% nicht zufrieden und bei den Freizeitmöglichkeiten für Erwachsene sind es immerhin noch 18,6%. Auch dies korreliert mit dem bereits festgestellten Wunsch, man solle eine Wiese für sportliche Aktivitäten zur Verfügung stellen. Tatsächlich sind vor allem die 14-18jährigen (35,1%) und die 19-25jährigen (50,0%) mit den Freizeitmöglichkeiten für Kinder unzufrieden; ebenso wie die 31-40jährigen (55,8%). Damit sind es vor allem die Gruppen der Hauptbetroffenen, die sich hier zu Wort melden und Freizeiteinrichtungen anmahnen. Auch bei den Freizeitmöglichkeiten für Kinder bzw. den Sportanlagen sind es vor allem diese Altersgruppen, die unzufrieden sind.

Differenziert man nun nach Stadtteilen, so verschiebt sich die Perspektive ein wenig. Während die Dudenhöfer mit der Qualität des Geländes als solches sehr zufrieden sind (je zwischen 70 und 80% sind mit Luft, Wasser, Sicherheit, dem FKK-Bereich und dem Gelände zufrieden oder sehr zufrieden), hat es den Nieder-Rödern vor allem das Wasser angetan – und das mit deutlichem Abstand. Während die Verkehrsanbindung bei den Dudenhöfern schlechter als die Qualitäten des Geländes an sich beurteilt wird, rangiert sie bei den Nieder-Rödern auf dem zweiten Rang, direkt hinter der Wasserqualität. Hier macht sich der Heimvorteil des Sees bemerkbar, der für die Nieder-Röder tatsächlich und auch der Meinung der Anwohner nach näher an Nieder-Roden liegt und somit schneller und unkomplizierter zu erreichen ist (zur Erinnerung: 40,9% der Nieder-Röder erreichen den

See zu Fuß). Beim FKK-Bereich sind sich die Bewohner beider Stadtteile wiederum weitestgehend einig: 77% der Dudenhöfer und 65,2% der Nieder-Röder würdigen ihn als eine gute Einrichtung. Dagegen schneiden die sanitären Anlagen schlecht ab: In Nieder-Roden geben 23,5% der Anwohner an, mit den vorhandenen Anlagen nicht zufrieden zu sein, in Dudenhofen erreicht der Anteil sogar 34,1%! Auch mit der Liegewiese zeigen sich Nieder-Röder und Dudenhöfer gleichermaßen unzufrieden. Mit den vorhandenen Angeboten im Bereich der Freizeiteinrichtungen für Kinder zeigen sich in Nieder-Roden 37,1% und in Dudenhofen 34,1% der Anwohner unzufrieden. Dagegen werden die Freizeiteinrichtungen für Erwachsene hauptsächlich von den Dudenhöfern angemahnt: 20,9% sind mit den bestehenden nicht zufrieden, in Nieder-Roden sind es nur 16,5%. Sportanlagen im allgemeinen sind nach Ansicht von 29,7% der Dudenhöfer bzw. 23,5% der Nieder-Röder ein absolutes Muss.

Wie die Auswertung der Zufriedenheit der Anwohner mit dem Rodgausee, seinem Gelände und seinen Angeboten ergibt, so liegt die Stärke des Sees vor allem im Bereich des Geländes selbst: Wasserqualität, Luftqualität sowie das Terrain des Strandbades werden gelobt, während weitergehende Angebote insbesondere für weitere Freizeitaktivitäten von Kindern und Erwachsenen vermisst werden. Vor diesem Hintergrund sind die folgenden Ausführungen zum Besuch anderer Badeseen zu betrachten.

Bevor im nächsten Abschnitt darauf eingegangen werden soll, warum der Rodgausee für manche der Befragten nicht der einzige Badesee ist, der besucht wird, sollen an dieser Stelle Antworten auf die Fragen nach dem, was den Anwohnern gefällt bzw. missfällt, gesucht werden. Die Antworten beschränken sich dabei auf diejenigen, die den See auch tatsächlich von eigenen Besuchen her kennen. Als besonders positiv werden auf die Frage nach dem, was den Anwohnern als Badegästen gut gefällt, die Charakteristika hervorgehoben, die einen Badesee ausmachen: 25,7% loben das Wasser im Allgemeinen und die damit verbundenen Möglichkeiten, also Schwimmen sowie bereits heute vorhandene Angebote wie die Badeinseln oder die Rutsche. Weitere 16,5% heben besonders hervor, dass ihnen die Liegewiese gefällt. Das heißt, dass die Wiese an sich bzw. ihr Rasen, aber auch der an die Wiese angrenzende Sandstrand (vor allem der Sand) positiv erwähnt worden sind. Auch der Gesamteindruck, die schöne Atmosphäre am See wird gelobt (9,2%), ebenso wie das Vorhandensein des FKK-Bereiches (7,3%) und die gute Erreichbarkeit durch die räumliche Nähe des Sees zu den beiden Rodgauer Stadtteilen (5,8%). Der Rodgausee erfüllt also im Nahbereich die Funktion einer Freizeiteinrichtung, die aufgrund ihrer Qualitäten auch gerne besucht wird.

Dem entsprechend ist die Kritik auch nicht ganz so heftig. Zwar gibt es einige Punkte, die kritisiert werden, aber im Vergleich zu den Positiva fallen diese nicht so sehr ins Gewicht. Am schwersten wiegt jedoch die Tatsache, dass auf der Liegewiese zu wenig Schatten ist. So wird angesprochen, dass zu wenig Schattenpilze installiert seien oder Bäume angepflanzt werden sollten. Auch scheint die Liegewiese den Anwohnern für den heutigen Besucheransturm zu klein dimensioniert – die Überfüllung bzw. Überbelegung der Rasenfläche mit allen verbundenen Einschränkungen (kein Platz mehr zum Ballspielen etc.) wird ebenfalls angesprochen. So wird die Liegewiese, vor allem, weil nach Meinung der Anwohner zu viel Müll darauf herumliege, von 16,5% kritisiert. Auch an der Wasserfläche gibt es für eine Minderheit etwas auszusetzen: 7,3% meinen, das Wasser des Sees sei schmutzig, was wahrscheinlich auf die durch den Sandabbau zurückzuführende Eintrübung des Sees zurückzuführen ist, obwohl dadurch nicht die Wasserqualität an sich, sondern nur der Schwebstoffgehalt beeinflusst wird. Rückstände von Sonnenöl, die als Ölfilm auf dem Wasser zurückbleiben, wurden ebenfalls beanstandet. In Bezug auf das Wasser wird unter anderen angeführt, das Wasser sei zu kalt (!) bzw. es gebe zu viele Fische im Wasser, die im Uferbereich stören würden[7]. Die weiteren Nennungen seien hier nur ohne Kommentar angeführt, da sie ohnehin nur von einer absoluten Minderheit angeführt wurden: Das Eintrittsgeld wird als zu hoch empfunden, die „Bademeister nerven" (z.B. durch Lautsprecherdurchsagen) und der Kiosk sei zu klein. Auch diese Einzelnennungen deuten darauf hin, dass der See nach dem Dafürhalten der Anwohner bereits an seiner Kapazitätsgrenze angekommen ist, wenn er sie nicht sogar schon überschritten hat. Dennoch haben immerhin 38,3% der Anwohner auf die Frage nach dem, was ihnen am Rodgausee missfällt, keine Antwort gegeben.

Vergleicht man die vorgebrachten Anmerkungen zum Gefallen bzw. Nicht-Gefallen des Sees miteinander, so bleibt festzuhalten, dass die von den Nutzern des Sees aus Dudenhofen und Nieder-Roden vorgebrachte Kritik im Verhältnis zum ebenfalls vorgebrachten Lob weniger schwer wiegt oder um es anders zu sagen: Mit der eigentlichen „Attraktion" des Sees, nämlich den wassergebundenen Aktivitäten sind die Anwohner im Großen und Ganzen sehr zufrieden.

Der Rodgausee ist für viele Anwohner (73,3%) der einzige Badesee, der besucht wird. Nur knapp jeder vierte (23,5%) macht sich auf den Weg aus den heimischen Gefilden hinaus, um seine freie Zeit an anderen Seen zu verbringen. Und selbst wenn die Rodgauer andere Seen besuchen, legen sie keine allzu weiten Strecken zurück. In der Gunst der Rodgauer am höchsten stehen der Langener Waldsee (19,3% der Anwohner, die andere Seen besuchen), der „Königsee" in Zellhausen bei Seligenstadt (14,0%) und der Mainflinger See (14,0%). Insgesamt 54,4% suchen weitere Seen auf wie z.B. den Kahler See, den Groß-Krotzenburger Badesee, fahren nach Babenhausen oder besuchen ein Schwimmbad. Erstaunlich sind in diesem Zusammenhang die angeführten Gründe für den Besuch eines Sees, der nicht unbedingt unmittelbar vor der eigenen Haustür liegt: 38,6% der Besucher anderer

---

[7] Anmerkung zu den Fischen im See: Laut Auskunft der Schwimmmeister wurden diese vom Angelverein im See angesiedelt. Die Fische sorgen für ein stabiles ökologisches Gleichgewicht im See und verhindern zum Beispiel eine starke Zunahme der Algen. Die Anwesenheit der Fische im flachen Wasser am Ufer bzw. die Tatsache, dass die Fische nicht scheu sind und daher ab und zu an den Badenden „knabbern" hat schon häufiger zu Beschwerden geführt. Dies wurde durch Äußerungen von Badegästen während der Befragung bestätigt.

Seen geben an, dort mehr Ruhe und auch mehr Platz zu finden. Dies ist umso erstaunlicher als an anderen Seen – z.B. dem Langener Waldsee – aus der Sicht der Besucher die gleichen Überlastungs- bzw. Überbelegungserscheinungen festzustellen sind wie am Rodgausee (vgl. WOLF et al. 1997): Die Anwohner tauschen also den ihrer Meinung nach überbelegten Rodgausee gegen einen anderen ebenfalls überbelegten See aus. Offenbar ist hier die eigene Wahrnehmung der Rodgauer etwas verzerrt.

Es gibt jedoch noch weitere Gründe, andere Seen aufzusuchen: Dazu zählt auch, dass es an anderen Seen mehr Schattenplätze gibt, was immerhin jeden Zehnten dazu bringt, einen anderen See aufzusuchen. Kinderspielplätze und eine Wasserrutsche sind ein Grund für 5,3%, sich auf den Weg zu einem anderen See zu machen. Im Vergleich zu der verhältnismäßig hohen Zahl derjenigen, die mehr Wassersporteinrichtungen am Rodgausee oder neue Spieleinrichtungen für Kinder wünschen, ist dieser Anteil beinahe verschwindend gering, doch dazu später (vgl. Kap. 4.7). Ebenfalls gleichrangig mit der Rutsche und den Kinderspielmöglichkeiten liegen Angaben, denen zu Folge andere Seen „billiger" sind, was sich wohl auf Eintrittspreise und Verpflegung vor Ort bezieht – rechnet man die Fahrtkosten mit ein, so ist der Rodgausee gerade für die Anwohner aus Dudenhofen und Nieder-Roden ein geradezu unschlagbar günstiges Freizeitangebot. Zuletzt sei noch erwähnt, dass einige Anwohner Camping-Möglichkeiten an anderen See sehr schätzen und wiederum andere den anderswo vorhandenen Sprungturm als Beweggrund anführen. Hier scheinen die vom UVF und der Stadt geplanten Einrichtungen Bedürfnisse der Anwohner bei deren Besuch am See zu befriedigen.

Die Tatsache, dass von den befragten Anwohnern nur jeder Vierte auch anderen Seen einen Besuch abstattet sowie die genannten Beweggründe, warum andere Seen besucht werden, zeigen, dass der Rodgausee einen sehr großen Rückhalt in der lokalen Bevölkerung hat: Drei Viertel der Bevölkerung ist der Rodgausee als Badeeinrichtung schließlich völlig ausreichend! Dennoch muss man auch aus den Gründen des Viertels, das sich an anderen Seen wohler fühlt als am heimischen Rodgausee, Schlüsse ziehen.

4.6 Die Planungen des UVF und der Stadt aus der Sicht der Bürger

Dass der Rodgausee zu einem Freizeitsee für der Region ausgebaut werden soll, ist erklärtes politisches Ziel. In dem von uns geführten Gespräch mit dem Bürgermeister der Stadt Rodgau, Herrn Thomas Przibilla, teilte uns dieser u.a. mit, dass der „Kiessee" für ihn auch ein Wahlkampfthema gewesen sei (vgl. dazu SPD RODGAU 2000). So habe er bereits im Wahlkampf angekündigt, den Ausbau des Sees voranzutreiben. Diese Idee ist nicht neu: Bereits Ende der 70er Jahre gab es Pläne, am See eine Hotelanlage zu bauen, um den See besser nutzen zu können. Der mit dieser Planung verbundene Skandal habe jedoch in der Rodgauer Öffentlichkeit zu einer weitgehenden Tabuisierung des Themas Ausbau des Rodgausees geführt. Erst mit ausreichendem zeitlichen Abstand und einer neuen politischen

Konstellation unter den lokalen Entscheidern sei es möglich geworden, das Thema erneut auf die Tagesordnung zu bringen, so Przibilla.

In den vergangenen anderthalb Jahren seit der letzten Bürgermeisterwahl hat Bürgermeister Przibilla den Ausbau des Rodgausees vorantreiben können. Die Planungen, nach denen nun gemeinsam mit dem UVF der Ausbau durchgeführt wird, stammen aus dem Frankfurter Landschaftsplanungsbüro Schelhorn und reichen bis etwa in das Jahr 2010 - 2015. Die Pläne gehen davon aus, dass sich der See – den vorliegenden Genehmigungen entsprechend – vor allem im nordwestlichen Bereich durch weitere Auskiesung noch vergrößern wird. Der Planungsprozess wurde – so Przibilla – von mehreren Bürgerversammlungen begleitet, auf denen die Planungen „der" Bevölkerung vorgestellt und diskutiert wurden. Entscheidend ist dabei, dass der Rodgausee als Freizeiteinrichtung dabei nicht mehr nur den Anwohnern aus Rodgau selbst zur Verfügung stehen soll, sondern gezielt zum Freizeit- und Ausflugsziel innerhalb der Region Rhein-Main ausgebaut werden soll. Erste Ergebnisse der Planungen wurden nach Abschluss eines Kooperationsvertrages Ende 1999 zwischen der Stadt Rodgau und dem UVF unverzüglich in Angriff genommen. So konnten im Jahr 2000 bereits die Beachvolleyballanlage und die Inlineskateanlage in Betrieb genommen werden, ein schwimmender Sprungturm wird derzeit gebaut und wird ab dem Jahr 2001 zur Verfügung stehen.

Aufgabe des Fragenkomplexes, der nun näher erläutert werden soll, war es, herauszufinden, ob die Ideen und Vorhaben, die am Rodgausee umgesetzt werden sollen, breiten Schichten der Bevölkerung bekannt sind, ob also die Ergebnisse der Bürgerversammlungen in die Öffentlichkeit gebracht wurden (s. Abb. 11). Erfahrungsgemäß werden Bürgerversammlungen meist nur von Personen besucht, die entweder Fürsprecher des jeweiligen Projektes sind oder absolute Gegner. Die „schweigende" – aber nicht unbedingt meinungslose – Mehrheit der Bevölkerung bleibt bei dieser Art der Betroffenenbeteiligung meist außen vor. Dass ein reges Interesse am Ausbau des Rodgausees – bzw. dessen Verhinderung – besteht, zeigt die starke Anteilnahme der Bevölkerung an der vom KSR durchgeführten Untersuchung: Einige Personen meldeten sich telefonisch, per eMail oder vor Ort, um ihre Meinung zum Ausbau des Sees zu äußern.

Die Öffentlichkeitsarbeit der Stadt Rodgau mit Hilfe der Zeitungen hat sich gelohnt, denn insgesamt 50,2% der befragten Anwohner geben an, die Planungen der Stadt und des Umlandverbandes zu kennen. Immerhin 37,8% haben ihr Wissen aus der Zeitung, die übrigen stützen sich auf Gespräche mit Nachbarn, Freunden oder haben über andere lokale Kanäle von den Planungen erfahren. Durch Parteifreunde, Stadtverordnete oder andere politisch Verantwortliche haben nur 0,1% von den möglichen Vorhaben erfahren.

Viel wichtiger als die bloße Kenntnis der Planung ist jedoch die Meinung der Rodgauer in Bezug auf die einzelnen Vorhaben. Explizit gefragt wurde nach folgenden geplanten Einrichtungen:

- Beachvolleyballanlage,
- Inlineskateanlage,
- „Wasserskilift" und
- Freeclimbingwall.

Zu den Einrichtungen, die zwar im Gespräch sind, nach denen im Rahmen der Untersuchung aber nicht gefragt wurde, gehören das angedachte Hotel und/ oder das Café bzw. Restaurant am See.

In der Untersuchung wurde zunächst gefragt, wie gut dem Gefragten die jeweilige Idee zusagt und anschließend, ob man sich vorstellen könnte, die Anlage – wenn sie denn erstellt würde – auch tatsächlich zu nutzen. An dieser Stelle sei darauf hingewiesen, dass die Antworten zur möglichen zukünftigen Nutzung der neuen Freizeitangebote durch die Bürgerinnen und Bürger einen rein spekulativen Charakter haben und lediglich als ergänzende Information zur allgemeinen Einstellung der geplanten Einrichtung gegenüber betrachtet werden dürfen. Die geäußerten Einschätzungen können keine zuverlässige Antwort auf die Frage geben, ob die Einrichtungen später überhaupt genutzt werden.

Abb. 11: Kenntnis über die Ausbaupläne des Strandbades am Rodgausee

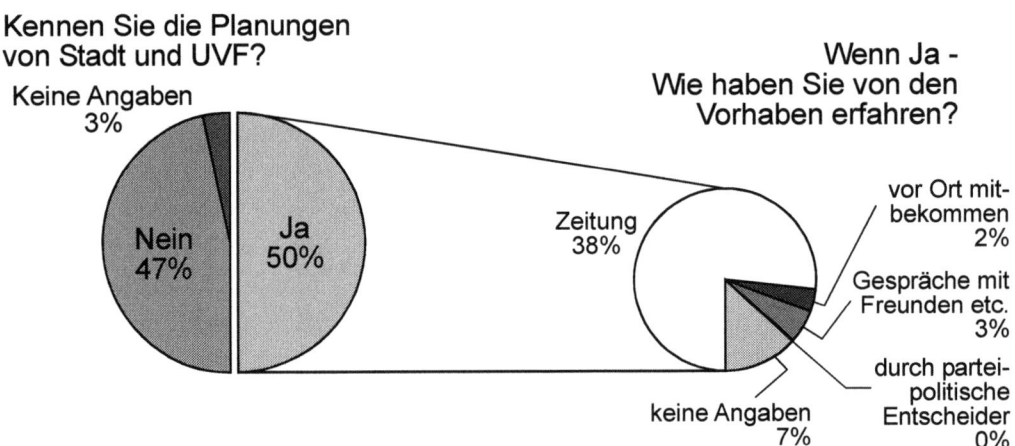

Quelle: Eigene Erhebung 2000

Grundsätzlich fällt auf, dass die Anwohner sämtlichen gemachten Vorschlägen positiver gegenüber stehen als man erwarten würde (s. Abb. 12 und 13). So gefällt die Idee, eine Beachvolleyballanlage zu errichten, insgesamt 85,2% der Anwohner „sehr gut" oder „gut". Nur 7,4% finden diese Idee weniger gut oder schlecht. Besonders erfreulich ist, dass die Beachvolleyballanlage von allen Altersgruppen gleichermaßen akzeptiert wird – alle (100,0%) der 14-20jährigen bewerten die Anlage als „sehr gut" oder „gut". Die Altersgruppe mit den wenigsten Befürwortern der Anlage ist die der Älteren (66 Jahre und älter). Hier sind nur 66,6% *für* die Beachvolleyballanlage. Entsprechend hoch ist die Akzeptanz auch bei der möglichen Nutzung – 43,2% der Anwohner meinen, auch einmal zum Volleyball zu greifen, um eine Runde zu spielen. Dies gilt für die 14-20jährigen uneingeschränkt (100,0%), bei den 21-25jährigen sind es noch 90,0%. Erst bei den über 50jährigen sinkt der Teil der Nutzungswilligen unter ein Drittel. Allein diese Zahlen lassen einen großen Ansturm auf die Anlage erwarten. Dass die Beachvolleyballanlage auch tatsächlich angenommen wird, zeigt die Beobachtung vor Ort.

Abb. 12: Bewertung der geplanten Anlagen am Rodgausee

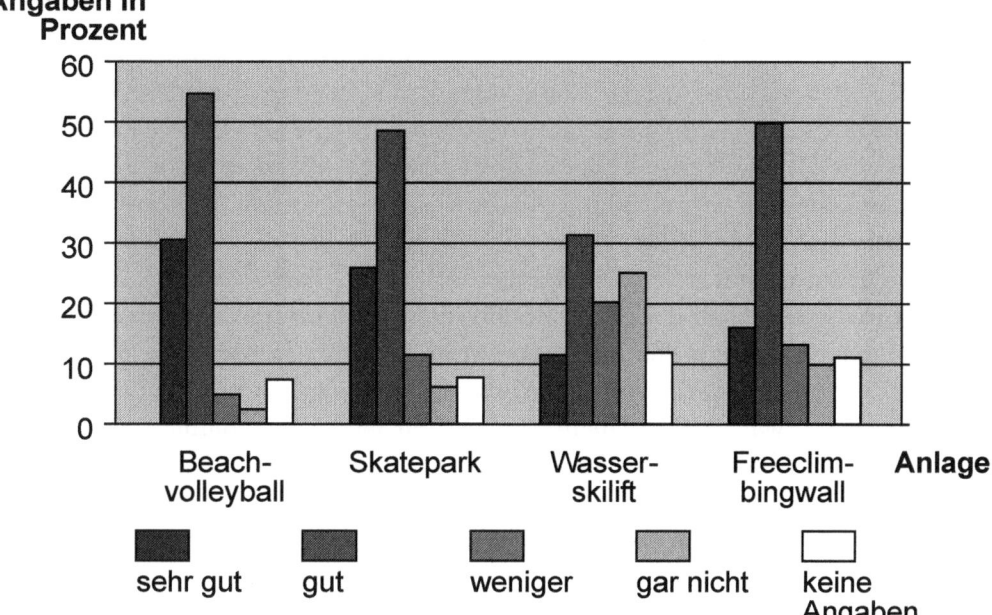

Quelle: Eigene Erhebung 2000

Auch die Skateanlage wird von insgesamt 74,9% der Anwohner befürwortet. Der Anteil derjenigen, die ihr ablehnend gegenüber stehen, ist aber größer als bei der Volleyballanlage. 17,7% meinen, diese Einrichtung sei unnötig. Auch die Inlineskateanlage wird aber von einer breiten Front aus allen Altersklassen getragen. Einige Zweifler finden sich lediglich in den höheren Klassen. Ihr Anteil liegt jedoch nie über 15,0%. Entsprechend ist auch der Anteil der Nicht-Nutzer unter den befragten Anwohnern größer: 66,7% werden nicht auf dem Parcour mit Inlineskates fahren, was aber auch daran liegen kann, dass zur Benutzung eine spezielle Ausrüstung von Nöten ist, die zunächst einmal angeschafft werden muss – dabei liegen die meisten Nennungen potentieller Nutzer in den Klassen mit den höchsten und den niedrigsten Einkommen – also wohl bei Kindern und Jugendlichen ohne eigenes Einkommen bzw. bei Kinder mit gut verdienenden Eltern[8]. Betrachtet man

---

[8] Das angeführte Beispiel zeigt die Brisanz der Daten zum Haushaltsnettoeinkommen: Diese Frage wird oft missverstanden, so dass nicht das gesamte dem Haushalt zur Verfügung stehende Einkommen (Summe der Nettoeinkommen aller Erwerbstätigen eines Haushaltes) angegeben wird, sondern das eigene Einkommen.

diejenigen, die die Inlineskateanlage nicht nutzen wollen, genauer, so stellt man fest, dass nur in der Altersgruppe der 14-18jährigen mehr als die Hälfte der Befragten (67,5%) bereit ist, die Inlineskates tatsächlich anzuschnallen. In allen anderen Altersgruppen liegt die Zahl derjenigen, die lieber den „festen Boden" unter den Füßen behalten wollen, bei über 70,0%. Lediglich die 26-30jährigen bilden hier noch eine Ausnahme: 33,3% würden sich hier auf die Rollschuhe begeben – vielleicht ist der Anteil der potentiellen Nutzer in dieser Altersgruppe so hoch, weil den Mitgliedern dieser Altersgruppe Rollschuhe als „Rollerskates" noch aus der eigenen Kindheit und Jugend bekannt sind.

Auch die Akzeptanz des Wasserskilifts ist nicht allzu schlecht: Zwar gefällt 47,3% der Anwohner diese Idee weniger oder gar nicht, aber es können sich dennoch 42,8% für diese Idee begeistern. Diese setzen sich aus den Jüngsten (14-20jährige) und dem „Mittelalter" (26-40jährige) zusammen. In allen anderen Altersgruppen – auch bei den 21-25jährigen – überwiegt die Zahl der Zweifler die der Befürworter. Allerdings können sich nur 23,0% der Anwohner vorstellen, sich auf Skiern über das Wasser ziehen zu lassen. Dabei handelt es sich fast ausschließlich um die 14-20jährigen. Insgesamt stehen 66,3% der Anwohner dieser Aktivität skeptisch gegenüber und meinen, dass diese nichts für sie sei. Allerdings ist auch möglich, dass hier für die Benutzung des Lifts Gebühren erwartet werden, die die Befragten schon jetzt zögern lassen, ob man sich dieses Vergnügen leisten könne oder wolle. Oder es wird – was ja auch nicht ganz falsch ist – angenommen, dass eine bestimmte körperliche Eignung oder Sportlichkeit vonnöten ist, um den Skilift benutzen zu können, so dass man der Idee zunächst einmal skeptisch gegenübersteht, da man vermutet, diese Anforderungen nicht zu erfüllen. Insgesamt betrachtet schneidet der Wasserskilift von den geplanten Einrichtungen in der Bewertung wie in der möglichen Nutzung am schlechtesten ab.

Sehr hoch ist dagegen auch die Akzeptanz der Idee, einen Freeclimbingwall zu bauen. 65,8% finden diese Idee „sehr gut" oder „gut". Damit wird der Freeclimbingwall beinahe genau so positiv aufgenommen wie die Skateanlage. Allerdings ist die Zahl derjenigen, die sich tatsächlich anseilen lassen würden, um die Anlage zu nutzen, sehr niedrig. Nur 28,4% der Anwohner insgesamt möchten selbst klettern gehen. Diese stammen vornehmlich aus jüngeren Jahrgängen (14-40jährige). In den einzelnen Altersgruppen – z.B. bei den 14-18jährigen oder den 21-25jährigen – möchten bis zu 70,8% die Wand erklimmen, ein Ergebnis, das den Rang der Trendsportart „Klettern" noch unterstreicht. Nicht umsonst gibt es in der Region Rhein-Main mittlerweile mehrere (Indoor-) Kletteranlagen, die sich großer Beliebtheit erfreuen. Sowohl die Einkommensverhältnisse (die meisten der Kletterwilligen geben ein Haushaltseinkommen von bis zu 2500 DM an), als auch deren ausgeübter Beruf (die meisten sind Schüler, Studenten, Zivil- oder Wehrdienstleistende) zeigen, dass es sich auch tatsächlich um die diesen Trends gegenüber am aufgeschlossensten Jugendlichen und jungen Erwachsenen handelt.

Betrachtet man alle geplanten Anlagen im Vergleich, so fällt auf, dass sämtliche Ideen recht positiv aufgenommen werden, wenn auch die zukünftige Nutzung einer jeweils kleinen Gruppe vorbehalten bleibt.

Abb. 13: Mögliche Nutzung der geplanten Einrichtungen am Rodgausee

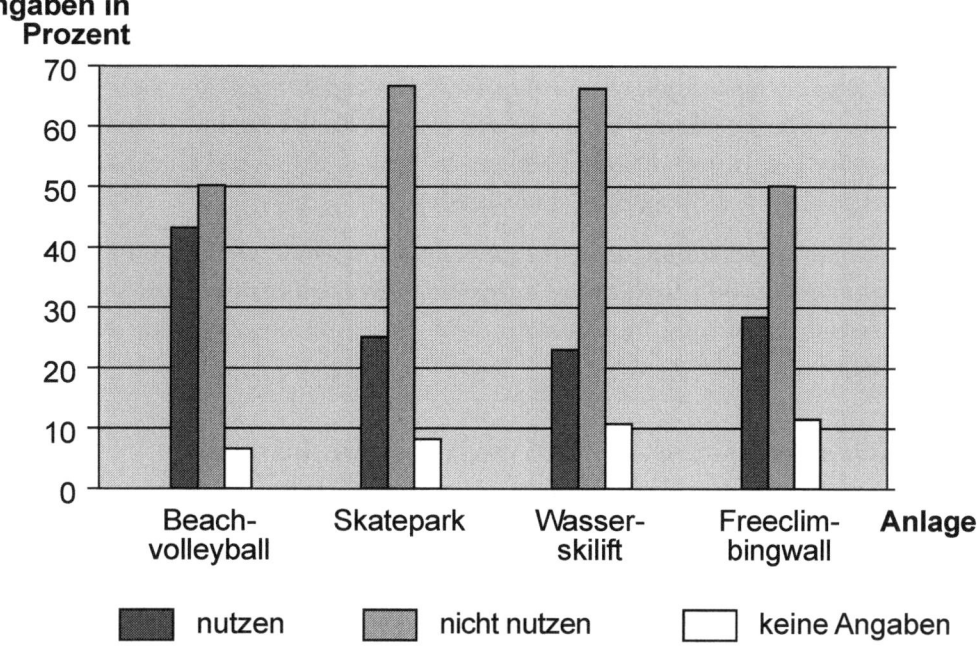

Quelle: Eigene Erhebung 2000

Im Zusammenhang mit den Planungen ist auch eine Erweiterung des Strandes vorgesehen. Als Folge dieser Erweiterung würde der heutige FKK-Strand stark an Fläche gewinnen. Man denkt daher darüber nach, die Strände zu tauschen, also den FKK-Bereich in den Teil des heutigen Textil-Strandes zu verlegen und umgekehrt: Auf diese Weise würde die größere der beiden Flächen dann für den Textilbadestrand zur Verfügung stehen. Mit dem Tausch wären allerdings „logistische" Probleme verbunden – zum Beispiel würde die unlängst errichtete Beachvolleyballanlage in dem den FKK-Anhängern zugedachten Teil liegen. Für Textil-Badegäste würde sich dann das Problem der Erreichbarkeit dieser Anlage ergeben. Für einen Tausch beider Flächen spricht die Tatsache, dass der Teil des Strandes, der zu der heutigen Fläche hinzukommen würde, in West-Ost-Richtung verläuft und an seiner Rückseite (der Südseite und damit der Seite, die dem See abgewandt ist) von Büschen eingefasst wäre und so auch vor den Blicken Neugieriger geschützt wäre, aber auch beschattet ist. Es wäre aber mit einer starken Verschattung zu rechnen. Zudem wird dieser Teil des Strandes erst relativ spät im Tagesverlauf direkt von der Sonne beschienen. Der neue Strandteil wäre damit für FKK-Anhänger ein eher unattraktiver Strand.

Die Anwohner sind sich nicht einig, wie mit dem Vorschlag, die Strände zu tauschen, umzugehen ist. Daher verweigern 42,0% die Auskunft. Nur 5,8% finden diese Idee sehr gut (gut = 23,5%), wohl weil sie die größere Fläche für den Textil-Strand begrüßen würden und sich weitere Freizeitangebote auf den erweiterten Flächen erhoffen oder sich mehr Platz auf der Wiese wünschen. Dies würde helfen, die Enge der „Liegenden" zu entzerren und Platz für andere Aktivitäten schaffen (z.B. Badminton oder Fußball). Die Skeptiker bzw. diejenigen, die einen Tausch kategorisch ablehnen, machen 28,8% aus. Dazu muss man in Betracht ziehen, dass der FKK-Strand insbesondere von den FKK-Badegästen als deutlich schöner und attraktiver wahrgenommen wird als der jetzige Textil-Strand. Gerade für diese Klientel wäre ein Tausch beider Flächen mit einem schwer einzuschätzenden Attraktivitätsverlust des Strandbades verbunden.

Damit ist klar zu erkennen, dass die Anwohner aus Dudenhofen und Nieder-Roden die Notwendigkeit, den Rodgausee aufgrund seiner zentralen Lage zu einer regionalen Freizeiteinrichtung auszubauen, erkennen und dem Ausbau positiv gegenüber stehen.

4.7 Verbesserungsvorschläge und Anregungen der Anwohner

Den meisten der befragten Bürgerinnen und Bürgern gefällt der Rodgausee so wie er ist sehr gut oder gut (zusammen 70,4% der Anwohner). Dennoch gibt es verschiedene Dinge, die in Zusammenhang mit dem See angesprochen und kritisiert werden. Auch fehlen dem einen oder anderen verschiedene Angebote oder Einrichtungen. Auf diese Vorschläge soll in diesem Abschnitt näher eingegangen werden. Da die Anwohner nach ihren Verbesserungsvorschlägen sehr differenziert gefragt wurden, soll an dieser Stelle auch in der Reihenfolge der Fragen im Fragebogen vorgegangen werden. Bei den Angaben, die von den Anwohnern gemacht worden sind, ist darauf zu achten, dass es sich um Verbesserungsvorschläge handelt, die die Befragten aus ihrer Erinnerung heraus äußern, d.h., es handelt sich um Sachverhalte, die dem Betreffenden besonders ins Auge gestochen haben bzw. ihm oder ihr so aufgefallen sind, dass man sich selbst mit einigen Tagen oder Wochen Abstand seit dem letzten Seebesuch noch daran erinnern kann. Den Antworten der Anwohner kommt daher ein besonderes Gewicht zu.

Wie angekündigt nun zu den Anwohnern, die den See aus eigener Anschauung kennen: Zur Erinnerung sei gesagt, dass 206 der 243 befragten Anwohner (entsprechend 84,8%) bereits den Rodgausee besucht haben. Von diesen machten 48,5% keine Angaben – das heißt, dass Ihnen aus der Erinnerung nichts als erwähnenswerter Umstand in Erinnerung geblieben ist, aber nicht, dass diese Anwohner nicht – hätten man sie am See als Badegäste befragt – auch Ideen haben würden. Am drängendsten erscheint es den Besuchern, Spielmöglichkeiten (für Kinder) einzurichten. 18,4% der Anwohner, die den See kennen, fordern dies. Dass die Forderung nach Spielmöglichkeiten von 13,5% der 14-18jährigen und sogar von 25% der 19-20jährigen geäußert wird, erscheint nicht weiter verwunderlich, handelt es sich bei diesen Altersgruppen um diejenigen, die am meisten von solchen Einrichtungen profitieren würden. Unter den 21-25jährigen liegt der Anteil noch bei 20,0%, fällt mit steigendem Alter zunächst ab und erreicht dann bei den 31-40jährigen ein neues Maximum: Insgesamt 41,9% aus dieser Altergruppe wünschen sich weitere Spielmöglichkeiten am See. Der Anteil derjenigen, die Kinder haben, ist in dieser Altersgruppe der Anwohner zwar relativ gering (er beträgt nur knapp 50% im Vergleich zu ältern Altergruppen, in denen maximal 90% Anteil an Personen mit Kindern erreicht werden), aber die Kinder sind gerade in jenem Alter, in dem sie Kinderspielplätze am häufigsten besuchen. Auf Rang 2 der Wunschliste taucht ein artverwandter Wunsch auf: Ballsporteinrichtungen werden hier gewünscht, ein Wunsch, dem wohl mit der Einrichtung der Beachvolleyballanlage Rechnung getragen worden ist. Insgesamt 15,0% der Anwohner, die den See bereits besucht haben, wollen in Zukunft während ihres Aufenthaltes am Badesee auch Ball spielen können. Die Altersgruppen, die diesen Wunsch am lautesten äußern, sind erwartungsgemäß die der 19-20jährigen (25,0%) und die der 21-25jährigen (30%).

Ein sehr ähnliches Bild ergibt sich, wenn man die Frage nach den fehlenden Einrichtungen auswertet, die allen Anwohnern gestellt worden ist: Auch hier macht gut die Hälfte keine Angaben (52,7%). Am häufigsten geäußert wurde, dass Spielmöglichkeiten im Allgemeinen bzw. eine Spielwiese oder ein –platz fehlen würde (18,9%). Unmittelbar darauf folgt die Antwort, nein, es würden keine Einrichtungen fehlen, der See sei so wie er ist ausreichend ausgestattet (16,9%). Die übrigen Nennungen (zusammen 12,3%) umfassen Wünsche wie z.B. ein Hallenbad oder weitere Einrichtungen wie zum Beispiel ein Café, ein Kino oder ein Restaurant am See. Gelegentlich wird hier auch der Wunsch nach Schatten geäußert oder es werden weitere Wassersportmöglichkeiten reklamiert (z.B. eine Rutsche).

Insgesamt zeigt sich, dass es unter den Anwohnern einen recht großen Anteil zufriedener Badegäste gibt, die mit dem Bestand an Anlagen voll auf zufrieden sind. Für die weiteren Pläne mit dem Rodgausee bedeutet dies, dass mit den Wünschen der Anwohner vorsichtig umgegangen werden muss, um zu verhindern, dass die Anwohner sich mit dem See nicht mehr identifizieren und ihn meiden.

4.8 Soziodemographische Merkmale der Anwohner

Nachdem nun dargestellt worden ist, wie stark der Rodgausee von den Anwohner frequentiert wird, welche Aktivitäten dort ausgeübt werden, wie zufrieden die Anwohner mit dem Rodgausee insgesamt sind und ob es eventuell Verbesserungsvorschläge gibt, soll in diesem Kapitel die Struktur der befragten Anwohner Gegenstand näherer Betrachtung sein. Zu den soziodemographischen Merkmalen, die im Rahmen der Untersuchung erhoben wurden, gehören neben den „klassischen" Merkmalen, wie Alter und Geschlecht noch eine Reihe anderer Variablen, die es ermöglichen die Lebensumstände der Anwohner besser zu beschreiben. Dazu gehören z.B. Angaben über die Wohnung und darüber, ob ein Garten vorhanden ist. Als erste sollen jedoch die „klassischen" soziodemographischen Merkmale näher untersucht werden.

Die erste Variable, die im Rahmen der Befragung erhoben wurde, ist das Geschlecht (s. Abb. 14). Hier ergibt sich ein leichtes Übergewicht bei den Frauen: 54,3% der Befragten waren weiblich, 44,4% männlich, 1,2% machten keine Angaben[9]. In den beiden Stadtteilen von Rodgau liegt der Anteil der weiblichen Bevöl-

Abb. 14: Geschlecht der befragten Anwohner

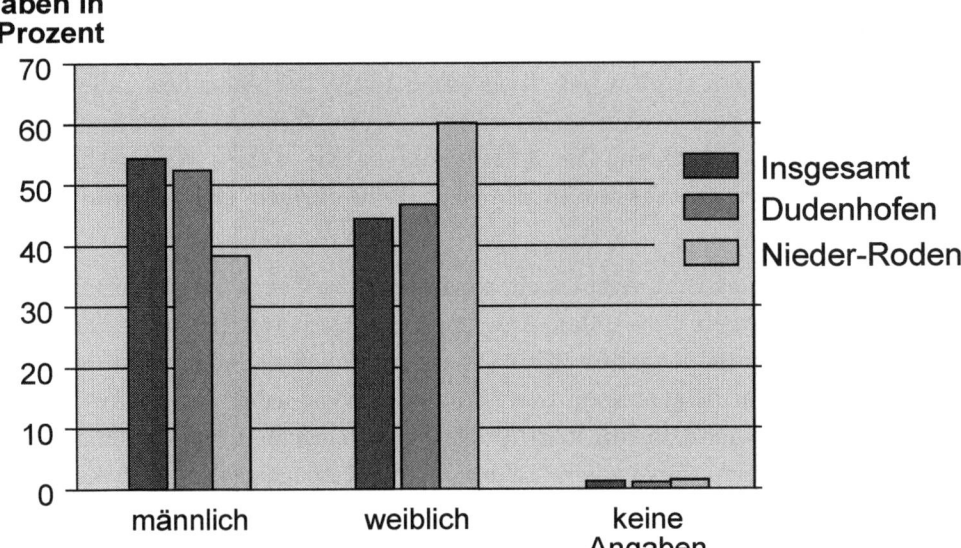

Quelle: Eigene Erhebung 2000

kerung bei 50,4% (Dudenhofen) bzw. 50,8% (Nieder-Roden)(STADT RODGAU 2000b), so dass sich in der Untersuchung eine leichte Verschiebung der eigentlichen Bevölkerungsverteilung ergibt.

Diese wird umso deutlicher, wenn man die gewonnenen Daten nach den Stadtteilen differenziert, in denen befragt wurde. In Dudenhofen ist das Bild ausgeglichener als in Nieder-Roden: In Nieder-Roden liegt der Anteil an Frauen, die befragt wurden, mit 60,1% deutlich über dem eigentlichen Frauenanteil in diesem Stadtteil. Zur Erklärung kann unter anderem herangezogen werden, dass in Nieder-Roden ein höherer Anteil an Personen angetroffen wurde, die der Beschäftigtengruppen der Erwerbslosen zugeordnet wurden: In dieser Gruppe wurden all diejenigen zusammengefasst, die keiner Erwerbstätigkeit nachgehen, also Schüler und Studenten ebenso wie Rentner und Hausfrauen. Während der Anteil dieser Gruppe an den Befragten in Dudenhofen bei 23,8% liegt, gibt es in Nieder-Roden 30,4% Angehörige dieser Gruppe, was widerspiegelt, dass es in vielen Familien tatsäch-

---

[9] „Keine Angabe" kann in diesem Fall bedeuten, dass mehrere Personen – z.B. ein Ehepaar – auf die Fragen geantwortet haben, so dass eine eindeutige Zuordnung nicht möglich war.

lich noch eine nahezu „traditionelle" Rollenverteilung gibt, bei der den Männern die Erwerbsarbeit vorbehalten bleibt. Gestützt wird diese Aussage dadurch, dass der hohe Anteil nicht-erwerbstätiger Frauen in Nieder-Roden mit einem Anteil von 65,9% verheirateter Personen einhergeht (Dudenhofen: 46,7%). Dagegen ist der Anteil der „Singles" mit 21,7% in Nieder-Roden deutlich kleiner als in Dudenhofen (43,8%). Dazu kommt, dass der Anteil an Personen höheren Alters (66 Jahre und älter) in Nieder-Roden ebenfalls erhöht ist, da Frauen zum einen eine höhere Lebenserwartung haben, zum anderen aber gerade in diesen Jahrgängen durch die Gefallenen des 2. Weltkriegs ein Frauenüberschuss entstanden ist. Dafür spricht der Anteil der Verwitweten, der in Nieder-Roden mit 5,8% doppelt so hoch ist wie in Dudenhofen. Da die Wahrscheinlichkeit, in Nieder-Roden eine Frau anzutreffen, höher ist, als in Dudenhofen, ergibt sich diese Verzerrung in der Datenlage. Weiterhin kommt dazu, dass vor allem vormittags befragt wurde. Vorausgesetzt, die aufgestellte These, nach der nach wie vor hauptsächlich die Männer erwerbstätig sind, stimmt, so ist es vormittags eher möglich, eine nicht erwerbstätige Frau Zuhause anzutreffen, denn einen erwerbstätigen Mann.

Die Abbildung 15, die die Altersstruktur in ihrer Verteilung angibt, bestätigt noch einmal die eben gemachte Aussage hinsichtlich der Altersstruktur in den beiden Stadtteilen. Der bereits angesprochene Anteil an Singles in Dudenhofen kann auch durch den überdurchschnittlich hohen Anteil der 14-18jährigen begründet sein, die in Dudenhofen immerhin mehr als ein Viertel (26,7%) der Befragten ausmachen.

Abb. 15: Altersstruktur der befragten Anwohner

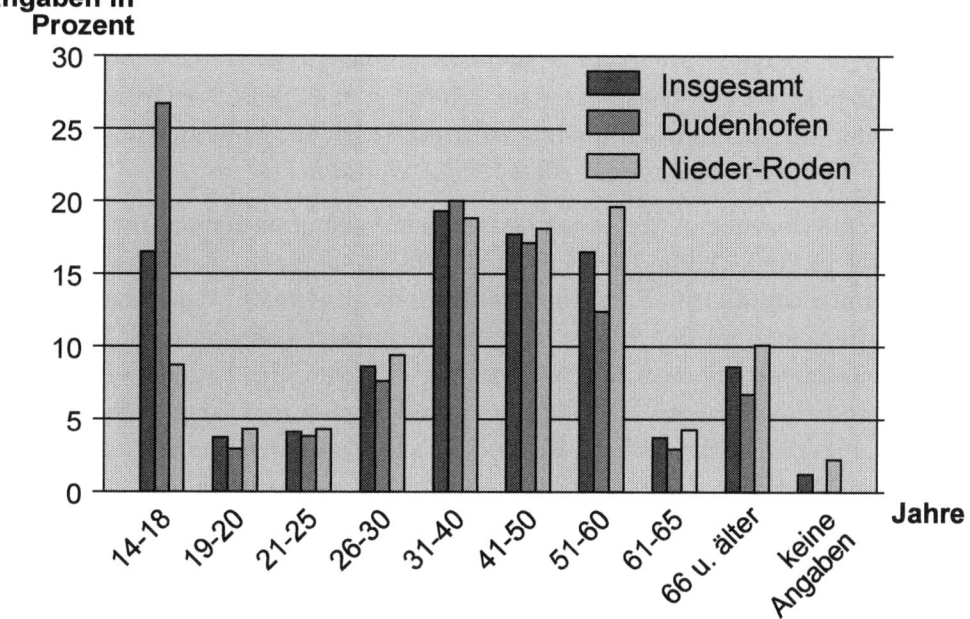

Quelle: Eigene Erhebung 2000

In Dudenhofen wie in Nieder-Roden liegt der Anteil der Familien mit Kindern sehr hoch – in Dudenhofen geben immerhin 52,4% der Befragten an, Kinder zu haben, in Nieder-Roden sind es 73,2%. Die Größe der Familien liegt dabei in beiden Stadtteilen mehrheitlich bei ein bis zwei Kindern (Dudenhofen: 1 Kind – 32,7%, 2 Kinder – 47,3% Anteil an denjenigen, die Kinder haben – Nieder-Roden: 1 Kind – 38,6%, 2 Kinder – 42,6% Anteil an denjenigen, die Kinder haben).

Zieht man zu dieser Betrachtung die Haushaltsgröße mit hinzu, so stellt man fest, dass in Dudenhofen die 2-Personen-Haushalte mit 22,9%, die 3-Personen-Haushalte mit 21,9% und die 4-Personen-Haushalte mit 33,3% vertreten sind. In Nieder-Roden dagegen liegt der Schwerpunkt auf den 2-Personen-Haushalten (29,7%, 3-Personen-Haushalte: 21,0%, ebenso die 4-Personen-Haushalte) – dies deutet daraufhin, dass in Nieder-Roden zwar Ehepaare mit Kindern leben, die Kinder aber so alt sein müssen, dass sie schon nicht mehr in einem gemeinsamen Haushalt mit den Eltern leben. Ein weiteres Zeichen, das für diese Struktur spricht, ist der deutliche Überhang an Personen aus den Altersgruppen über 50 Jahre in Nieder-Roden.

Überhaupt kann man die Nieder-Rodener Bevölkerungsstruktur als beinahe exemplarisch für die eines typischen Orts der Suburbanisierung aus den 70er und 80er Jahren ansehen: In Nieder-Roden überwiegt die Zahl der Wohneigentümer die der Mieter (63,0% zu 32,6%). Dabei wohnt die Mehrheit der Nieder-Rodener zudem im eigenen Häuschen (50,7%). Betrachtet man die Siedlungsstruktur von Nieder-Roden insgesamt, so fallen als erstes die Hochhäuser am nördlichen Siedlungsrand ins Auge. In der Erhebung haben sich diese jedoch nicht über Gebühr bemerkbar gemacht. Im Gegensatz dazu gibt es in Dudenhofen mehrheitlich Mieter (52,4%), die zumeist in einem gemieteten Zimmer bzw. WG-Zimmer oder einer Wohnung leben (49,5%). Diese Struktur schlägt sich auch in der Größe der Wohnfläche nieder, die den Befragten zur Verfügung steht: In Dudenhofen sind es „nur" 107 m², in Nieder-Roden dagegen rund 120 m² Wohnfläche[10].

Auch die Zahl derjenigen, die einen Garten zur Verfügung haben, ist verblüffend. Sie erreicht in Dudenhofen 68,3% der befragten Anwohner, in Nieder-Roden sind es immerhin noch 63,0%. Eigentlich sollte man annehmen, dass der Zugang zu einem Garten auch an den Besitz von Wohneigentum gekoppelt sei. Da die Zahl der Gartenbesitzer jedoch höher liegt als die Zahl der Eigentümer eines eigenen Hauses, müssen zahlreiche Bewohner aus Dudenhofen und Nieder-Roden Zugang zu einem anderen Garten haben, sei es dass sie noch einen gemieteten/gepachteten/eigenen Garten in der Nähe haben oder gemeinsam mit Nachbarn den Garten eines Mehrfamilienhauses nutzen. Es lässt sich im Übrigen nicht nachweisen, dass Besitzer eines Gartens eher dazu neigen, diesen für die Gestaltung ihrer Freizeit dem Rodgausee vorzuziehen. Der Anteil derjenigen, die den Rodgausee noch nicht

---

[10] Bei diesen Angaben handelt es sich nicht um die Wohnfläche pro Person, sondern um die Wohnfläche pro Haushalt.

besucht haben, liegt – unabhängig davon, ob ein eigener Garten vorhanden ist – zwischen 12,7% und 17,8%. Damit entspricht das Verhalten der Rodgauer in Bezug auf den Zusammenhang von Gartenbesitz und Besuch am Badesee dem der Besucher am Langener Waldsee. Auch bei diesen konnte nicht nachgewiesen werden, dass der Waldsee für Personen ohne eigenen Garten als „Gartenersatz" dient (vgl. WOLF et al. 1997, 19). So viel zur Wohnsituation der Rodgauer. Nun sollen an dieser Stelle noch die angegebenen Schulabschlüsse, das Haushaltseinkommen sowie die Berufsgruppe der Nieder-Rodener und der Dudenhöfer näher betrachtet werden. Bei den Schulabschlüssen liegt der Schwerpunkt in der Gesamtbetrachtung beim Realschulabschluss (30,0%), gefolgt von Hauptschulabschluss und Abitur mit je 20,6%. Ein Studium haben 14,0% absolviert. In der nach Stadtteilen differenzierten Betrachtung ergeben sich kaum Unterschiede. Deutlichere Unterschiede ergeben sich in der Struktur der Berufe, die von den Befragten ausgeübt werden. Der deutlich höhere Anteil an Erwerbslosen in Nieder-Roden wurde bereits zu Anfang dieses Kapitels erläutert (s.o.). In Dudenhofen fallen dagegen viele aus der Gruppe der Schüler/Studenten/Zivil- und Wehrdienstleistenden ins Auge: Während der Anteil dieser Gruppe in Nieder-Roden nur 10,9% erreicht, liegt er in Dudenhofen bei 22,9%. Dieser Wert korreliert damit stark mit dem bereits in der Interpretation der Altersstruktur festgestellten hohen Anteil der 14-18jährigen. Das Gros der Rodgauer aus den beiden Stadtteilen ist jedoch angestellt, zumeist in kaufmännischen Berufen: Insgesamt erreichen die Angestellten 37,0%, in Dudenhofen sind es 39,0%, in Nieder-Roden noch 35,5%.

Als letztes soll an dieser Stelle noch kurz auf das Haushaltseinkommen eingegangen werden. Es sei dabei daran erinnert, dass die Angaben zum Haushaltseinkommen mit größter Vorsicht zu betrachten sind: So liegt die Zahl der Antwortverweigerer in Dudenhofen bei 60,0%, in Nieder-Roden sogar bei 65,2%. Bei den Antwortenden muss berücksichtigt werden, dass nicht immer – wissentlich oder unwissentlich – korrekte Angaben gemacht werden. Gefragt wird nach dem Haushaltsnettoeinkommen, also der Summe, die einem Haushalt insgesamt zur Lebenshaltung pro Monat zur Verfügung steht. Das Haushaltsnettoeinkommen setzt sich aus allen innerhalb eines Haushaltes bezogenen Nettoeinkommen zusammen. Zu den Hauptfehlerquellen – vor allem bei Jugendlichen – zählt die Unkenntnis sämtlicher Einkommen aus dem Haushalt bzw. deren Höhe. Weitere Fehler entstehen durch die willentliche falsche Angabe eines Haushaltseinkommens, um die eigentliche Einkommenssituation zu verschleiern. Überhaupt verweigern viele Befragte Auskünfte zum Haushaltseinkommen aus persönlichen Gründen. Dies erklärt u.a. die hohe Zahl der Antwortverweigerer. Betrachtet man die Struktur der Einkommen der Personen, die auf die Frage geantwortet haben, so ergibt sich in etwa folgendes Bild. Überdurchschnittlich stark vertreten sind die mittleren Einkommen zwischen 2500 und 5000 DM sowie die Gehaltsgruppe über 7000 DM. Letztere ist in Dudenhofen etwas stärker vertreten als in Nieder-Roden. Zwischen dem bezogenen Haushaltsnettoeinkommen und dem Verhalten in Bezug auf den Badesee lassen sich jedoch keine signifikanten Zusammenhänge ableiten mit der

Ausnahme, dass die Personengruppe mit den höchsten Einkommen während des Aufenthaltes am Badesee vor allem zu erholungsorientierten Freizeitaktivitäten neigt.

5 Ergebnisse der Befragung der Badegäste am Rodgausee

Der vorangegangene Abschnitt erläuterte die Ergebnisse der Befragung der Anwohner aus den Rodgauer Stadtteilen Nieder-Roden und Dudenhofen, die mittels einer Flächenstichprobe durch Begehung ermittelt wurden. In diesem Teil des Gutachtens zur Nutzung des Rodgausees sollen nun die Gäste am See selbst im Mittelpunkt der Betrachtung stehen. Im Text werden hin und wieder Vergleiche zur Situation der Anwohner am Rodgausee gemacht werden, so dass eventuell auftretende Unterschiede in Wahrnehmungs- und Nutzungsmustern transparent werden.

Im Rahmen der Befragung der Badegäste am Badesee wurden insgesamt 379 Personen befragt. Davon wurden 233 (= 61,5%) am Textil-Badestrand und 146 (= 38,5%) am FKK-Strand befragt. Dieses Ergebnis spiegelt unseren Beobachtungen zu Folge nicht ganz die tatsächliche Verteilung der Badegäste am See wieder: Unter den Besuchern des FKK-Strandes war die Zahl der Antwortverweigerer deutlich höher als bei den bekleideten Badegästen. Mit eine Ursache für die hohe Zahl der Antwortverweigerer ist die Art und Weise wie die Befragung hier durchgeführt wurde: Da die Befragung hauptsächlich am Übergang vom Textil- zum FKK-Strand und damit entweder beim Betreten oder Verlassen des FKK-Strandes stattfand, waren viele Badegäste nicht bereit, an der Befragung teilzunehmen. Der Teil der FKK-Badegäste, die im FKK-Strand selbst befragt wurden, ist vergleichsweise gering.

Auf Ergebnisse aus dem FKK-Bereich, die von denen, die auf dem Gelände des Textil-Strandes erhoben wurden, abweichen, wird im Folgenden extra hingewiesen.

5.1 Nutzungsintensität

Zu den Indikatoren der Nutzungsintensität gehören vor allem die Frequenz der Besuche der Badegäste am Rodgausee, sowie die zeitliche Dauer des Aufenthaltes in der Einrichtung und die Ankunftszeit. Die genannten Fragen lassen sich noch einmal genauer aufteilen, so dass nach Bade- und Nichtbadewetter getrennt eine Auswertung der Daten erfolgen kann. Wichtig ist es auch zu erfahren, ob der Rodgausee zum ersten Mal besucht wird, oder ob es sich um Stammgäste, für die der Besuch dieser Einrichtung etwas alltägliches ist. In diesem Fall muss herausgestellt werden, was den See für dieses Stammpublikum so attraktiv macht. Außerdem müssen die Ergebnisse der Fragen nach der Attraktivität bzw. dem „Besonderen" des Rodgausees in Beziehung gesetzt werden zu den Ausbauplänen von Stadt Rodgau und UVF. Dies wird Gegenstand dieses Kapitels sein.

Zunächst eines vorweg: Der Anteil derjenigen, die während des Erhebungszeitraumes zum ersten Mal am See waren, liegt nur bei 10,6% – das heißt, dass neun von zehn Besuchern den Rodgausee so sehr schätzen, dass sie zum wiederholten Mal an den See gekommen sind. Dies deckt sich übrigens auch mit den Antworten auf die Frage danach, wie den Badegästen der Rodgausee gefällt: 93,1% beantworteten diese Frage mit „sehr gut" oder „gut" – eine weitere Tatsache, die für einen hohen Anteil an Stammpublikum am See spricht.

Der letzte Besuch der Badegäste, die nicht zum ersten Mal am Rodgausee sind, liegt bei den meisten nicht lang zurück: 21,5% waren am Tag vor der Befragung zum letzten Mal am See, bei 30,1% war der letzte Besuch in der vergangenen Woche. Weitere 24,8% der befragten Badegäste haben den Rodgausee innerhalb der vergangenen 14 Tage besucht. Damit ergibt sich, dass etwa drei Viertel (76,4%) der Besucher am Rodgausee mit dem See so zufrieden waren, dass sie ihn innerhalb von 14 Tagen mindestens zwei Mal besucht haben. Bei jedem zehnten (10,4%) war der letzte Besuch im vergangenen Jahr, bei einer absoluten Minderheit von 2,9% liegt der letzte Besuch mehrere Jahre zurück. Zusammengefasst bedeutet dies, dass der Rodgausee einen hohen Anteil an Stammpublikum hat. Dies wird noch deutlicher, wenn man ausschließlich die Daten der Besucher des FKK-Bereiches betrachtet: Der Anteil derjenigen, die in den vergangenen 14 Tagen am See waren, liegt hier mit 86,3% deutlich höher als bei den Besuchern des Textil-Badestrandes (69,5%), so dass der Anteil des Stammpublikums in diesem Teil des Strandes noch höher liegen dürfte.

Ein Ergebnis der Anwohnerbefragung war die starke Abhängigkeit des Rodgausees als Freizeiteinrichtung von der Witterung. Die Badegäste wurden ebenfalls hinsichtlich der Besuchshäufigkeit bei Bade- und Nichtbadewetter befragt. In den Abbildungen 16-20 wurden die befragten Badegäste nach dem genutzten Strandabschnitt differenziert: Deutlich fällt die höhere Besuchshäufigkeit der Benutzer des FKK-Strandes auf – 37,0% dieser Besuchergruppe kommen bei Badewetter täglich an den See, 43,2% mehrmals pro Woche. Damit besuchen 80,1% der FKK-Anhänger den See bei geeignetem Wetter an mehreren Tagen pro Woche. Dies lässt – gemeinsam mit den bereits geschilderten Ergebnissen aus der Fragen nach dem Termin den letzten Besuchs am Badesee – den Schluss zu, dass der Anteil des Stammpublikums unter den FKK-Anhängern bei ca. 70% liegen dürfte.

Der Anteil der Nutzer des Textil-Strandes, die bei Badewetter an den See kommen (s. Abb. 16), zeigt ein deutlich anderes Nutzungsmuster: Auch wenn der Meinung der Badegäste nach eigentlich Badewetter ist, kommen diese weitaus weniger häufig an den Badesee als es die Gäste des FKK-Strandes tun: Nur 16,3% kommen bei Badewetter täglich an den See, 50,2% mehrmals in der Woche.

Der Grund für die deutlich häufigeren Besuche der Gäste des FKK-Strandes ist in der anderen Alters- und Berufsstruktur zu suchen: Während der Anteil der über 50jährigen bei den Badegästen im Textil-Bereich nur 2,6% beträgt, ist er bei den „Freikörperkulturisten" mit 12,3% fast sechs Mal so hoch. Damit einher geht ein entsprechend höherer Anteil an Personen aus der Gruppe der Erwerbslosen (Rentner, Hausfrauen, Arbeitslose): Der Anteil dieser Berufsgruppe liegt im Textil-Bereich des Strandbades bei 6,4% und erreicht im FKK-Strand 18,5% und liegt damit etwa drei Mal höher als am Textil-Strand. Es scheint, als hätten die Gäste, die sich bevorzugt im FKK-Bereich aufhalten, ein größeres Budget an frei verfügbarer Zeit, die sie ihrer Passion entsprechend am Rodgausee verbringen.

Abb. 16: Besuchshäufigkeit der Badegäste bei Badewetter

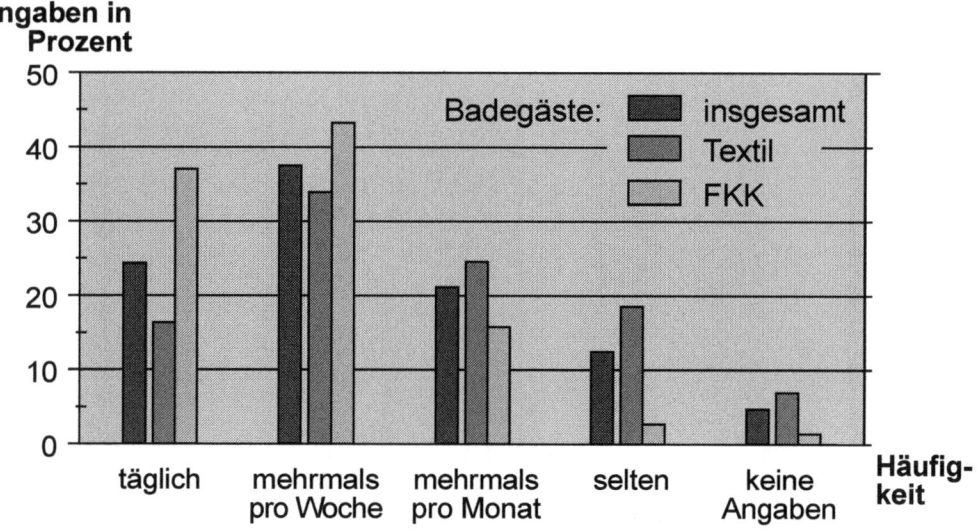

Quelle: Eigene Erhebung 2000

Dies zeigt sich auch noch einmal, wenn man die Wochentage, an denen der Rodgausee besucht wird, vergleicht (s. Abb. 17): Für die Besucher des Textil-Badestrandes ist der Rodgausee eindeutig eine Einrichtung, die vornehmlich an Wochenenden besucht wird – 38,2% geben an, samstags oder sonntags an den See zu kommen. Freitags kommen nur 2,6%, an den übrigen Werktagen sind es 15,9%. Der Anteil aller Badegäste, die den Badesee täglich besuchen, liegt bei den Nutzern bei etwa einem Viertel, nämlich bei 25,3%. Anders ist dagegen das Nutzungsmuster bei den FKK-Anhängern: Hier ist es nicht ein Viertel, sondern fast die Hälfte (42,5%), die den See täglich besucht. Auf dem zweiten Rang folgen die Wochenenden, die noch 32,9% für einen Besuch am Badesee nutzen. Die Besucher, die ausschließlich an den Wochentagen am See anzutreffen sind, sind bei den Nutzern des FKK-Bereichs in einer absoluten Minderheit: Nur etwa jeder Zehnte (11,9%) ist nur an Werktagen am Rodgausee unterwegs. Genau so stellen die Gäste, die an verlängerten Wochenenden (inkl. Freitag) am See anzutreffen sind, nur eine kleine Gruppe – 4,8% geben an, vor allem zwischen Freitag und Sonntag am See zu sein. Auch an dieser Frage zeigt sich wieder, dass die FKK-Anhänger zu häufigeren Aufenthalten am Badesee neigen.

Dass den FKK-Anhängern im Vergleich zu den Textil-Badegästen ein größeres Zeitbudget zur freien Verfügung steht, zeigt auch die Tatsache, dass die Gäste des FKK-Strandes früher am Rodgausee eintreffen und vergleichsweise lange dort bleiben (s. Abb. 18): Bereits zwischen 9 und 11 Uhr sind 15,8% der Befragten FKK-Badegäste am Rodgausee angekommen. In dieser Zeit herrscht am Textil-Strand noch buchstäblich eine morgendliche gähnende Leere: Nur 7,3% dieser Gruppe sind schon am Strand. Bei den FKK-Badegästen liegt der Hauptansturm in der Zeit vom 11-16 Uhr und verteilt sich zu je ca. 37% auf die Zeit von 11-13 Uhr bzw. von 13-16 Uhr – nach 16 Uhr treffen nur 8,9% der FKK-Badegäste am Rodgausee ein.

Abb. 17: Besuchshäufigkeit der Badegäste nach Wochentagen

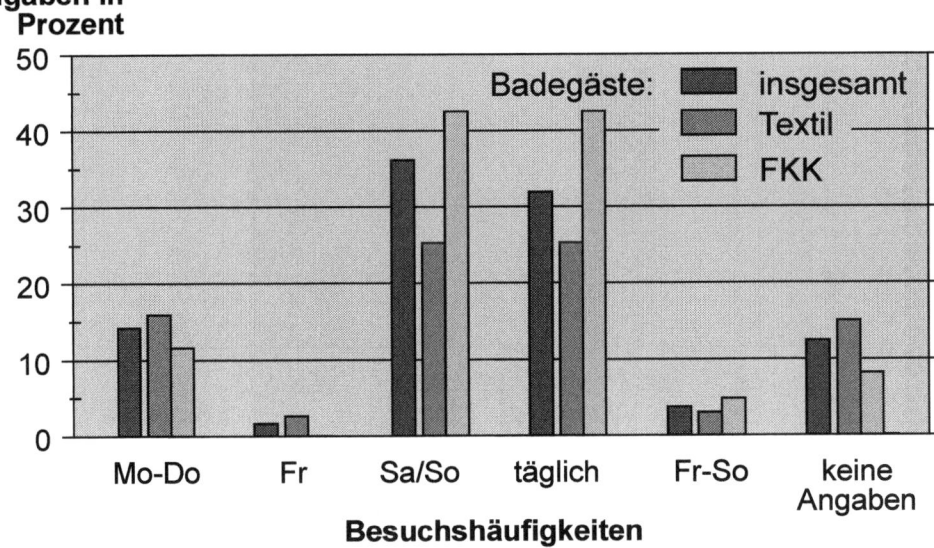

Quelle: Eigene Erhebung 2000

Der „Run" der Textil-Badegäste an den See beschränkt sich auf den frühen Nachmittag: Zwischen 13-16 Uhr stürmen 52,4% der Badegäste in das Strandbad, während des Vormittags sind es insgesamt nur 31,8%. Der Anteil der Badegäste, die es erst später an den See zieht, ist mit 9,9% etwas höher als bei den Gästen der FKK-Abteilung. Dabei darf aber nicht übersehen werden, dass bei den Badegästen des Textil-Strandes 4,9% der Besucher noch nach 18 Uhr eintreffen – zu einer Zeit also, zu der kein Gast der FKK-Bereiches mehr kommt.

Die Zeit, in der sich Badegäste des Textil-Strandes auf den Weg an den See machen, liegt im Tagesverlauf später und reicht bis in den frühen Abend. Der Anteil der Besucher, die ab 18 Uhr eintreffen, deutet darauf hin, dass sich einige Badegäste erst nach „Feierabend" an den See begeben. Daher verwundert es auch nicht weiter, dass der Anteil der Badegäste „mit Badehose", die nur relativ kurz am See sind (bis 2 h – 11,2%), höher ist als bei den Gästen des FKK-Strandes (6,8%): Die Gäste, die erst spät ankommen, haben gar nicht die Chance länger am See zu bleiben, da das Strandbad um 20 Uhr seine Pforten schließt. Ähnliches ist auch bei den Gästen festzustellen, die während der Hauptstoßzeit der Badegäste an den See kommen: Auch bei diesen ist die Dauer des Aufenthalts deutlich kürzer als bei den Gästen des FKK-Strandes. Während die meisten Nennungen am FKK-Strand dafür abgegeben werden, dass die Badegäste dort 3-5 h (38,4%) oder sogar über 5 h (39,0%) am See bleiben, bleiben 48,1% der Gäste des Textil-Bereiches 3-5 h und nur 16,3% über 5 Stunden im Strandbad (vgl. Abb. 19). Der Zeitraum, an dem sich die meisten Gäste im Strandbad befinden, ist auf jeden Fall der Nachmittag. Dies gilt unabhängig davon, ob man den Textil- oder den FKK-Strand betrachtet.

Abb. 18: Ankunftszeit der Badegäste am Befragungstag

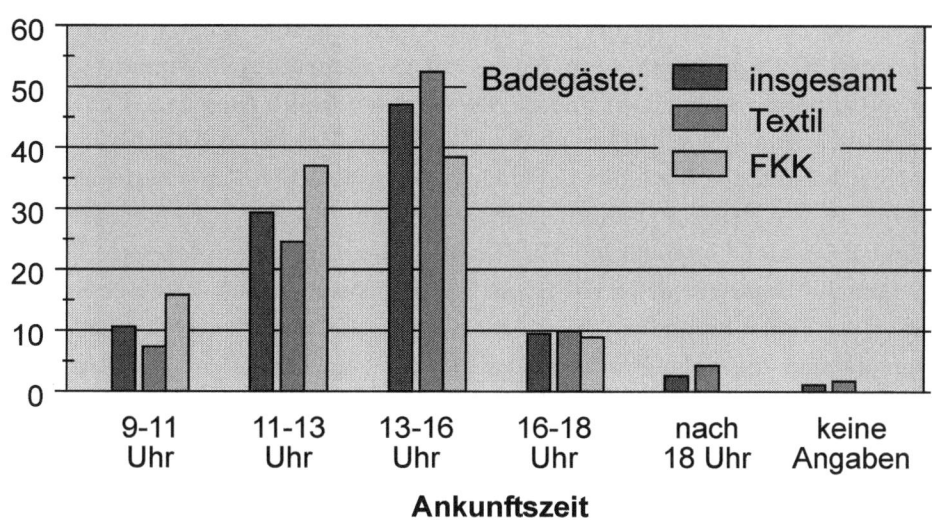

Quelle: Eigene Erhebung 2000

Abb. 19: Aufenthaltsdauer der Badegäste

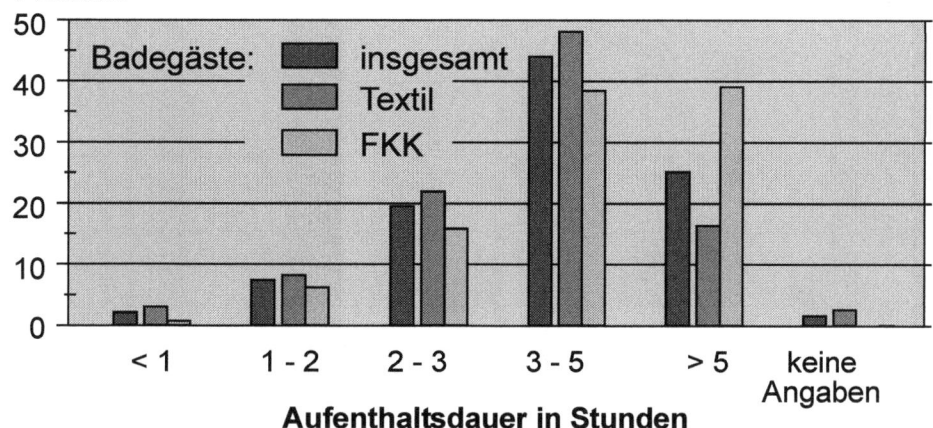

Quelle: Eigene Erhebung 2000

Die bislang diskutierten Ergebnisse bezogen sich auf die Besuchshäufigkeit bei Badewetter, auf die Situation am Tag der Befragung bzw. auf generelles Verhalten am Badesee, wenn der Badesee besucht wird. Völlig unterschiedliche Verhaltensmuster lassen sich bei beiden Nutzergruppen nachweisen, wenn man die Antworten auf die Frage nach der Besuchsfrequenz bei Nichtbadewetter genauer betrachtet. Die Zahl der Besuche insgesamt nimmt zunächst deutlich ab bzw. die Zahl derjenigen, die keine Angaben gemacht haben – wohl, weil sie bei Nichtbadewetter nicht an den See kommen – steigt. Grundsätzlich lässt sich feststellen, dass die Gäste der FKK-Anlage auch bei Nichtbadewetter häufiger am See anzutreffen sind, als Gäste des Textil-Strandes. Zwar kommen auch von den FKK-Anhängern nur 3,4% täglich (übrige Badegäste: 2,6%), aber während sich die Textil-Badegäste vom Wetter recht schnell „ins Bockshorn" jagen lassen, kommen von den FKK-Anhängern 15,1% mehrmals pro Woche, 10,3% mehrmals im Monat, 43,8% selten (aber sie kommen immerhin) und 27,4% machten keine Angaben. Bei den Gästen des Textil-Strandes machte knapp die Hälfte (48,5%) keine Angaben zum Besuch oder Nichtbesuch des Strandes bei Nichtbadewetter. 37,8% machen sich selten auf den Weg an den See, 6,0% kommen mehrmals im Monat, 5,2% mehrmals pro Woche und 2,6% zieht es auch bei Nichtbadewetter täglich an den See. Damit zeigt sich, dass die Benutzer des FKK-Strandes insgesamt „robuster" erscheinen als die Gäste des Textil-Strandes. Auch kann das Beharrungsvermögen der FKK-Badegäste und die hohe Frequenz der Besuche im Strandbad als Hinweis dafür gewertet werden, dass der Besuch des FKK-Strandes für viele mehr ist als der bloße Besuch eines Strandbades, sondern dass es sich hierbei vielmehr um den Ausdruck eines bestimmten Lebensgefühls oder einer -philosophie handelt.

Abb. 20: Besuchshäufigkeit der Badegäste bei Nicht-Badewetter

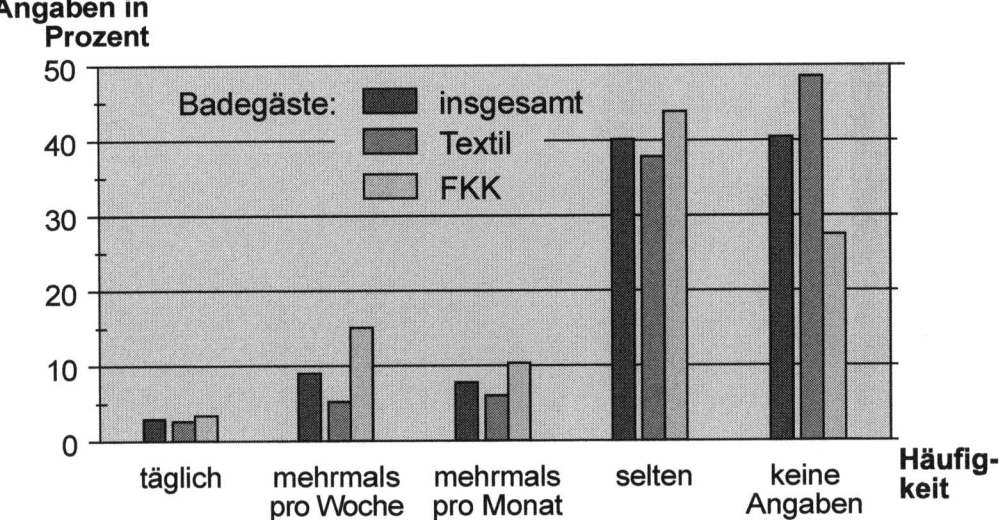

Quelle: Eigene Erhebung 2000

Ein Zeichen für die Attraktivität einer Freizeiteinrichtung ist die Häufigkeit der Besuche der befragten Badegäste in dieser Einrichtung, wenn Schulferien sind oder der oder die Befragte Urlaub hat. Der Rodgausee tritt dann – abhängig von den finanziellen Möglichkeiten des Einzelnen – in direkte Konkurrenz zu anderen Freizeit- und Urlaubseinrichtungen, seien es bestimmte Urlaubsziele oder -arten.

Dass der Rodgausee eine attraktive Einrichtung im Nahbereich ist, die auch während der Urlaubssaison zu den stark frequentierten Erholungszielen in der Region zählt, zeigt die Tatsache, dass 80,7% der Badegäste insgesamt angeben, auch während ihrer Ferien oder des Urlaubs an den Rodgausee zu kommen. Bei den Gästen des FKK-Strandes liegt der Anteil mit 82,2% noch etwas höher als bei den Besuchern der Textilabteilung (79,8%). Besonders interessant in diesem Zusammenhang ist sicherlich die Tatsache, dass der See nicht nur besucht wird, sondern dass dies mit einer recht großen Regelmäßigkeit passiert: 23,9% aller Badegäste kommen in dieser Zeit täglich an den See! Dabei liegt der Anteil bei den Textil-Badegästen mit 18,3% deutlich unter dem Wert der FKK-Anhänger, der stolze 32,5% erreicht. Auch hier haben die FKK-Anhänger „die Nase vorn". An vier bis sechs Tagen je Woche kommen noch 18,8% der bekleideten Badegäste, während der Anteil bei den Anhängern der Freikörperkultur noch ein gutes Drittel (29,9%) erreicht. Entsprechend hoch ist der Anteil derjenigen, die seltener an den Rodgausee kommen – er liegt zwischen 40,9% bei den Gästen der Textilabteilung und dokumentiert wiederum die Neigung dieser Klientel, den Rodgausee nur hin und wieder aufsuchen. Bei den FKK-Anhängern sind es nur 20,8%, die sich in den Ferien oder im Urlaub ein, zwei oder drei Mal in der Woche auf den Weg ins Strandbad machen. Die übrigen sind weitaus häufiger am See anzutreffen. Diese Zahlen belegen noch einmal sowohl die größere Besuchsfrequenz der FKK-Gäste, als auch deren hohen Anteil an Stammpublikum (s.o.).

Zur Frequenz der Nutzung des Rodgausees gehört auch die Zahl und Art der Begleitung, mit der der See besucht wird. Schließlich ist es auch für die vorhandene und geplante Infrastruktur am See nicht unerheblich, ob zum Publikum des Sees vornehmlich junge Familien, ältere Ehepaare oder Jugendliche mit Freunden gehören. Eine wichtige Information ist zu aller erst, dass nur 24,3% der Badegäste insgesamt allein an den See kommen. 75,5% kommen in Begleitung an den See, 0,3% machten keine Angaben. Der Anteil derjenigen, die ohne Begleitung kommen, ist bei den Gästen des Textil-Strandes etwas niedriger (18,5%) als bei denjenigen, die den FKK-Strand besuchen (33,6%). Auch die Struktur der Begleiter ist unterschiedlich: Im Textil-Strand sind 19,6% der Badegäste mit ihrem (Ehe-) Partner gekommen, 2,1% mit den Eltern. Im FKK-Bereich kommen 59,8% der Gäste mit ihrem (Ehe-) Partner, auch dies ein Zeichen dafür, dass es sich bei der Anhängerschaft des FKK-Strandes durchaus auch um Verfechter einer bestimmten Lebensanschauung handelt. Der Anteil derjenigen, die ihre Kinder in das Strandbad mitgebracht haben, ist in beiden Stränden mit 5,2% (Textil) bzw. 5,3% (FKK) ähnlich niedrig. Dies gilt auch für Besucher, die ihre Geschwister mitgebracht haben (2,1% (Textil) bzw. 3,1% (FKK)). Sehr hoch ist dafür der Anteil der Badegäste, die mit Freunden am See anzutreffen sind. Er erreicht bei den Badegästen im Textil-Strand 63,5% und liegt damit deutlich vor allem anderen Nennungen an der Spitze. Im FKK-Strand haben nur 17,8% Freunde als Begleitung mit an den See gebracht. Dies unterstreicht den Charakter des Sees als Treffpunkt bzw. als Freizeiteinrichtung, die mit Freunden besucht wird. Die Konkurrenz – vor allem für die Gäste des Textil-Strandes – dürfte daher vor allem im Bereich der Freizeiteinrichtungen liegen, die im Sommer tagsüber besucht werden (wie z.B. Eiscafés).

Abb. 21: Begleitung der Badegäste

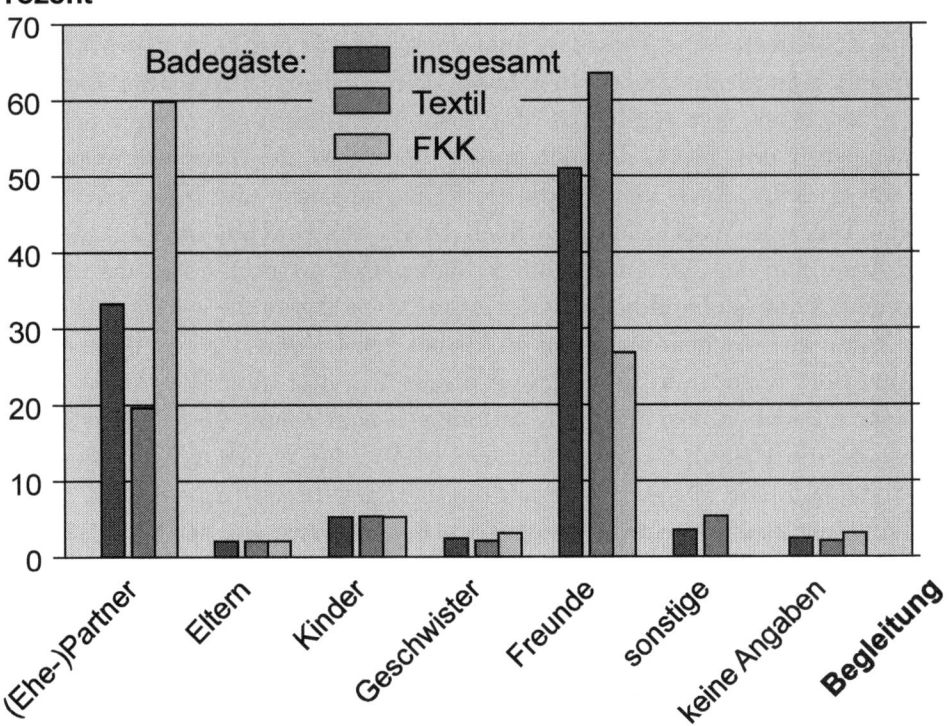

Quelle: Eigene Erhebung 200

Die Zahl der Personen, in deren Begleitung die Badegäste an den See kommen, ist ebenfalls interessant: Hier lassen sich zwei Trends feststellen, die sowohl für die Gäste des Textil-Strandes, als auch für diejenigen des FKK-Strandes gelten. Ein Trend geht hin zu kleinen Gruppen, das heißt, dass die Zahl der Begleiter nicht größer ist als ein oder zwei Personen (60,5% Anteil an den Badegästen insgesamt). Der zweite Trend weist deutlich in Richtung größerer Gruppen. So kommen immerhin 18,2% aller Badegäste in Gruppen mit mehr als 8 Personen an den Badesee. Das Maximum liegt bei immerhin 30 Personen, im FKK-Bereich bei 15 Personen. Selbst wenn man in Betracht zieht, dass es sich bei den größten Gruppen um Teilnehmer der Rodgauer Ferienspiele handelt, bleiben doch Gruppen in einer Größe von 10-15 Teilnehmern übrig, die den See zur Freizeitgestaltung nutzen. Insbesondere bei den Gästen des Textil-Strandes handelt es sich dabei vor allem um Gruppen aus Freunden und Bekannten, während bei den FKK-Anhängern familiäre Bande häufiger die Ursache für größere Gruppen sind.

Betrachtet man die Nutzungsintensität insgesamt, so lassen sich folgende Nutzungsmuster erkennen: Badegäste des Textil-Strandes sind jünger und besuchen den See nicht so häufig wie Gäste der FKK-Abteilung. Die Gäste des FKK-Strandes kommen im Vergleich früher und bleiben länger am Badesee. Während der Rodgausee von den FKK-Badegästen vor allem in Begleitung der Familie besucht wird, kommen die „normalen" Badegäste hauptsächlich in Begleitung ihrer Freunde an den Rodgausee. Ob die Ansprüche an den See, die Verbesserungsvorschläge und Wünsche an die Infrastruktur beider Gruppen ebenso stark auseinanderfallen wie ihre Nutzungsmuster, wird Gegenstand des Kap. 5.6 sein.

5.2 Einzugsbereich und Erreichbarkeit des Sees

Eine wichtige Frage in Bezug auf die Nutzung des Rodgausees als Freizeiteinrichtung ist der Einzugsbereich des Sees, zumal der UVF und die Stadt Rodgau planen, den Rodgausee zur regionalen Freizeiteinrichtung auszubauen. Vor allem lohnt hier zum einen der Vergleich unterschiedlicher Nutzergruppen untereinander (z.B. Gäste des Textil- und des FKK-Strandes) und zum anderen der Vergleich mit anderen Seen, vornehmlich dem Langener Waldsee (vgl. WOLF et al. 1997, 23-25 und 28-30). Da der Einzugsbereich am Rodgausee – wie auch am Langener Waldsee – auf unterschiedliche Weise, nämlich einmal als Kennzeichenzählung auf dem Parkplatz und einmal als Frage nach dem Herkunftsort in der Befragung der Badegäste ermittelt werden, sollen auch hier wieder beide Datenarten auskartiert und interpretiert werden. Dabei sollen auch die angegebenen Wegzeiten der Badegäste mit berücksichtigt werden. Im Anschluss daran wird die Verkehrsmittelwahl Gegenstand näherer Betrachtung sein. Insbesondere den Gründen für die getroffene Wahl wird dabei besondere Beachtung zu schenken sein. Dabei soll auch die auf Anregung der Stadt Rodgau und des UVF mit in den Fragebogen aufgenommene Frage nach der möglichen Nutzung des zukünftigen S-Bahn-Anschlusses für die An- und Abreise diskutiert werden.

Doch zunächst zur Auswertung des Einzugsbereichs des Rodgausees. Hierzu wurden am Samstag, den 01.07.2000 und am Sonntag, den 02.07.2000 (zwischen 14 und 16 Uhr) die Kennzeichen der Fahrzeuge auf dem Parkplatz vor dem Strandbad gezählt (zur Methode vgl. Kap. 3.4)(Abb. 22). Am 01.07.2000 wurden auf diese Weise insgesamt 405 Fahrzeuge erfasst. Der höchste Anteil mit 226 Fahrzeugen (55,8%) kam aus der Stadt und dem Landkreis Offenbach, gefolgt von Darmstadt und dem Landkreis Darmstadt-Dieburg (13,1%, entsprechend 53 Fahrzeugen) und der Stadt Frankfurt (9,1%, 37 Fahrzeuge). Der Anteil der Fahrzeuge aus den anderen auskartierten Landkreisen bzw. denen, die nicht mehr in der Karte dargestellt werden konnten, liegt bei jeweils unter 5,0% je Landkreis (vgl. Abb. 22).

Am Sonntag, den 02.07.2000 wurde die gleiche Erhebung noch einmal durchgeführt (Abb. 23). Bei dieser zweiten Zählung wurden 398 Fahrzeuge erfasst, die jedoch mit kleinen Änderungen dasselbe Bild zeigen wie die Zählung vom Vortag (vgl. Abb. 22). Auch am Sonntag waren die meisten der Fahrzeuge in der Stadt oder dem Landkreis Offenbach zugelassen (58,5% entsprechend 233 Fahrzeugen). Darmstadt bzw. der Kreis Darmstadt-Dieburg (11,8%, 47 Fahrzeuge) liegen dieses

Mal jedoch gleichauf mit der Stadt Frankfurt (11,6%, 46 Fahrzeuge). Der Main-Kinzig-Kreis liegt wieder bei etwa 5%-Anteil an den Gesamtfahrzeugen.

Abb. 22: Kennzeichenzählung auf dem Parkplatz am 01.07.2000

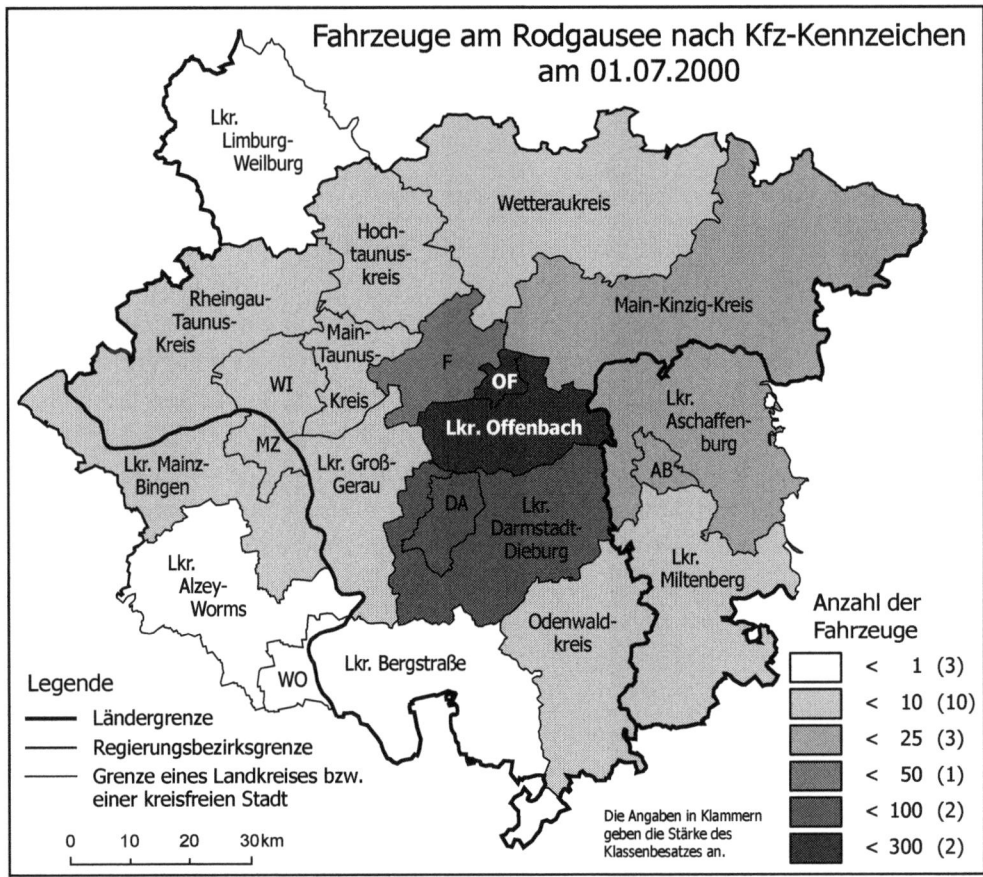

Quelle Eigene Erhebung 2000

Da es bei der Erhebung des Einzugsbereichs bedingt durch die Methode zu Fehlern kommen muss (vgl. Kap. 3.4), geben die beiden Abb. 22 und 23 den Einzugsbereich nur ungenau wieder. Der am häufigsten bei dieser Art der Erhebung auftretende Fehler ist die Tatsache, dass das für den Besuch am Badesee genutzte Fahrzeug nicht auch am Wohnort zugelassen sein muss: So ist es in Deutschland beispielsweise möglich, ein Fahrzeug am Ort des Zweitwohnsitzes anzumelden. Ferner können geliehene Autos, Miet- oder Firmenwagen benutzt werden, die ebenfalls in anderen Landkreisen zugelassen sein können. Bedingt durch diese Umstände entstehen Verzerrungen, die kaum korrigiert werden können. Dennoch ist die Methode geeignet, einen schnellen Überblick über den groben Einzugsbereich einer Anlage zu bekommen. Genauere Informationen sind nur dann zu bekommen, wenn die Wohnorte der Befragten erhoben werden. Dies wurde im Rahmen der Befragung der Badegäste getan. Die Ergebnisse dieser genauen Einzugsbereichserhebung sind Gegenstand des nächsten Abschnittes.

Abb. 23: Kennzeichenzählung auf dem Parkplatz am 02.07.2000

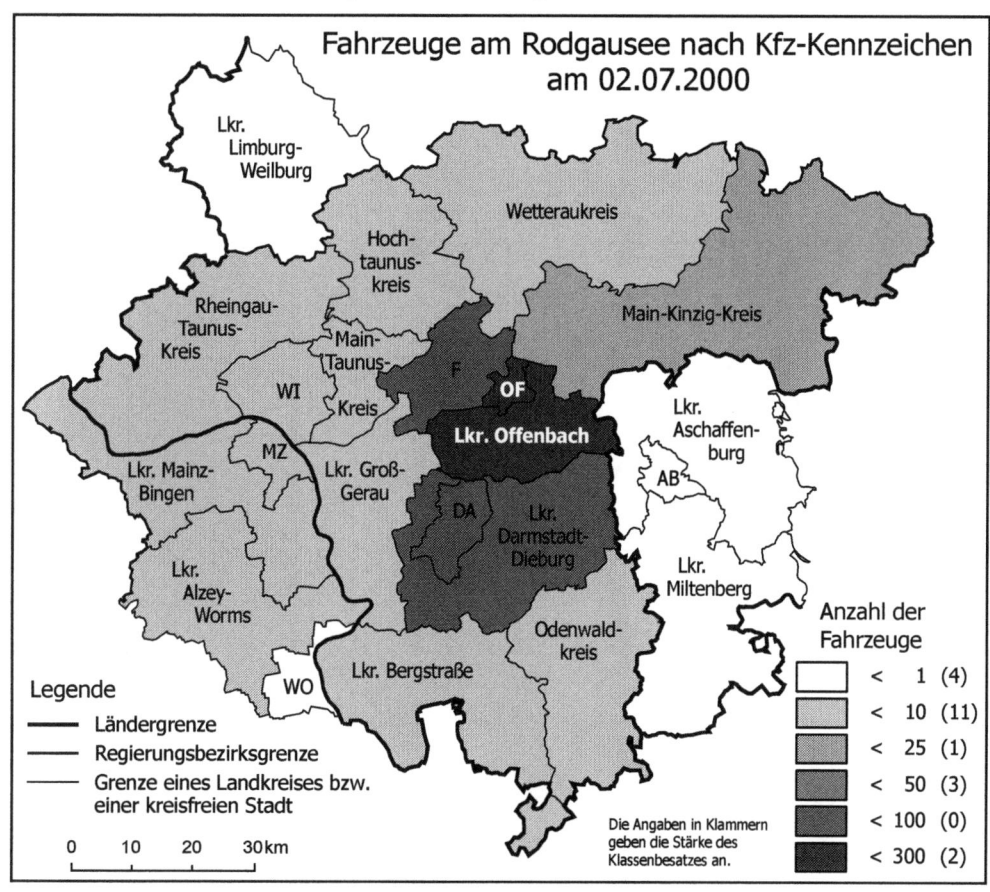

Quelle: Eigene Erhebung 2000

Im Wesentlichen bestätigt die Analyse Wohnorte das Ergebnis der Kennzeichenzählung (siehe Abb. 24) – man kann sogar sagen, dass sie das Ergebnis noch weiter einschränkt: Während die Kennzeichenzählung nur einen deutlichen Schwerpunkt des Einzugsbereiches im Landkreis Offenbach (inkl. Stadt Offenbach) sowie im Landkreis Darmstadt-Dieburg bzw. in Darmstadt zeigt, wird bei Betrachtung der Auszählung der Postleitzahlen ein sehr viel mehr räumlich begrenzter Einzugsbereich sichtbar: 35,9% aller Badegäste kommen aus Rodgau – betrachtet man ausschließlich die Stadt Rodgau sowie die unmittelbar angrenzenden Gemeinden[11], so kommen aus diesem Bereich bereits 59,4% aller Badegäste. Aus Frankfurt stammen nur 7,7%, aus allen anderen Gemeinden, die als Wohnsitz angegeben wurden, kommen jeweils nicht mehr als maximal 2,5% der Badegäste.

Der Rodgausee ist also eine Freizeiteinrichtung mit stark ausgeprägtem lokalen Charakter, der Einzugsbereich ist deutlich kleiner als beispielsweise am Langener

---

[11] Dies sind im Norden Obertshausen und Heusenstamm, im Westen Dietzenbach und Rödermark, im Süden Eppertshausen und Babenhausen sowie im Osten Seligenstadt und Hainburg.

Abb. 24: Wohnorte der Badegäste am Rodgausee

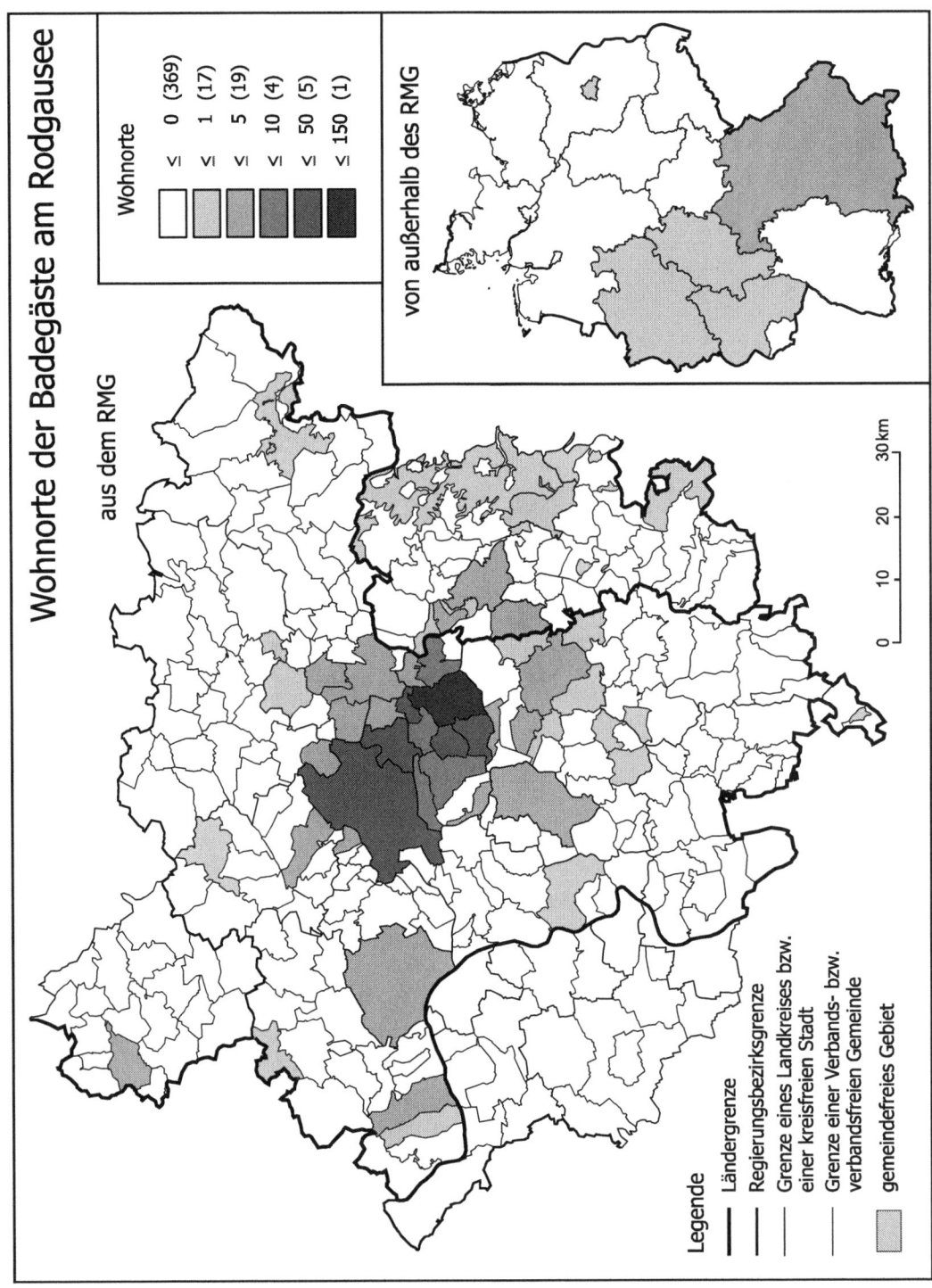

Quelle: Eigene Erhebung 2000

Waldsee, dessen Einzugsbereich weiter nach Norden, Westen und Süden reicht (vgl. WOLF/SCHOLZ 1997, 23). Sogar aus dem Osten der Region Rhein-Main fahren mehr Personen an den Langener Waldsee als an den Rodgausee. Lässt man die FKK-Badegäste einmal kurz außer Acht, so unterstreicht der Einzugsbereich der Besucher des Textil-Strandes noch einmal sehr deutlich den lokalen Charakter des Strandbades. Gut zwei Drittel der Textil-Badegäste (62,2%) kommen aus Rodgau oder den unmittelbar angrenzenden Gemeinden.

Bei den FKK-Badegästen ist der Einzugsbereich insgesamt leicht vergrößert – hier sind es „nur" 54,8%, die aus Rodgau und den umliegenden Gemeinden stammen. Wenn man die West-Ost- bzw. Nord-Süd-Grenzen des Einzugsbereichs des FKK-Strandes angibt, so reicht der Einzugsbereich von Geisenheim bis Schweinfurt bzw. von Kassel bis Mannheim. Als zusammenhängend kann davon aber nur ein Bereich betrachtet werden, der in etwa die Grenzen der Region Rhein-Main hat (vgl. KSR in Druck). Der Einzugsbereich der Gäste des Textil-Strandes ist entsprechend, reicht in seiner größten Ausdehnung jedoch nicht so weit.

Den eng begrenzten Einzugsbereich zeigt noch einmal die Dauer der Anreise: Von den 379 befragten Badegästen benötigen 86,5% weniger als eine halbe Stunde, um an den Rodgausee zu kommen, 11,3% brauchen bis 1 Stunde, 1,6% zwischen einer und zwei Stunden. Dabei liegt allein der Anteil derjenigen, die den See in 5 Minuten oder weniger erreichen können, bei 16,9%. 6-10 Minuten braucht ein weiteres gutes Drittel (30,1%) und nach spätestens 20 Minuten Anreisezeit haben schon drei Viertel der befragten Gästen den See erreicht (75,7%).

Der Rodgausee hat einen räumlich recht eng begrenzten Einzugsbereich, der in etwa dem des Schultheisweihers vergleichbar ist, bei dem „gut 77% der Befragten ... innerhalb der Stadtgrenzen Frankfurts und Offenbachs" wohnen (WOLF et al. 1997, 34) – dies sind in diesem Fall die unmittelbar angrenzenden Gemeinden. Die Anreisezeiten sind nicht ganz vergleichbar, da am Schultheisweiher – wohl gehemmt durch den Stadtverkehr – auch in unmittelbarer Nähe Wohnende im Verhältnis länger für ihre Anreise benötigen. So ist am Schultheisweiher nach 20 Minuten erst die Hälfte der Gäste an ihrem Ausflugsziel angekommen. Zudem sind die längeren Reisezeiten der Badegäste des Schultheisweihers mit Sicherheit auch auf die Anbindung des Sees zurückzuführen, die bewusst auf die direkte Erreichbarkeit mit dem Pkw verzichtet, so dass die letzten Meter entweder zu Fuß zurückgelegt werden müssen, oder ein anderes Verkehrsmittel ausgewählt werden muss – so entscheiden sich zum Beispiel 56,2% der Badegäste des Schultheisweihers für eine Anreise per Fahrrad.

Dies ist am Rodgausee anders: Hier nutzen nur 23,0% aller Badegäste das Fahrrad, um an den See zu kommen. Das Gros dagegen benutzt – trotz geringer Entfernungen – das Auto. Der Anteil des Autos liegt mit 69,7% weit vor allen anderen Verkehrsmitteln und wird von Textil- (66,5%) und FKK-Badegästen (74,7%) gleichermaßen oft benutzt. In Bezug auf die Altersstruktur der Anreisenden lässt sich feststellen, dass der Pkw sofort ab dem Führerscheinerwerb zum wichtigsten Verkehrsmittel wird und diese Bedeutung dann für alle weiteren Altersklassen behält. Der Anteil der Fußgänger beträgt nur 4,5% und liegt damit zwischen dem Langener Waldsee (0,3% Fußgänger-Anteil) und dem Schultheisweiher (9,6%). In Anbetracht der Nähe zu den Stadtteilen Nieder-Roden und Dudenhofen ist dies ein erstaunliches Ergebnis, und es bestätigt auch nicht die von den Anwohnern gemachten Aussagen: Den Angaben der Anwohner zu Folge nutzen lediglich 24,8% der Anwohner den Pkw, um an den Rodgausee zu gelangen, 43,7% das Fahrrad und ganze 29,6% gaben an, zum See zu laufen (vgl. Kap. 4.2).

Abb. 25: Benutzte Verkehrsmittel der Badegäste

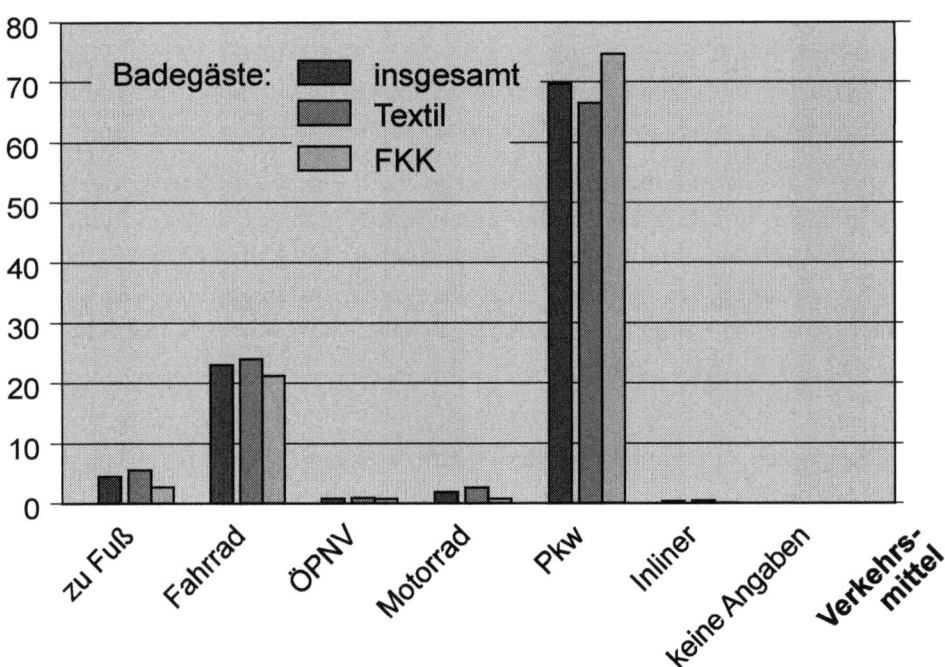

Quelle: Eigene Erhebung 2000

Die Realität hingegen sieht anders aus: Tatsächlich machen sich nur 11,2% der Rodgauer zu Fuß auf den Weg ins Strandbad, 48,5% nutzen das Fahrrad und 38,1% fahren mit dem Auto. Die Gründe, warum das Auto als Transportmittel vor allen anderen benutzt wird, sind vielfältig: Die Autofahrer geben an, das Auto sei vor allem bequem und praktisch (34,1% der Autofahrer) bzw. die Entfernung sei „zu weit", um andere Verkehrsmittel nutzen zu können (33,3%). Argumente wie die Nutzung anderer Verkehrsmittel sei zu umständlich (9,5%), die Fahrt mit dem Auto ginge am schnellsten (7,6%) oder die Mitnahme von Gepäck (5,3%) spielen eindeutig nur eine untergeordnete Rolle in der Fahrzeugwahl. Dies ist insofern erstaunlich, als die Hauptbegründung der Autofahrer unter den Badegästen am Langener Waldsee auf die Frage nach der Nutzung des Pkw die Mitnahme von

„Badeutensilien" war (WOLF; SCHOLZ 1997, 37) – allerdings ist das Spektrum der am Langener Waldsee möglichen Wassersport- und Sportarten größer, so dass einige einen entsprechenden Materialtransport erfordern. Dazu gehört zum Beispiel das am Rodgausee nicht mögliche Surfen. Im Umkehrschluss heißt das, dass die Gäste des Rodgausees außer ihren klassischen Badeutensilien (Handtuch, evtl. Badebekleidung, Verpflegung, evtl. Schlauchboot oder Luftmatratze) eigentlich kaum Gepäck zu transportieren haben, so dass der Transport von Strandausrüstung, wie in der Erhebung ja deutlich wurde, nur von untergeordneter Bedeutung ist.

Auch die Radfahrer und Fußgänger sind per Rad oder per pedes unterwegs, weil ihnen diese Fortbewegungsart zunächst einmal als bequem und praktisch erscheint (44,8% bzw. 52,9%). Vor allem für die Radfahrer spielt die Geschwindigkeit der Verbindung offenbar eine Rolle, denn 26,4% meinen, das Radfahren sei die schnellste Möglichkeit, um an den Rodgausee zu kommen.

Da jeder Nutzer des Rodgausees sich – aus seiner Sicht – aus gutem Grund für ein bestimmtes Verkehrsmittel entschieden hat, soll im Folgenden die Zufriedenheit mit der Verbindung zum See im Mittelpunkt stehen (s. Abb. 26). In der Bewertung insgesamt schneidet der öffentliche Personennahverkehr mit Abstand am schlechtesten ab – nur 3,4% meinen, die Anbindung sei gut. Das Gros der Befragten (49,9%) ist deutlich anderer Ansicht und meint, die Verbindungen des ÖPNV zum Rodgausee sind schlecht. Offenbar hat diese Einschätzung eine so große Abschreckungswirkung, dass nur 0,8% aller Badegäste tatsächlich mit Bus und Bahn an den See kommen. Wenigstens sind zwei Drittel (66,7%) der tatsächlichen Nutzer des ÖPNV mit den aktuellen Verbindungen zufrieden. Die Anbindung mittels ÖPNV ist ein Punkt, der weiter unten in diesem Abschnitt noch einmal in Zusammenhang mit der geplanten S-Bahn in den Rodgau diskutiert wird. Im Gegensatz zum ÖPNV wird die Anbindung für Badegäste mit dem Pkw als gut bezeichnet – 79,4% sind dieser Meinung, weitere 5,8% sind mit der Anbindung zufrieden und nur 4,2% finden die Anbindung schlecht. Auch diese Einschätzung bestätigt noch einmal die Verkehrsmittelwahl der Badegäste, vor allem, weil 90,0% der Pkw-Fahrer mit der Anbindung in der bestehenden Form zufrieden sind. Die Erreichbarkeit sowohl mit dem Fahrrad als auch zu Fuß schneidet schlechter ab als die Erreichbarkeit mit dem Pkw, jedoch deutlich besser als die mit dem ÖPNV.

Damit beurteilen die Badegäste die Anbindung des Sees grundsätzlich anders als es die Anwohner tun (vgl. Kap. 4.2): So werden die Möglichkeiten, den See mit dem Rad oder zu Fuß zu erreichen von den Anwohnern deutlich besser eingeschätzt als von den Badegästen, was wohl vor allem auf die andere Nutzungsstruktur der Verkehrsmittel zurückzuführen ist. Gleiches gilt für die Bewertung der Pkw-Erreichbarkeit – offenbar in Anbetracht der Parkplatzsituation benutzen die Anwohner lieber andere Verkehrsmittel und schätzen daher auch die Pkw-Erreichbarkeit nur zu 54,4% als gut ein (Badegäste: 79,4%). Die ÖPNV-Verbindungen zum Rodgausee werden von den Anwohnern – wohl aufgrund genauerer Kenntnis der tatsächlichen Verhältnisse und Möglichkeiten – besser eingeschätzt als von den Badegästen (11,2% zu 3,4%).

Abb. 26: Bewertung der Erreichbarkeit des Strandbades nach Verkehrsmittel durch die Badegäste

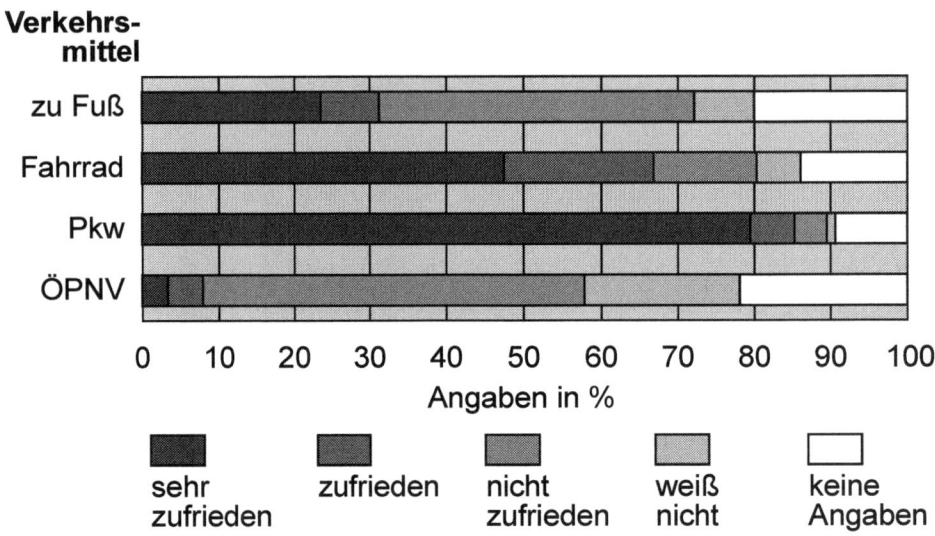

Quelle: Eigene Erhebung 2000

In Zusammenhang mit der ÖPNV-Anbindung wurden die Badegäste auch danach gefragt, ob sie den etwa ab 2003 verfügbaren S-Bahn-Anschluss der Stadt Rodgau für die Anfahrt zum Rodgausee benutzen würden. Der nächste erreichbare Haltepunkt wäre der Bahnhof in Dudenhofen, von dem aus der Badesee nach 10-15 Minuten Fußweg zu erreichen wäre. Zur Überbrückung dieser Distanz wird überlegt, eventuell einen Pendelbus einzurichten, der die Badegäste vom Bahnhof zum See und retour befördern würde. Die Antworten auf die Frage nach der möglichen S-Bahn-Nutzung – darauf sei hier noch einmal in aller Deutlichkeit hingewiesen – haben jedoch rein spekulativen Charakter und können nicht als eine gesicherte Abschätzung möglicher Nutzerzahlen betrachtet werden. Vielmehr kann man die geäußerten Meinungen als eine Art Stimmungsbild verstehen und interpretieren. 15,8% der Badegäste würden die S-Bahn für ihre Anreise benutzen, 76,8% würden dies nicht tun. In dieser Einschätzung spiegelt sich wahrscheinlich in gewissen Anteilen die schlechte Einschätzung der bestehenden ÖPNV-Anbindung wieder. Der Rodgausee wird mit Inbetriebnahme der S-Bahn zwar in den kurzfristig aus Frankfurt erreichbaren Bereich rücken – Bürgermeister Przibilla sprach in diesem Zusammenhang davon, dass der Rodgausee dann in zwanzig Minuten von der Hauptwache aus zu erreichen sei –, aber die Besucher des Badesees scheint dieses Angebot nur wenig zu überzeugen. Ein weiterer Grund für die Abneigung, die S-Bahn zu benutzen, sind sicherlich die ohnehin nur geringen Distanzen, die für einen Besuch am Rodgausee in Kauf genommen werden. Vielen erscheint die Fahrt mit S-Bahn und Pendelbus im Vergleich zur Fahrt mit dem Pkw als unattraktiver und wahrscheinlich auch langwieriger. Zudem liegt das Quellgebiet der Gäste des Badesees eindeutig in den Wohngebieten der Besucher und damit nicht gerade günstig zu vorhandenen oder zukünftigen S-Bahn-Anschlüssen: 90,2% der Badegäste sind zu ihrem Besuch am Badesee an ihrem Wohnort und nicht am Arbeitsort aufgebrochen, der Anteil derjenigen, die vom Arbeitsort direkt an den See kamen, liegt bei 4,2%, aus Frankfurt – und dies wäre die Zielgruppe, die Przibilla meint – kamen nur 9,8% der Badegäste insgesamt auf direktem Weg an den See. Tatsächlich sind die angegebenen Gründe, die dafür sprechen, statt mit der S-Bahn mit anderen Verkehrsmitteln anzureisen, die genannten: So geben 18,9% der Badegäste an, ihre Wohnung sei ohnehin zu nah am See, so dass die S-Bahn keine Verbesserung auf der kurzen Strecke darstellen würde. 31,3%, die sich weitestgehend aus den Pkw-Fahrer rekrutieren, halten – wohl wegen des Umsteigeverkehrs – die Anreise mit der S-Bahn für zu umständlich und weiteren 11,3% ist die Entfernung zwischen Wohnort und Rodgausee zu groß, so dass ihnen die Anreise mit dem Pkw die schnellere Variante zu sein scheint. Ein fehlender ÖPNV-Anschluss am Wohnort ist für 7,6% ein Grund, sich gegen die S-Bahn zu entscheiden – hier wäre dann wohl eine Anfahrt oder ein Fußmarsch zum nächsten Bahnhof vonnöten, der die Reisezeit deutlich verlängern würde. „Faulheit" – d.h., dass das naheliegendste Verkehrsmittel genutzt wird und nicht die S-Bahn – ist für letztlich 7,4% ausschlaggebend, auf das Auto oder das Fahrrad auszuweichen.

Fasst man die genannten Gründe, warum die S-Bahn nicht benutzt werden würde und warum das für die Anreise zum See benutzte Verkehrsmittel ausgewählt wurde, zusammen, so lässt sich festhalten, dass immer das aus der Sicht des Badegastes einfachste und komfortabelste Mittel ausgewählt wird. In den meisten Fällen ist dies – auch aufgrund der guten Verfügbarkeit (vgl. KSR 2000, 95) – der eigene Pkw. Je näher die Badegäste jedoch am See wohnen, desto eher sind sie auch bereit, andere Verkehrsmittel zu benutzen. Der ÖPNV spielt in jedem Fall bislang nur eine Nebenrolle und es scheint, als würde dies auch in Zukunft so bleiben, da das Netz zu dünn ist, um eine Alternative zum mobilen Individualverkehr (MIV) zu sein. Dies liegt unter anderem auch an den kurzen Fahrzeiten im MIV verglichen mit dem ÖPNV. Attraktiv scheint der ÖPNV nur in einer Art „mittleren Distanz" zwischen Wohnort und Badesee zu sein, denn bei zu geringer ebenso wie bei zu hoher Distanz, werden dem ÖPNV andere Verkehrsmittel deutlich vorgezogen. Ökologische Gründe ebenso wie andere rationelle Gründe (Gepäck, Familie etc.) spielen bei der Verkehrsmittelwahl offensichtlich kaum eine Rolle.

5.3 Aktivitäten der Badegäste beim Strandbesuch

In Kap. 4.4 wurden bereits die Aktivitäten der Anwohner vorgestellt, die schon einmal am Rodgausee waren. Im Rahmen der Befragung der Badegäste wurden natürlich auch die Badegäste danach gefragt, wie sie die Zeit am Rodgausee verbringen. Dies hat den Vorteil, dass die Badegäste nur berichten müssen, was sie im Lauf der Zeit am See tun wollen bzw. schon getan haben. Sie müssen sich nicht – wie bei den Anwohnern – an ihren letzten Aufenthalt erinnern und aus der Retrospektive berichten, welche Aktivitäten sie ausgeübt haben. Das gleiche gilt auch in Bezug auf die Bewertung des Sees (Kap. 5.4) bzw. die Verbesserungsvorschläge (Kap. 5.6) der Badegäste – auch hier sind diese deutlich „näher" am Geschehen als die Anwohner, so dass auch hier die begründete Hoffnung besteht, Missstände zu entdecken, um schließlich das Angebot am Rodgausee den Bedürfnissen und Wünschen seiner Nutzer anzupassen.

Abb. 27: Aktivitäten der Badegäste bei Badewetter

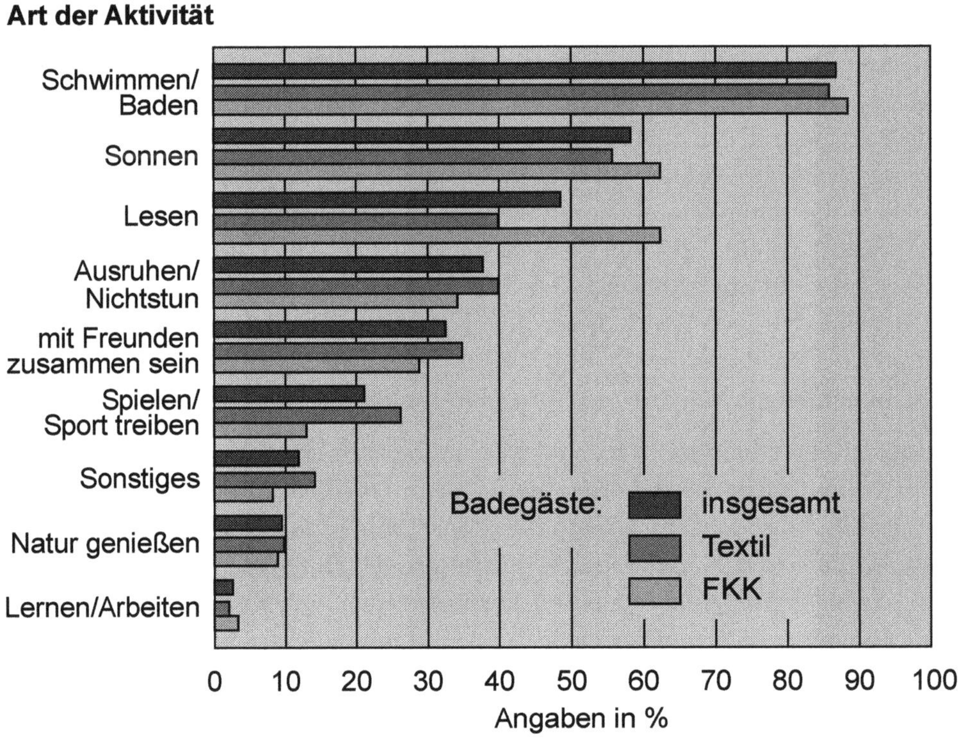

Art der Aktivität

Quelle: Eigene Erhebung 2000

Auch das Spektrum der Aktivitäten der Badegäste des Rodgausees – unabhängig davon, ob diese den FKK- oder den Textil-Strand besuchen, zeigt, dass schönes Wetter – im Sinne von warmem und sonnigem Wetter gebraucht – für einen Besuch an einem Badesee die wichtigste Voraussetzung überhaupt ist. Da bei warmem Wetter eine Abkühlung immer willkommen ist, steht auch das Baden oder Schwimmen im See für alle Badegäste an erster Stelle der Aktivitäten (86,8%)(vgl. Abb. 27). Schon etwas abgeschlagen auf dem zweiten Rang folgt das Sonnen – allen Unkenrufen über die Gefahr des Sonnenbrandes bis hin zu Hautkrebs zum Trotz – mit 58,3%. Eine sonnengebräunte Haut scheint nach wie vor nichts von ihrem Reiz verloren zu haben. Schwimmen und Sonnen stehen unabhängig von Alter, Geschlecht, Familienstand oder anderen soziodemographischen Merkmalen in allen Gruppen auf den ersten beiden Rängen in der Beliebtheit. Auch das Lesen ist am See überaus beliebt und immerhin noch etwa jeder Zweite (48,5%) vertreibt sich die Zeit am Badesee durch Lektüre. Dabei sind es aber vor allem die Badegäste ab 30, die viel lesen (Anteil in jeder Altersklasse deutlich über 50,0%) – bei den Jüngeren stehen die aktionsorientierten Beschäftigungen noch höher im Kurs. Die Zahl der „Leseratten" liegt sowohl bei den Frauen im Allgemeinen mit 56,1% höher als bei den Männern (42,1%) und ist damit fast so beliebt wie das Sonnen (57,9% der Frauen). Im FKK-Bereich ist die Zahl der Leser insgesamt etwas höher als am Textil-Strand. In diesem Zusammenhang sei angemerkt, dass auch die Anwohner aus Dudenhofen und Nieder-Roden sehr gerne während eines Aufenthaltes am See lesen (28,6%) – dies würde doch nahe legen, dem Wunsch der Badegäste nach Lektüre nachzukommen und am Kiosk neben dem bisherigen Sortiment auch die eine oder andere Zeitschrift bereitzuhalten oder Taschenbücher zu verkaufen.

Abb. 28: Aktivitäten der Badegäste im Vergleich

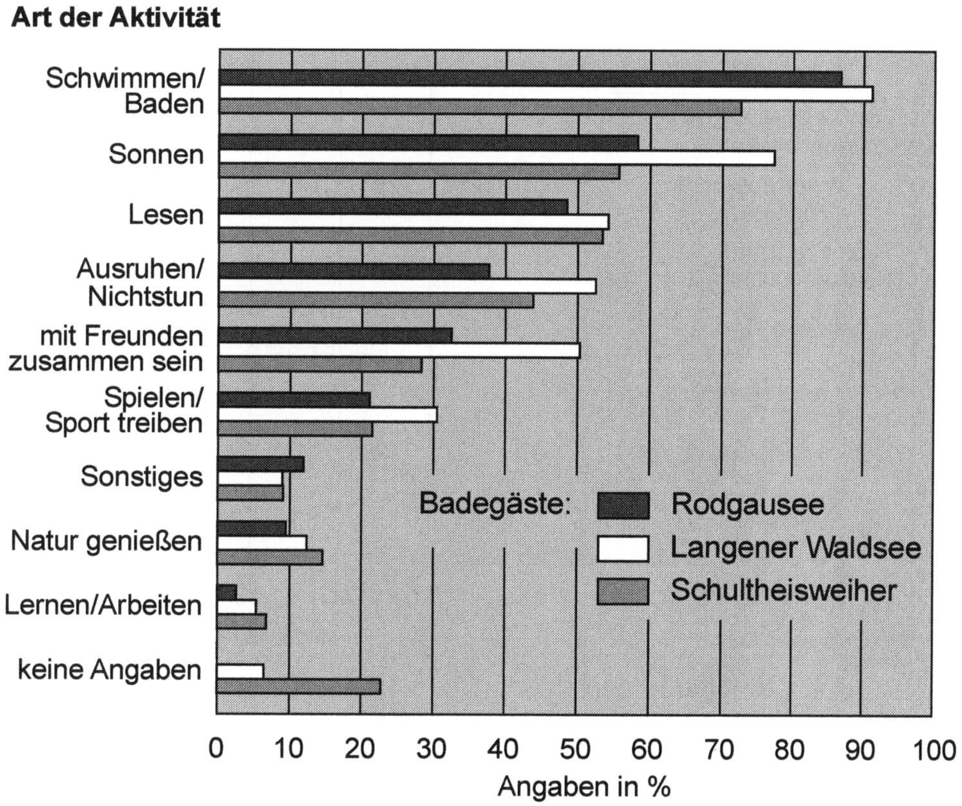

Quelle: Eigene Erhebung 1993, 1997, 2000

Mit Ausnahme des Schwimmens waren die bislang genannten Aktivitäten der Badegäste erholungs- und ruheorientiert. Dies trifft in noch stärkerem Maß auf die nächste „Aktivität", nämlich das Ausruhen, Faulenzen bzw. Nichtstun zu. Immerhin 37,7% schalten während ihres Besuches am Badesee ganz ab und lassen die Seele baumeln. Vor allem bei den Badegästen ab 26 Jahren nimmt das Ruhebedürfnis schlagartig zu und bleibt bei allen älteren Altersgruppen recht hoch. Bei den jüngeren Jahrgängen scheinen „Action" und Aktivitäten höher im Kurs zu stehen. Aber auch das kommunikative Moment der Freizeiteinrichtung Badesee ist von Bedeutung: Mit Freunden oder der Familie zusammen zu sein, ist für 32,5% der Badegäste wichtig, wenn sie den See besuchen. Auch hier ist anzumerken, dass der Besuch am Badesee vor allem für Jüngere ein Gruppenerlebnis zu sein scheint; mit zunehmendem Alter sinkt die Bedeutung dieser Aktivität kontinuierlich ab. Zudem räumen Frauen der Familie oder den Freunden (oder dem Freund?) einen größeren Stellenwert ein (36,6%) als die Männer (28,2%).

Abb. 29: Aktivitäten der Badegäste bei Nicht-Badewetter

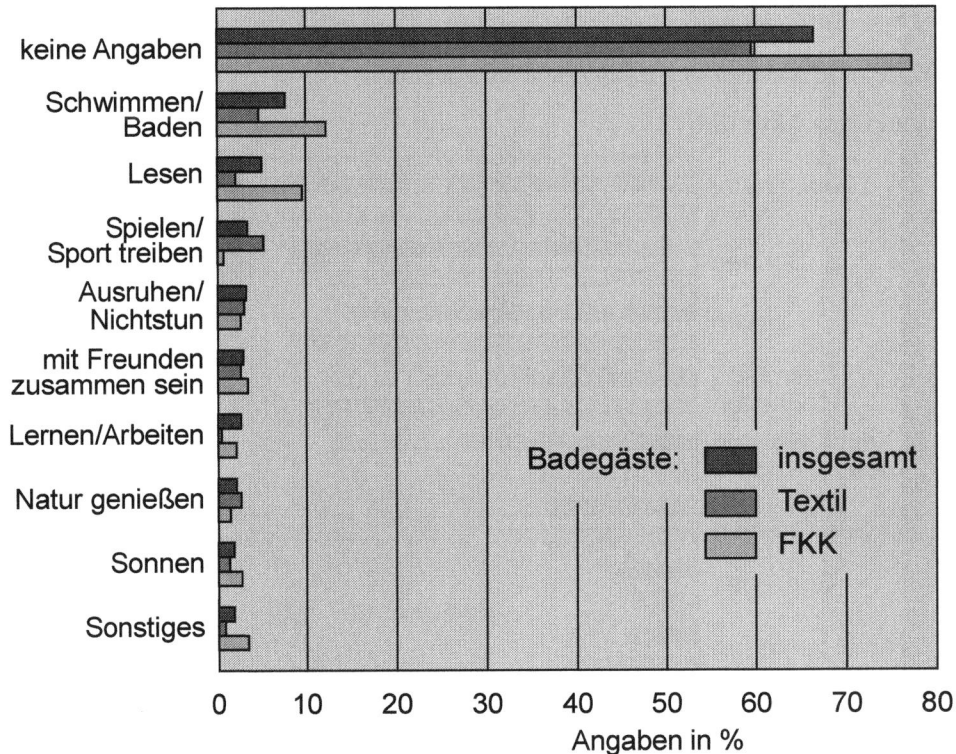

Quelle: Eigene Erhebung 2000

Erst nach all den genannten Aktivitäten kommen tatsächlich die bewegungsorientierten Aktivitäten, also Sport treiben oder Spiele spielen (21,1% der Badegäste, bei den Anwohnern: 18,0%) – die Badegäste neigen also etwas mehr zu aktionsorientierten Beschäftigungen als die Anwohner. Als Ursache kommen hier v.a. fehlende Einrichtungen für sportliche Aktivitäten in Frage. Zwei deutliche Trennlinien lassen sich bei dieser Aktivität ausmachen: Die erste ist mit der Grenze zwischen Textil- und FKK-Strand identisch: Während sich etwa ein Viertel der Gäste des Textil-Strandes (26,2%) sportlich betätigt, sind es am FKK-Strand nur 13,0%. Im Gegenzug ist der Anteil der „Leseratten" im FKK-Strand mit 62,2% rund anderthalb Mal so hoch wie am Textil-Strand. Die zweite Trennlinie ist altersabhängig. Sie verläuft etwa bei einem Alter von 25 Jahren: Bis zu diesem Alter ist der

Anteil derjenigen, die spielen oder Sport treiben mit bis zu 46,4% (19-20jährige) recht hoch, bei den älteren Gruppen lässt das Interesse relativ schnell nach (bei den 31-40jährigen treiben schon nur noch 18,3% Sport). Kurz gesagt: Die Gäste des FKK-Strandes sind eher Freunde des „klassischen" Badesee-Besuchs mit Schwimmen, Sonnen und Lesen, während die Gäste des Textil-Strandes auch für sportliche Aktivitäten zu begeistern sind. Ob sich diese Einschätzung auch in bezug auf die geplanten sportlichen Einrichtungen bestätigen lässt, wird in Kap. 5.5 zu erörtern sein.

Abb. 30: Aktivitäten der Badegäste im Vergleich

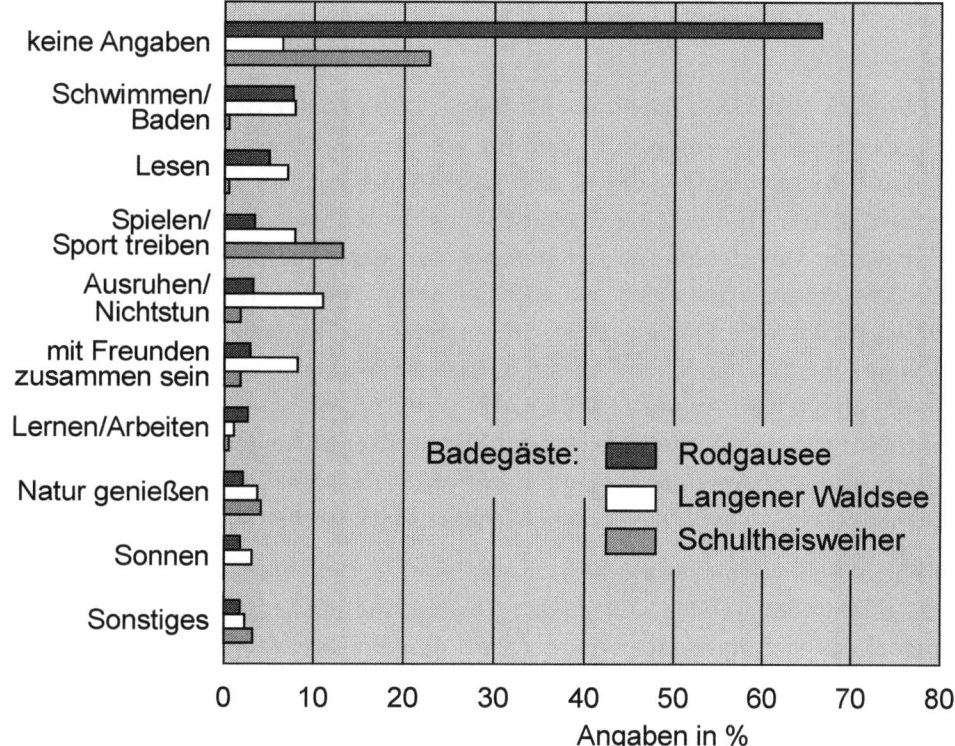

Quelle: Eigene Erhebungen 1993, 1997, 2000

Interessant ist der Vergleich mit den beiden Untersuchungen, in denen die Aktivitäten der Badegäste am Schultheisweiher bzw. am Langener Waldsee untersucht wurden. Im Vergleich (Abb. 30) zeigt sich, dass die Antworten der Badegäste am Rodgausee nicht aus der Art schlagen – das Spektrum ist – auch hinsichtlich der Häufigkeit der Nennungen – an allen drei Badeseen sehr ähnlich und lässt somit den Schluss zu, dass die klassischen Badesee-Aktivitäten Schwimmen, Sonnen, Lesen und Ausruhen sind. Mit Freunden oder der Familie zusammen zu sein bzw. Sport treiben als Aktivitäten werden offensichtlich nur von wenigen am Badesee tatsächlich betrieben. Von der Zahl der Nennungen scheint es, als seien der Schultheisweiher und der Rodgausee eher miteinander zu vergleichen – dies liegt wahrscheinlich daran, dass beide Seen von der Wasserfläche her im Vergleich zum Langener Waldsee relativ klein sind. Zum anderen sind aber auch die Einzugsbereiche von Rodgausee und Schultheisweiher hinsichtlich der Größe eher miteinander vergleichbar. Der Langener Waldsee, an dem neben dem Schwimmen bzw. der Benutzung eines Schlauchbootes auch noch andere wasserbezogene Freizeitaktivitäten möglich sind (z.B. Surfen und Segeln), hat aufgrund dieser Angebote ein deutlich größeres Einzugsgebiet als die beiden anderen Seen. Da der Langener Waldsee oftmals gerade wegen bestimmter Sportmöglichkeiten besucht wird, erstaunt es auch nicht, dass das Publikum dieser Einrichtung deutlich „aktiver" ist als das an den beiden anderen Seen. Der Schultheisweiher „punktet" hingegen in Bezug auf das Beobachten der Natur bzw. Landschaft am See und zeigt so, dass die Konzeption dieses Badesees im NSG funktioniert und auch Gäste anzieht bzw. interessiert.

WOLF et al. (1997, 55) haben als Maß der Aktivität der Besucher die Gesamtzahl der genannten Aktivitäten in Beziehung zur Zahl der befragten Badegäste gesetzt. Für den Schultheisweiher ergibt sich so ein Quotient von 3,2 (704 Tätigkeiten bei 219 Badegästen) und von 3,9 für den Langener Waldsee (1392 Aktivitäten bei 354 Badegästen). Der Rodgausee hat hier im Vergleich die passivsten Badegäste: Bei 1060 Aktivitäten ergibt sich bei 379 befragten Badegäste ein Quotient von 2,8. Dies liegt nach WOLF et al. (1997, 56) weniger daran, dass die Badegäste tatsächlich weniger aktiv sind als jene am Langener Waldsee, sondern vielmehr daran, dass entsprechende Angebote fehlen. Dass der Quotient am Rodgausee so niedrig ist, scheint einerseits tatsächlich auf fehlende Einrichtungen, in denen Aktivitäten möglich sind, andererseits aber auch auf die restriktive Ordnung des Strandbades zurückzuführen zu sein, die sportliche Aktivitäten weitestgehend unterbindet.

Bei Nicht-Badewetter ist die Zahl derjenigen, die zu ihren Aktivitäten keine Auskunft geben können oder wollen, mit Abstand am höchsten (vgl. Abb. 29). Bei den wenigen, die sich dann aber dennoch an den Rodgausee verirren, steht Schwimmen noch immer an der ersten Stelle und wird am häufigsten als Aktivität angegeben. Auch das Lesen ist nach wie vor sehr beliebt. Sieht man genauer hin, so stellt man fest, dass die Zahl der Antworten insgesamt bei den FKK-Badegästen deutlich höher liegt als bei den Gästen des Textil-Strandes. Gleichzeitig liegen auch insgesamt mehr Nennungen dieser Klientel vor, was trotz allem ein Hinweis darauf zu sein scheint, dass FKK-Anhänger eher „robust" sind und auch bei Nicht-Badewetter häufiger am Rodgausee anzutreffen sind als andere Badegäste.

Im Vergleich (s. Abb. 30) zu den anderen untersuchten Badeseen ist die Zahl der Antwortverweigerer bei der Frage nach den Aktivitäten bei Nicht-Badewetter erstaunlich hoch (66,5%). Im Übrigen zeigt sich aber allein in der Abbildung, dass die Gäste des Rodgausees recht wenigen Tätigkeiten nachgehen, wenn das Wetter nicht optimal ist. Dennoch liegen sie aber beim Schwimmen und auch beim Lesen noch mit vorn, weitere Aktivitäten werden jedoch ausschließlich von kleinen „hartgesottenen Minderheiten" ausgeübt. Der bereits weiter oben in diesem Kapitel erwähnte – und auch für den Rodgausee und die Aktivitäten bei Badewetter berechnete – Quotient aus Gesamtzahl der angegebenen Tätigkeiten und der Zahl der befragten Badegäste, zeigt dasselbe Bild wie der Quotient für das Badewetter: Am Langener Waldsee kommen auf jeden Befragten 0,6 Aktivitäten, am Schultheisweiher sind es 0,4, während es am Rodgausee sogar nur 0,3 Aktivitäten sind. Die Ursache dürfte am Rodgausee wie am Schultheisweiher die Tatsache sein, dass beide Seen in ihrer Infrastruktur auf die Nutzung als Badesee beschränkt sind. Damit stehen bei ungünstigerer Witterung kaum Möglichkeiten zur Verfügung, um vom Standardprogramm „Baden & Sonnen" abzuweichen. Dies ist jedoch am Langener Waldsee in gewissem Umfang möglich.

Am Ende dieses Kapitels soll noch auf eine weitere „Aktivität" während des Aufenthaltes am Badesee eingegangen werden: das Essen und Trinken. Von 57,3% werden Lebensmittel mit an den See gebracht, 35,6% aller Badegäste nehmen das am See vorhandene Kiosk-Angebot in Anspruch. Der Anteil der Selbstversorger ist bei den Gästen des FKK-Strandes mit 63,0% deutlich höher als bei den Gästen des Textil-Strandes (53,6%), was eventuell auf die größere räumliche Nähe des Textil-Strandes zum Kiosk zurückzuführen ist. Der Anteil der Kiosk-Besucher verändert sich entsprechend: Unter den FKK-Gästen zieht es ungefähr jeden dritten Besucher (29,5%) auf eine Tasse Kaffee, eine Portion Pommes oder auch nur zum Erwerb von Süßigkeiten an den Kiosk. Die größere Klientel findet der Kiosk unter den Textil-Badegästen: Hier kaufen 39,5% während ihres Badesee-Besuchs am Kiosk ein. Ursache hierfür ist die deutlich „jüngere" Struktur der Besucher des Textil-Strandes und der deutlich höhere Drang der Jugendlichen und jungen Erwachsenen zum Konsum von Lebensmitteln am Kiosk. Den größten Anteil an Kiosk-Benutzern gibt es in der Altersgruppe der 26-30jährigen (44,2%). Des weiteren stellen sich die Männer deutlich häufiger in die Schlange am Kiosk als Frauen (40,6% zu 29,9%). So verwundert es auch nicht weiter, dass das gastronomische Angebot am See von den Gästen des Textil-Strandes insgesamt positiver bewertet wird als von denen des FKK-Strandes: 44,6% der Textil-Badegäste sehen das Angebot positiv, 25,3% sehen sowohl Positives, als auch Negatives. Bei den FKK-Badegästen sehen nur 39,7% ausschließlich Positives am Kiosk; 26,0% sehen beide Seiten der Medaille. Dabei fällt auf, dass vor allem besonders junge und ältere Menschen positive Angaben zum Kiosk machen.

Interessant im Zusammenhang mit dem Konsum von Lebensmitteln am Kiosk des Strandbades sind auch die dabei getätigten Ausgaben. Sie bewegen sich im Durchschnitt um 9 DM – im Durchschnitt aller Badegäste sind es genau 9,05 DM, bei den Textil-Badegästen etwas weniger (8,80 DM), was wohl auf den höheren Anteil jugendlicher Gäste mit geringeren finanziellen Möglichkeiten zurückzuführen ist. Am höchsten liegen die Ausgaben mit rund 9,80 DM im FKK-Bereich. Hier wird auch das absolute Maximum von 50 DM ausgegeben, während im Textil-Strand höchstens 35 DM verausgabt werden. Damit liegen die Ausgaben am Rodgausee um fast die Hälfte höher als die der Badegäste am Langener Waldsee, an dem pro

Person und Tag im Schnitt 6,53 DM ausgegeben werden. Sowohl für die Fahrt, als auch für Sonstiges wird Geld ausgegeben. Für die Anfahrt werden von den Badegästen immerhin ebenfalls bis zu 35 DM aufgewendet. Im Durchschnitt sind es 8,28 DM, jedoch unterscheiden sich die Gäste der jeweiligen Strandabschnitte hinsichtlich ihres Ausgabeverhaltens recht deutlich: So erreichen die Angaben bei den FKK-Badegästen mit 11,56 DM in etwa das Dreifache der Ausgaben der Textil-Badegäste (4,54 DM). Damit liegen die durchschnittlichen Ausgaben für Anfahrt und Parken etwa mit denen am Langener Waldsee gleichauf: Dort werden pro Tag durchschnittlich 5,74 DM zu diesem Zweck aufgewendet[12]. Die doch relativ hohen Kosten sind insofern erstaunlich, als sie ausschließlich auf die Anfahrt, nicht jedoch auf das Parken zurückgeführt werden können, da die Parkplätze am Rodgausee unentgeltlich zur Verfügung gestellt werden. Zu guter Letzt seien noch die sonstigen Ausgaben erwähnt, die die Badegäste am Rodgausee tätigen. Diese liegen durchschnittlich bei 3,95 DM. Für die Textil-Badegäste sind sie mit 4,17 DM etwas höher als bei den FKK-Badegästen, wo pro Person 3,20 DM ausgegeben werden.

In direktem Zusammenhang mit den Aktivitäten der Badegäste und ihrem Ausgabeverhalten allgemein stehen auch die während des Aufenthaltes am See genutzten Einrichtungen. In Anbetracht der doch recht hohen Konsumausgaben verwundert es auch nicht weiter, dass der Kiosk die von allen Badegästen am häufigsten genutzte Einrichtung ist – fast jeder zweite (48,3%) gibt an, den Kiosk während seines Aufenthaltes zu benutzen, eine Zahl, die nicht ganz mit der Zahl derjenigen korrespondiert, die am Kiosk Verpflegung einkaufen (35,6%). Ebenfalls häufig benutzt werden die sanitären Anlagen des Rodgausees (34,8%). Hier lässt sich feststellen, dass interessanterweise die FKK-Gäste die häufigeren Nutzer sind – obwohl ihr Strandabschnitt weiter von den Anlagen entfernt ist. Wahrscheinlich äußert sich hier die längere Aufenthaltsdauer der FKK-Badegäste im Vergleich zu den Gästen des Textil-Strandes. Zu den weiteren genutzten Einrichtungen gehören der FKK-Strand – es gibt also Badegäste, die hin und wieder zwischen beiden Teilen des Strandbades „pendeln" – mit 3,2% sowie die Badeinseln mit 3,7%.

Etwas weniger deutlich fällt das Votum der Badegäste aus, wenn es darum geht, festzustellen, was am Strandbad fehlt. Schatten wird hier am häufigsten moniert (12,4%). Dass die meisten „Schattenfreunde" aus dem Textil-Strand stammen (15,9% zu 6,8% im FKK-Bereich) verwundert beim Vergleich der beiden Strände wenig: Am FKK-Strand ist ein reichhaltiger Baumbestand vorhanden, der Schatten spendet, während am Textil-Strand lediglich die „Schattenpilze" (vgl. Abb. 2 und Karte im Anhang) sowie einige Büsche in Randbereichen vorhanden sind. Sportgelegenheiten werden von 7,1% der Badegäste nachgefragt. Auch hier liegt der Anteil der Nachfrager im Textil-Strand höher, was sich wohl auch auf das vorhandene Volleyballfeld im FKK-Bereich zurückführen lässt. Zu den sonstigen Ein-

---

[12] Am Schultheisweiher wurden keine Daten in Bezug auf das Ausgabeverhalten erhoben, da dort während der Erhebung kein Kiosk vorhanden war.

richtungen, die von den Badegästen vermisst werden, zählen vor allem Angebote innerhalb des FKK-Bereichs; die Badegäste beider Strandteile wünschen sich also, mehr umsorgt und mit Angeboten umgeben zu werden.

An anderer Stelle wurden die Badegäste noch einmal gefragt, welche Einrichtungen ihrer Meinung nach am Strandbad fehlen. Hier antworten 22,0% aller Badegäste, dass sie mit dem Strandbad, so wie es ist, zufrieden sind und keine weiteren Anlagen wünschen. Im FKK-Strand ist es ein rundes Drittel (30,1%), das dieser Meinung ist, im anderen Strandabschnitt gibt es hingegen nur 17,2% zufriedene Gäste – die übrigen haben auf die Frage entweder nicht geantwortet oder wünschen sich weitere Angebote. Bedenkt man jedoch, dass diejenigen, die auf die Frage nicht geantwortet haben, keine weiteren Anlagen genannt haben, die sie am Rodgausee für unerlässlich halten, so kann man diese Badegäste mit einiger Berechtigung auch zu den zufriedenen Gästen zählen, die mit dem vorhandenen Angebot voll auf zufrieden sind: Es ergibt sich damit, dass 71,0% aller Badegäste keine Änderungswünsche haben – bei den FKK-Badegästen sind es sogar 81,5%.

Zu den Einrichtungen, die von einigen Badegästen dennoch vermisst werden, zählen vor allem Sportmöglichkeiten zu unterschiedlichen Zwecken: Die Wunschliste beginnt bei Platz für sportliche Aktivitäten im Strandbad (Stichwort Bolzplatz)(15,3% aller Badegäste), reicht über wassergebundene Angebote wie Rutschbahn oder Sprungturm (6,1%) bis hin zur Forderung nach einem Kinderspielplatz (6,3%). Dabei werden die Wünsche generell von mehr Badegästen aus dem Textil-Strand geäußert, ein Ausdruck des jüngeren und bewegungsorientierteren Publikums.

Die Wünsche der Badegäste werden noch einmal aufgegriffen, wenn es um die Planungen geht, die der UVF und die Stadt Rodgau ausgearbeitet haben. In den Plänen sind eine Reihe Einrichtungen vorgesehen, die zum Teil den genannten Bedürfnissen der Badegäste entgegenkommen, zum Teil aber auch ganz neue Ideen einbringen. Davon wird in Kap. 5.5 ausführlich die Rede sein.

5.4 Bewertung des Sees und Zufriedenheit der Badegäste

In der Bewertung durch die Badegäste schneidet der Rodgausee sehr gut ab: Insgesamt 93,1% aller Badegäste gefällt der Rodgausee gut oder sogar sehr gut. Dies kann als eindeutiger Hinweis dafür gewertet werden, dass das vorhandene Angebot am Rodgausee – aller Kritik zum Trotz – so gut ist, dass es die Mehrzahl der Menschen, die den See besuchen, zumindest gut gefällt. Zum Vergleich sei hier noch einmal angegeben, dass nur 70,4% (!) der Anwohner den Rodgausee so positiv sehen wie die Badegäste. Nach Schulnoten benotet hatte der Rodgausee von den Anwohnern die Note 2,1 bekommen – auch hier fällt das Urteil der Badegäste deutlich besser aus und der Rodgausee erreicht insgesamt die Note 1,6. Die FKK-Badegäste geben dem See sogar die Note 1,4, während die Textil-Badegäste „nur" die Note 1,8 geben. Damit liegt der Rodgausee in der Bewertung durch seine Gäste in etwa mit dem Langener Waldsee und dem Schultheisweiher gleichauf: Der Schultheisweiher war 1993 mit 1,6 bewertet worden, der Langener Waldsee erhielt von den Badegästen die Note 1,9 und bildet das Schlusslicht. Etwas besser war die Bewertung des Langener Waldsees durch die dortigen FKK-Badegäste, die den See mit 1,8 bewerteten. Das heißt, dass der Rodgausee trotz einiger Defizite in seiner Ausstattung die anderen beiden Seen ohne weiteres aussticht und sein Publikum zufrieden stellt. Am schlechtesten ist die Bewertung durch die jüngsten Besucher (14-18jährige), die den See – wohl aufgrund fehlender Freizeiteinrichtungen – nur mit 1,8 bewerten.

Als besonders positiv wird von 32,2% der Besucher das Gelände des Strandbades selbst herausgestellt (im Textil-Bereich 35,6%, im FKK-Teil 26,7%). Auf dem „zweiten Platz" folgt die Wasserqualität, die von gut einem Fünftel (20,8%) als besonders gut hervorgehoben wird. Während die Besucher beider Strände gleichermaßen die Atmosphäre am See loben, wird der FKK-Bereich – selbstverständlich – besonders von seinen Besuchern geschätzt und hervorgehoben: Während ihn nämlich nur 12,1% aller Badegäste bzw. 1,3% der Gäste des Textil-Strandes hervorheben, sind es unter den Besuchern dieses Abschnittes 29,7%. Zu den übrigen Nennungen als Antwort auf die Frage, was den Badegästen am See gefällt, zählen u.a. auch die Badeinseln.

Neben dieser allgemeinen Einschätzung zum Gefallen oder Nicht-Gefallen des Rodgausees wurde im Fragebogen auch dezidiert nach der Zufriedenheit der Badegäste mit einzelnen Ausstattungsmerkmalen des Rodgausees gefragt (Abb. 31-33). In der Gesamtbetrachtung schnitt hier der FKK-Bereich am besten ab – 53,6% aller Badegäste sind mit dieser Einrichtung sehr zufrieden, zufrieden sind immerhin weitere 27,4%, so dass man ohne weiteres festhalten kann, dass der FKK-Strand unter den Badegästen jeglichen Alters oder Geschlechts als Einrichtung hervorragend aufgenommen und akzeptiert wird. Auf „Platz 2" folgt die Sicherheit am See. 50,4%, sind mit der Sicherheit bzw. der Aufsicht am Rodgausee in der bestehenden Form sehr zufrieden. Addiert man auch hier die Nennungen der Kategorien „sehr zufrieden" und „zufrieden", so ergibt sich, dass 90,2% mit der Sicherheit zufrieden sind, eine Folge der sicherlich gut organisierten Aufsicht am Badesee mit ihrer Basis im Zentrum des Textil-Strandes sowie ergänzenden Stationen an den Flanken, die bei Bedarf von freiwilligen Kräften der DLRG besetzt werden. Der Anteil derjenigen, die sich nicht sicher fühlen, liegt in der Altersgruppe der Gäste, die älter als 66 Jahre sind, mit 7,7% am höchsten. Zu den weiteren Positiva des Rodgausees zählen das Gelände des Strandbades selbst, mit dem 95,3% aller Badegäste „zufrieden" oder „sehr zufrieden" sind. Damit trägt das Strandbad, das mit diesem Wert den höchsten Zuspruch der abgefragten Einrichtungen genießt, selbst am meisten zur positiven Bewertung des Rodgausees bei. Weiterhin werden die Luftqualität (90,8%), die Wasserqualität (87,9% zufriedene Gäste) und die Ruhe bzw. der nicht vorhandene Lärm am Strandbad (86,8%) positiv herausgestellt.

Weniger gut schneiden die Liegewiese, die sanitären Anlagen, das gastronomische Angebot sowie die Freizeitmöglichkeiten für Kinder und Erwachsene sowie die Sportanlagen ab. Mit den genannten Anlagen sind nur zwischen 9,0% und 21,4% der Badegäste voll auf zufrieden. Hier werden Defizite des Strandbades offensichtlich, die auch schon von den Anwohnern bemängelt worden sind – auch dort (vgl. Kap. 4.5) waren Sportanlagen, die Freizeitmöglichkeiten für Erwachsene und Kinder, Gastronomie, sanitäre Anlagen und die Liegewiese von den Anwohnern als weniger zufriedenstellend eingestuft worden. Gute Noten – hier wie da – gab es aber für Wasser, Luft, das Gelände, die Sicherheit und den FKK-Bereich des Rodgausees.

Abb. 31: Zufriedenheit der Badegäste

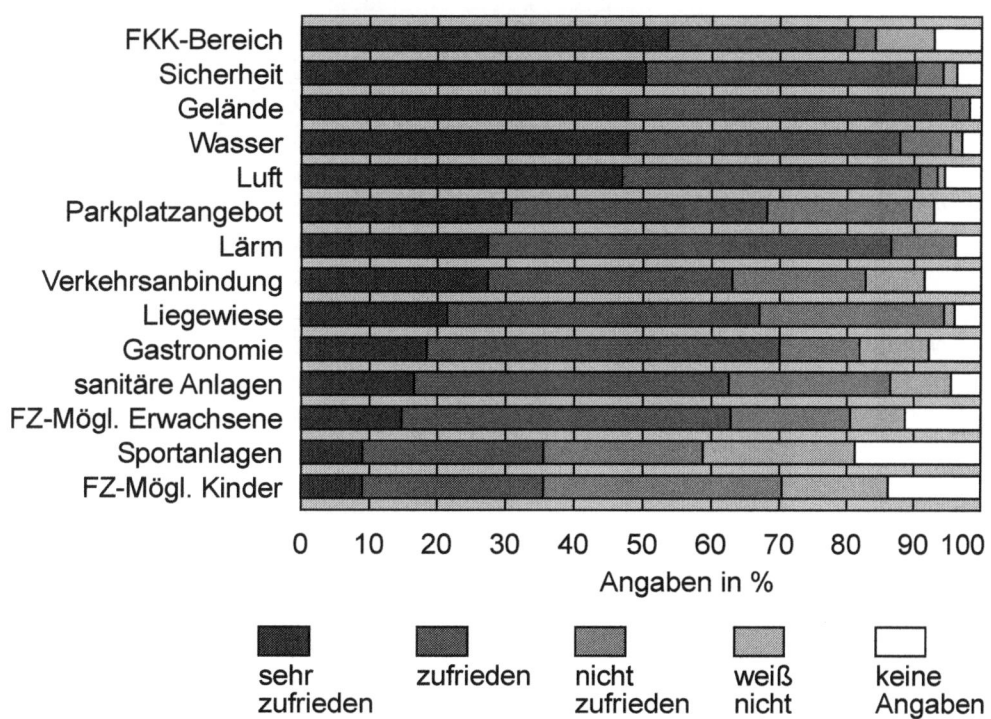

Quelle: Eigene Erhebung 2000

Da das Publikum beider Strände strukturelle Unterschiede aufweist (vgl. Kap. 5.1 und 5.7), sollen hier auch die Nennungen aus beiden Stränden getrennt voneinander ausgewertet und besprochen werden. Der besseren Vergleichbarkeit halber wurde die Reihenfolge der abgefragten Anlagen am Rodgausee in der Reihenfolge der meisten zufriedenen Badegäste insgesamt gelassen; auf diese Weise werden auch Unterschiede zwischen Gesamtstichprobe und Teilgruppe auf einen Blick deutlich.

So verwundert es nicht weiter, dass die Gäste der Textilabteilung mit dem FKK-Bereich nicht so zufrieden sind wie die Gäste dieses Bereichs selbst – mit dem

FKK-Bereich zufrieden oder sehr zufrieden sind nur 73,8% der Badegäste des Textil-Strandes, aber 92,5% der FKK-Anhänger selbst. Auch hier wieder ein Hinweis darauf, dass sich der FKK-Strand besonderer Beliebtheit unter seinen eigenen Gästen erfreut. Die Sicherheit, das Gelände, Wasser und Luft liegen bei den Besuchern des konventionellen Badestrands mit je ca. 45% sehr zufriedener Nutzer etwa gleich auf; dies gilt auch für die FKK-Badegäste. Auch die Bewertungen des Parkplatzangebotes und der Lärmsituation sind recht ähnlich (zur Lärmsituation vgl. dieses Kapitel unten).

Abb. 32: Zufriedenheit der Badegäste am Textil-Strand

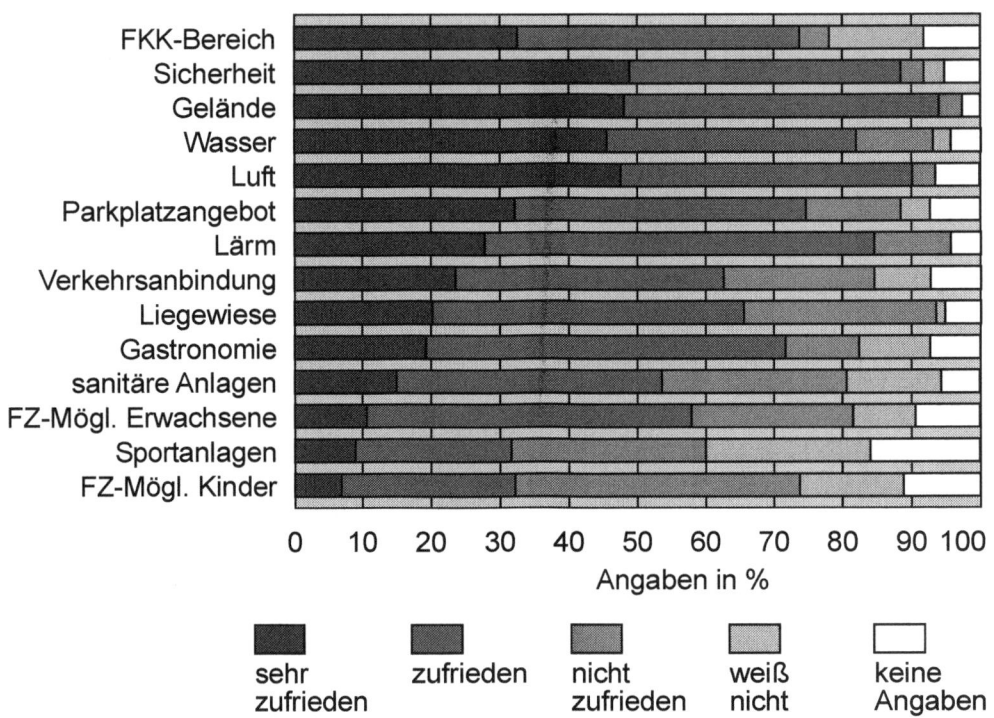

Quelle: Eigene Erhebung 2000

Differenzen ergeben sich in der Bewertung der Verkehrsanbindung des Rodgausees: Hier sind die FKK-Badegäste deutlich zufriedener als die Gäste des Textil-Strandes. Ursache ist möglicherweise der größere Anteil der Pkw-Nutzer unter den FKK-Badegästen im Vergleich zu denen des Textil-Strandes. Während das Urteil für die Liegewiese noch relativ positiv ausfällt (in beiden Gruppen ist je ca. ein Fünftel mit der Liegewiese sehr zufrieden), bröckelt die positive Einstellung der Badegäste beider Gruppen bei den Freizeitmöglichkeiten für Kinder und Erwachsene und bei den Sportanlagen. Hier zeigt sich, dass offenbar auch kleine Einrichtungen große Wirkung zeigen können: Während die Freizeitmöglichkeiten für Erwachsene nur von 10,7% der Gäste des Textil-Strandes als sehr zufriedenstellend bewertet werden, liegt der Anteil unter den FKK-Anhängern bei 21,2%.

Ursache dafür dürfte vor allem das bereits seit längerem im FKK-Bereich vorhandene Volleyballfeld sein, das seinen Zweck aber nur teilweise erfüllt, denn insbesondere die jugendlichen FKK-Gäste sind mit den vorhandenen Einrichtungen nur zum Teil zufrieden (33,6% Unzufriedene). Es bleibt daher zu hoffen, dass sich die Zufriedenheit der Gäste insbesondere im Textil-Strand nach der Eröffnung der Beachvolleyballfelder entsprechend verändert. Jedoch braucht es seine Zeit, bis sich eine solche Einrichtung wie die Beachvolleyballfelder „herumgesprochen" haben.

Abb. 33: Zufriedenheit der Badegäste am FKK-Strand

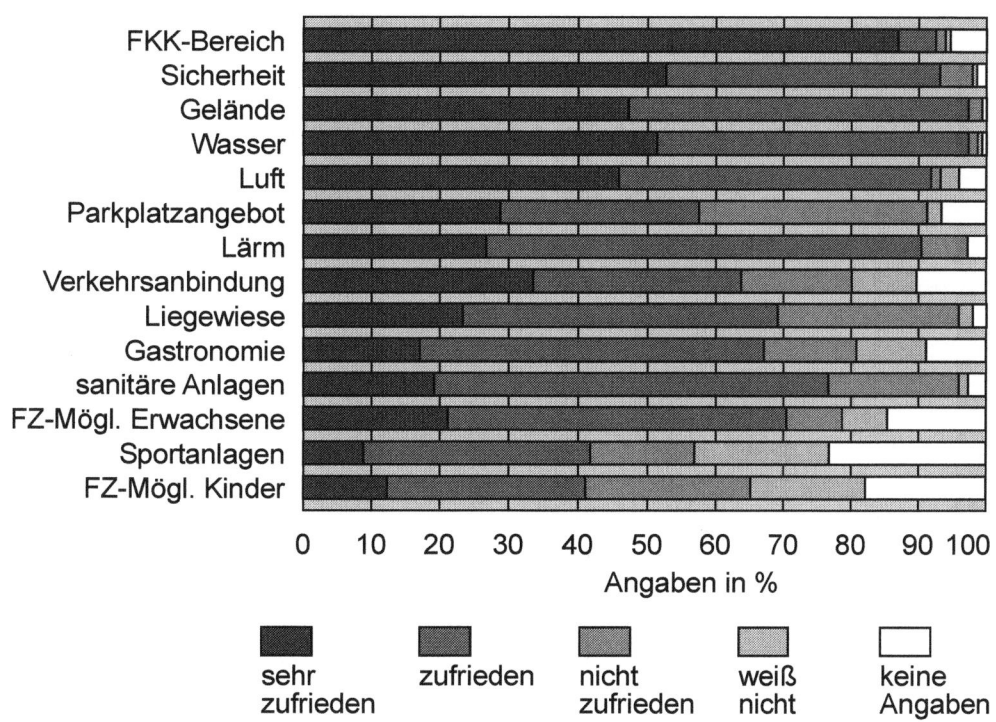

Quelle: Eigene Erhebung 2000

Mit den Kinderspieleinrichtungen sind nur 6,9% der Textil-Badegäste sehr zufrieden, weitere 25,3% sind immerhin zufrieden. Vielen der Badegäste scheinen der vorhandene zum Spielen geeignete Sandstrand und die Rutsche als Angebote für die Kinder nicht auszureichen. Dies gilt auch für die Besucher der FKK-Abteilung, wenn hier das Urteil auch etwas positiver ausfällt und 41,1% sehr zufrieden oder zufrieden sind, obgleich die Kinder, für die diese Anlagen zur Verfügung stehen, nicht oder nur kaum unter den Zufriedenen sind.

Insgesamt zeigen die Zufriedenheitsprofile, dass die Badegäste aus beiden Stränden im Wesentlichen mit dem Rodgausee und seiner vorhandenen Ausstattung zufrieden sind. Defizite bestehen im Bereich der Liegewiese, bei den sanitären Anlagen, in der Gastronomie, sowie in den Sport- und Freizeitmöglichkeiten für alle Altersgruppen. Dass die Gastronomie in der Zufriedenheit relativ schlecht abschneidet, ist erstaunlich, da sie sich – den Ausgaben und Besucherzahlen (vgl. Kap. 5.3) der Badegäste entsprechend – relativ großer Beliebtheit zu erfreuen scheint.

Die Bewertung der Anlage insgesamt setzt sich jedoch nicht nur aus diesen „hausgemachten" Faktoren zusammen, sondern wird auch in nicht unerheblichem Maß durch externe Faktoren beeinträchtigt. Als besonders gravierend in diesem Zusammenhang muss das Kieswerk am Nordwestufer des Sees gesehen werden, dessen räumliche Nähe eine Beeinträchtigung nahe zu legen scheint. Dazu kommen in gewissem Umfang durch den Abbau bedingte Geräusche.

Den Badegästen wurde daher die Frage gestellt, ob sie sich durch den Kiesabbau am Rodgausee gestört fühlen. Der Anteil der Badegäste, die sich durch den Abbau tatsächlich in ihrer Ruhe oder ihrem Ausblick beeinträchtigt fühlen, ist erfreulicherweise sehr gering: Nur knapp jeden Zehnten (9,5%) aller Badegäste stört das Kieswerk. Der Anteil ist sogar unter den Gästen des Textil-Strandes größer (11,2%) als unter denen des FKK-Strandes (6,8%), obwohl deren Strand deutlich näher am Geschehen liegt. Von den Badegästen, die sich gestört fühlen, wurde am häufigsten der mit dem Abbau verbundene Lärm als Beeinträchtigung ins Feld geführt. Durch den Anblick der Anlagen und Sandberge fühlen sich einige wenige Badegäste bei ihrer Erholung gestört. Zu guter Letzt vermuten einige der Badegäste auch eine Beeinträchtigung der Wasserqualität durch den Kiesabbau – dies ist nur insofern richtig, als dass der Kiesabbau das Wasser des Sees leicht eintrübt. Dies betrifft jedoch ausschließlich den Anteil an Schwebstoffen im Wasser, nicht die Sauberkeit des Wassers selbst. Zu bemerken ist in diesem Zusammenhang, dass die Äußerungen zu den genauen Beeinträchtigungen bis auf ganz wenige Ausnahmen ausschließlich von Gästen aus dem Textil-Strand stammen – für die Gäste des FKK-Strandes scheinen andere Landschaftsmerkmale mehr von Bedeutung zu sein, so dass das Kieswerk nicht weiter ins Gewicht fällt.

Aber der Rodgausee schlägt sich wacker – immerhin liegt der Anteil des Stammpublikums unter den Badegästen insgesamt bei 61,7% (Textil-Badegäste 55,4%, FKK-Badegäste 66,7%), denn nur ein gutes Drittel der Besucher des Rodgausees zieht es hin und wieder an andere Badeseen. Damit liegt der Anteil der Stammgäste unter den Badegästen etwas niedriger als bei den Anwohnern (vgl. Kap. 4.5), bei denen 73,3% ausschließlich den Rodgausee besuchen. Dabei gilt, dass die Besucher des Rodgausees mit steigendem Alter „treuer" werden, denn der Anteil derjenigen, die andere Seen besuchen, liegt bei den Jüngeren höher. Maximal erreicht er bei den 21-25jährigen 55,6%. Ähnliches lässt sich bei den Schülern, Studenten, Wehr- und Zivildienstleistenden (48,1% Besucher anderer Seen) und den Ledigen (42,9% „Wechsler") beobachten, was insgesamt den Eindruck verstärkt, dass vor allem junge Leute zwischen den verschiedenen Seen wechseln. Das Profil der Konkurrenz ist dem der Badeseen, die auch die Anwohner besuchen, sehr ähnlich: Wenn sich die Badegäste an einen anderen See aufmachen, heißt das für ein Viertel der

Textil-Badegäste (27,5%) und ein Drittel der FKK-Gäste (33,3%), dass der Langener Waldsee als Ziel ins Visier genommen wird. Weitere besuchte Seen sind der Königsee in Seligenstadt-Zellhausen, der Babenhäuser-Sickenhofer Badesee (übrigens die Ursache, warum der Einzugsbereich im Südosten eine Lücke hat, vgl. Kap. 5.2) und der Großkrotzenburger Badesee. Der Hauptgrund aller Badegäste, einen anderen See zu besuchen, ist die bessere Erreichbarkeit (21,8%), d.h. in der Regel, dass der See vom Wohnort aus besser und vor allem schneller zu erreichen ist. An zweiter Stelle rangiert der Wunsch nach Abwechslung (16,2%) und an dritter Stelle die Bemerkung, der andere besuchte See sei nicht überlaufen (8,5%) – ein versteckter Hinweis darauf, dass schon heute einige Badegäste am Rodgausee das Gefühl haben, der See sei am Ende seiner Belastbarkeit angekommen (s.u.). Um noch ein genaueres Bild davon zu bekommen, was andere Badeseen so attraktiv macht, dass sie dem Rodgausee vorgezogen werden, wurde in einer weiteren Frage danach gefragt, was den Badegästen an den anderen Seen gefällt. Hier wird vor allem die besondere landschaftliche Attraktivität anderer Badeseen ins Feld geführt – 26,8% der Badegäste, die andere Seen besuchen, sind mit der Landschaft um den Rodgau nicht so sehr zufrieden, sondern ziehen ein anderes Umfeld vor. Das ist insofern kein Problem, als es einen Landschaftstyp, der jedem gefällt, per se nicht geben kann. Unmittelbar darauf folgen jedoch handfestere, besser nachvollziehbare Gründe: Hier ist die Rede von mehr Einrichtungen und besseren Angeboten an anderen Seen. Damit sprechen auch die Badegäste ein Problem an, das bereits den Anwohnern bewusst geworden ist. Auch die Anwohner hatten bessere und vielfältigere Angebote an anderen Seen als Motivation genannt, längere Anfahrtswege in Kauf zu nehmen, um solche Seen zu besuchen, die den Ansprüchen gerecht werden. Dass der Anteil der Besucher, die andere Seen kennen, bei 16,9% liegt, zeigt, dass sich doch ein nicht zu unterschätzender Teil der Badegäste mehr Angebote am Rodgausee wünschen würde.

Um der Frage nach dem „Ende der Belastbarkeit" bzw. der Überlastung des Rodgausees auf die Spur zu kommen, wurde den Badegästen eine Frage nach ihrer Einschätzung in dieser Hinsicht gestellt. Während die Zahl derjenigen, die ab und zu an andere Seen fahren, noch ein moderates Ergebnis erwarten lässt, erschrecken die tatsächlichen Zahlen um so mehr: 69,7% aller Badegäste ist der See zumindest zeitweise zu voll. Differenzierungen nach Alter, Geschlecht oder anderen soziodemographischen Merkmalen zeigen kein anderes Ergebnis. Zum Vergleich sei angemerkt, dass die Situation am Langener Waldsee nur von 36,7% (!) der dortigen Badegäste als übervoll empfunden wird. Auch am Schultheisweiher sind nur 49,7% der Badegäste der Meinung, der Weiher sei hin und wieder überlastet. Einigkeit herrscht unter allen Badegästen, dass der Rodgausee vor allem an Wochenenden unter dem Besucheransturm leidet. Dieser Meinung sind 66,9% der Textil-Badegäste und 73,1% der FKK-Gäste (69,3% aller Badegäste). Schönes Wetter als ausschließlichen Grund für den Ansturm nennen 23,0% aller Badegäste (25,6% der Textil-Gäste bzw. 19,2% der FKK-Gäste). Für gut die Hälfte aller Badegäste (50,4%) hat die Überbelegung des Sees Konsequenzen – dabei reagieren die

Gäste des Textil-Strandes sogar etwas sensibler auf die Überbelegung, denn hier hat sie für 53,8% Konsequenzen. Wahrscheinlich ist der Druck auf den Textil-Badestrand in der Hochsaison höher als auf den FKK-Bereich, so dass sich die drangvolle Enge hier zuerst bemerkbar macht. Dennoch sind die Konsequenzen (noch) nicht sehr drastisch: Nur 20,1% der Badegäste, die den See als überbelegt empfinden, lassen vom Vorhaben, den See zu besuchen, tatsächlich ab. Weitere 13,3% verändern ihre Pläne und besuchen den See zu anderen Zeiten, zum Beispiel am späteren Nachmittag, während weitere 10,2% frühzeitig das Weite suchen und den See gleich wieder verlassen. Der Besuch anderer Bäder kommt nur für 1,5% der Badegäste, die die starke Belegung an bestimmten Tagen stört, als Alternative in Frage.

Das bedeutet konkret, dass die Situation am Rodgausee für einige Badegäste bereits zu einer Belastung geworden ist. Bislang werden die Konsequenzen von den meisten Gästen nur „angedroht" – wenn jedoch die Belastung des Rodgausees auf seiner bislang eingeschränkten Fläche weiterhin so hoch bleibt, ist damit zu rechnen, dass sich über kurz oder lang die Zahl der „konsequenten" Badegästen erhöhen wird.

Ein wesentlicher Faktor, der zur Zufriedenheit während des Aufenthaltes an einem Badesee beiträgt, ist das Gefühl, am Badesee sicher zu sein. „Sicher" bezieht sich in diesem Fall auf zwei unterschiedliche Gefühle von Sicherheit: Zum einen bezieht „Sicherheit" sich darauf, dass sich die Badegäste wohl fühlen, weil sie keine Konflikte mit anderen Badegästen fürchten müssen. Das betrifft auch die Sicherheit vor Übergriffen durch andere Badegäste in Form von Überfällen, Belästigungen etc. Zweitens betrifft das Gefühl der Sicherheit die Aufsicht am See – man fühlt sich auch für den Fall eines hoffentlich nie eintretenden Schwimmunfalls sicher, weil eine Aufsicht da ist, die im Fall des Falles Rettungsmaßnahmen durchführen kann. Die Gründe für das Unbehagen bzw. ein Unsicherheitsgefühl am See sind daher sehr wichtig und wurden ebenfalls abgefragt.

Für die Badegäste ist zumindest die Sicherheit im Sinne des Schutzes vor Übergriffen durch andere Badegäste kein Thema: 94,2% aller Badegäste fühlen sich während ihres Besuches am Rodgausee sicher „wie in Abrahams Schoß". Lediglich 4,0% haben ein Gefühl der Unsicherheit und beklagen, dass es am See zu wenig Aufsichtspersonal gebe oder dass das Aufsichtspersonal zu wenig Präsenz in Form von Kontrollgängen zeige. Insgesamt aber ist das Ergebnis überaus erfreulich, denn es zeigt, dass am Rodgausee alles in geordneten Bahnen verläuft. Im Vergleich zum Langener Waldsee, an dem sich 91,0% aller Badegäste sicher fühlen und dem Schultheisweiher (86,8%) schneidet der Rodgausee sogar am besten unter allen drei Badeseen ab. In der Differenzierung nach Textil- und FKK-Badestrand zeigt sich, dass sich die FKK-Badegäste noch eine Spur wohler zu fühlen scheinen als die Gäste des Textil-Strandes, denn hier erreicht der Anteil der Gäste, die sich sicher fühlen, sogar 95,9%. Auch dies ist erfreulich, denn innerhalb eines FKK-Strandes ist mit spezifischen Problemen zu rechnen (Stichwort: „Spanner"). Das zeigen auch die Antworten auf die Frage danach, ob es Konflikte am Badesee gibt: 86,3% aller Badegäste verneinen dies, was auf ein recht harmonisches Miteinander der Badegäste deutet. Nur 11,4% der Badegäste meinen, es gebe (selten) Konflikte. Diese bestehen dann in unterschiedlichen Auffassungen über das Ballspielen am Strand (9,3% aller Badegäste). Sowohl für die Kinder und Jugendlichen ist Ballspielen problematisch, so dass hier ab und zu Konflikte auftreten (Sei es, weil sich andere Gäste gestört fühlen oder, weil es zu Streit zwischen unterschiedlichen Gruppen der Ballspieler kommt). Mit zunehmendem Alter ändert sich jedoch die Ursache dessen, was als Konflikt wahrgenommen wird: In den mittleren Altersgruppen scheint es eine ausgeprägte Lärmempfindlichkeit zu geben, während die älteren Besucher Voyeure als dauerndes Problem empfinden: Alle der 51-60jährigen und der 61-65jährigen sprechen von regelmäßigen Konflikten mit „Spannern". Im Textilstrand ist das Problem weniger deutlich ausgeprägt und es wird nur von 4,8% der Gäste überhaupt wahrgenommen. Im FKK-Bereich sind es dagegen 63,6% der konfliktbewussten Gäste, die Probleme mit Spannern/Voyeuren haben – das ist eine Zahl, die alarmierend hoch ist und zeigt, dass im FKK-Bereich eine verstärkte Kontrolle nötig wäre, um dieses Problem in den Griff zu bekommen. Diese Maßnahme könnte dazu beitragen, den hohen Anteil des Stammpublikums unter den FKK-Badegästen auch in Zukunft zu halten. Lärm ist in beiden Teilen des Strandes ein vergleichbar kleines Problem: 19,0% der Textil-Badegäste bzw. 9,1% der FKK-Badegäste stört der Lärm, angefangen bei spielenden Kindern bis hin zu Kassettenrecordern oder CD-Spielern, die von Badegästen mit ins Strandbad gebracht werden.

Dass sich die überwiegende Mehrheit der Badegäste in beiden Stränden des Rodgausees dennoch sicher fühlt, ist wohl zu einem Großteil auf die am See vorhandene Aufsicht zurückzuführen. Diese wird von der Mehrheit der Badegäste als gut wahrgenommen – 61,5% aller Badegäste – vor allem ältere Gäste – bewerten die Aufsicht positiv, unentschlossen sind 22,4% und die Zahl derer, die mit der Aufsicht gar nicht zufrieden sind, liegt mit 7,1% sehr niedrig. Von den Badegästen, die die Aufsicht bewertet haben, geben allerdings nur 1,7% an, es gebe genügend Personal und dieses Personal sei ausreichend qualifiziert sowie aufmerksam. Weitere 13,3% äußern sich zusätzlich positiv über die Aufsicht am See. Es gibt aber auch Stimmen, die Kritik an der Aufsicht üben: An erster Stelle steht die Aussage, die Aufsicht sei personell zu schwach besetzt oder zeige zu wenig Präsenz. Auf der anderen Seite werden die Durchsagen, also eigentlich eine Äußerung der Präsenz der Aufsicht, kritisiert und als störend empfunden. Dies äußern vor allem Badegäste, die – zumindest vom Alter her – meist auch Adressaten der Durchsagen sind. Auch die Verteilung der Stationen scheint einigen Badegästen unlogisch, so dass sie glauben, es sei keine flächendeckende Beobachtung des Strandbades möglich. Diese Äußerung tritt im FKK-Bereich, der ja in größerer Entfernung der Wachstation liegt und von dieser durch eine Hecke getrennt ist, verstärkt auf.

5.5 Die Planungen des UVF und der Stadt aus der Sicht der Badegäste

Ein sehr wichtiger Komplex im Rahmen der Untersuchung des Rodgausees war die Frage nach dem Ausbau bzw. den im Rahmen des Ausbaus geplanten Einrichtungen, die im und um das Strandbad neu entstehen sollen. Die Meinung der Anwohner in Bezug auf die geplanten Anlagen war überwiegend positiv, wenn auch diejenigen, die die neuen Anlagen nutzen möchten,– in Abhängigkeit von einigen generativen Merkmalen – keine absolute Mehrheit (vgl. Kap. 4.6) waren. An dieser Stelle wird nun die Rede von den Badegästen und ihrer Meinung zu den Vorhaben von UVF und Stadt sein. Auch die Badegäste wurden nach vier Anlagen gefragt, die im Rahmen der Planungen bisher diskutiert wurden. Dies sind folgende Einrichtungen (vgl. Abb. 34):

- Eine Beachvolleyballanlage,
- eine Skateanlage,
- ein „Wasserskilift" und
- ein Freeclimbingwall.

Abb. 34: Bewertung der Planungen durch die Badegäste

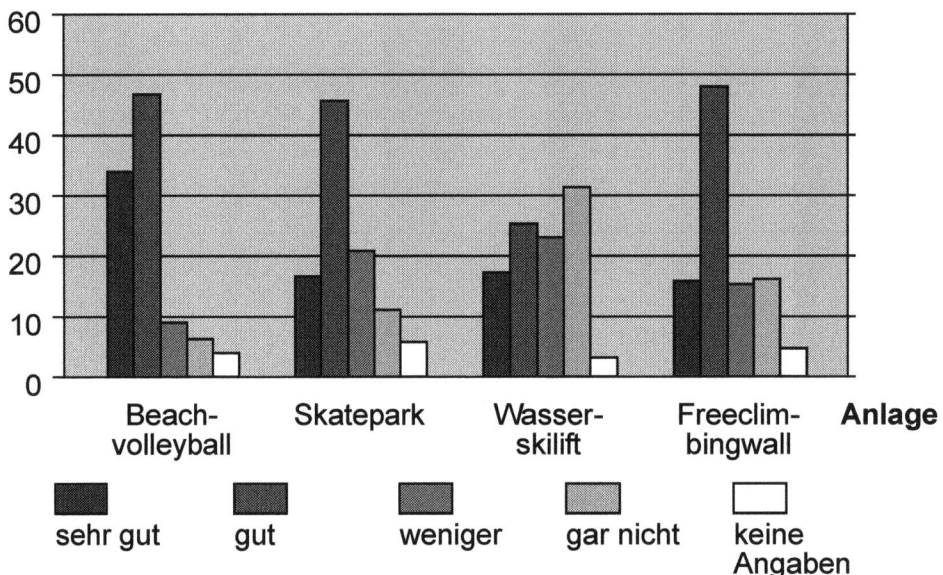

Quelle: Eigene Erhebung 2000

Während die Kenntnis von den Planungen unter den Anwohnern noch so weit verbreitet war, dass schon jeder Zweite davon gehört hatte, so sind nur 39,3% der Badegäste darüber informiert, dass der Rodgausee und das Angebot an Freizeiteinrichtungen erweitert werden sollen. Dies liegt sicherlich daran, dass vornehmlich in den Rodgauer Medien von den Planungen berichtet wurde: So erschienen die zum Strandbad und dessen Erweiterung berichtenden Artikel vor allem in örtlichen Zeitungen wie der „Rodgauer Zeitung", der „Rodgau Post" bzw. der Rodgauer Ausgabe des „Dreieich Spiegels" mit einem lokalen Verbreitungsgebiet. In der „Frankfurter Rundschau" erschienen die Artikel stets in der Ausgabe Offenbach-Land; dasselbe gilt auch für die „Offenbach Post", die vor allem in Offenbach Stadt und Land gelesen wird. Damit hatten nicht alle Gäste des Rodgausees die Möglichkeit, sich mit Hilfe der Medien über das Geschehen in Rodgau auf dem Laufenden zu halten. Und in der Tat wussten ja die meisten der Anwohner aus der Zeitung von den geplanten Anlagen. Da nur relativ wenige Badegäste über die vier genannten und zu beurteilenden Anlagen aus der Presse oder durch andere Quellen informiert waren, ergibt sich bei den Badegästen eine recht spontane und vor allem unbeeinflusste Einschätzung der Anlagen.

Abb. 35: Mögliche Nutzung der geplanten Anlagen durch alle Badegäste

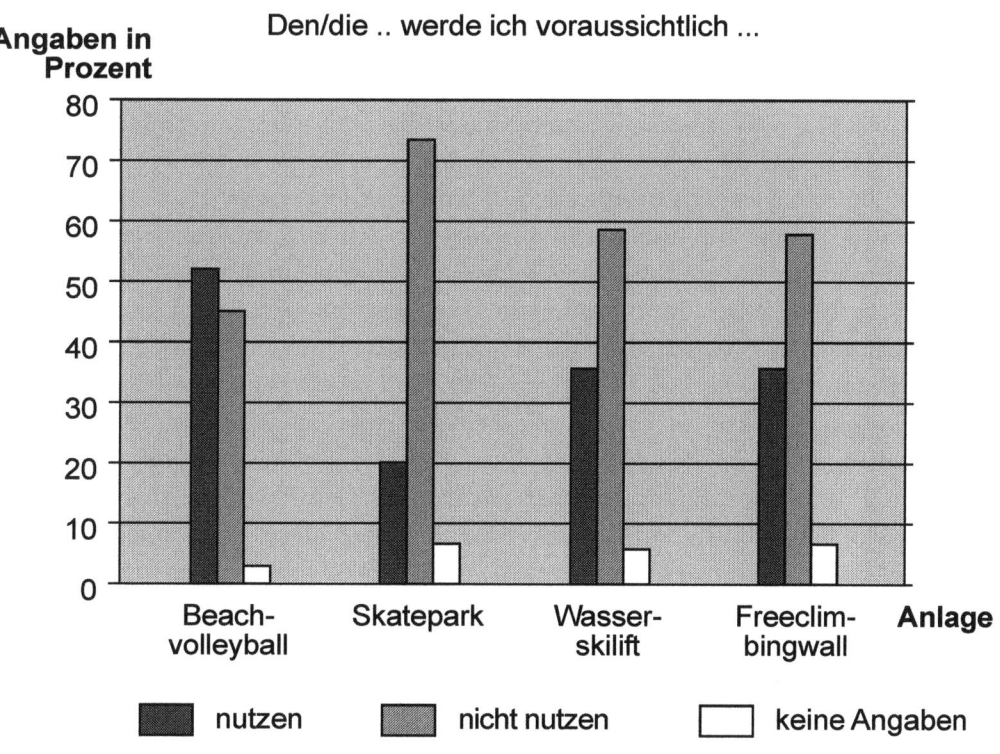

Quelle: Eigene Erhebung 2000

Betrachtet man zuerst die Akzeptanz der neuen Ideen im Allgemeinen, so ergibt sich ein Bild, das dem der Anwohner trotz allem recht ähnlich ist: Die Beachvolleyballanlage wird von 80,7% aller Badegäste als „sehr gut" oder „gut" bewertet. Immerhin mehr als jeder Zweite aller Badegäste (52,0%) möchte diese Anlage in Zukunft auch nutzen. Auch die Skateanlage wird von 62,3% aller Badegäste mit „sehr gut" oder „gut" bewertet. Die positive Einschätzung dieser geplanten Einrichtung ist jedoch nicht ganz so groß wie bei der Beachvolleyballanlage und so geben auch nur 20,1% an, diese Anlage zukünftig nutzen zu wollen. Die Gründe dafür können vielfältig sein, angefangen bei generativen bzw. soziodemographischen Merkmalen bis hin zu psychologischen wie Angst vor der Sportart, dem Verletzungsrisiko bzw. dem Unwillen die dafür notwendige Ausrüstung zu erwerben. Die geringste Akzeptanz erreicht – wie auch bei den Anwohnern – die Wasserskianlage. 54,4% bewerten diese Anlage als „sehr schlecht" bzw. scheuen vor einer Bewertung zurück, 3,2% machten keine Angabe. Mit 42,5% ist der Anteil der Befürworter des Sportanlage so gering wie bei keiner anderen vorgeschlagenen Einrichtung. Dementsprechend klein ist auch der Kreis der potentiellen Nutzer – nur jeder Dritte könnte sich vorstellen, auf Wasserski über den Rodgausee zu fahren. Die Akzeptanz des Freeclimbingwall ist wiederum deutlich besser: Immerhin rund zwei Drittel (63,9%) beurteilen diese Anlage als „gut" oder „sehr gut".

Ein sehr viel differenzierteres Bild der Einschätzungen der Badegäste ergibt sich, wenn man die Angaben der Badegäste nicht en bloc betrachtet, sondern nach dem besuchten Strandabschnitt trennt (Abb. 36-39). Dieses ergibt sich bereits bei der Frage nach der Kenntnis der Planungen – während nur rund ein Drittel der Textil-Badegäste (32,3%) von den Planungen weiß, ist es bei den FKK-Gästen gut die Hälfte (50,7%). Das bedeutet auch, dass die Auseinandersetzung der FKK-Badegäste mit dem Thema Ausbau des Rodgausees intensiver war und die Ergebnisse der hier abgefragten Stimmung auf längerem Überlegen gründen. Betrachtet man nun die einzelnen Anlagen, die abgefragt wurden, so setzt sich dieses Bild fort: Während die Idee, ein Beachvolleyballfeld zu errichten, von 92,7% (!) der Badegäste am Textil-Strand mit „sehr gut" oder „gut" bewertet wird, liegen die Nennungen in diesem Bereich bei den FKK-Badegästen nur bei 61,6%. Zu den Ursachen könnte auch gehören, dass es im FKK-Teil des Strandbades bereits ein solches Feld gibt, so dass die Errichtung weiterer Anlagen dieser Art als unnötig erscheint. Entsprechend der Meinung bezüglich der Volleyballanlage ist auch die Verteilung der potentiellen Nutzer: Während sich zwei Drittel der Textil-Badegäste (69,1%) vorstellen können, einmal selbst Volleyball zu spielen, ist es bei den FKK-Badegästen nur ein Viertel (24,7%). Die Volleyballanlage erreicht dabei – verglichen mit allen anderen Einrichtungen – unter den Gästen des FKK-Strandes die größte Akzeptanz. Dabei gibt es allerdings Unterschiede in der Struktur der möglichen zukünftigen Nutzer: Bei der Bewertung sind sich noch alle Badegäste – unabhängig vom besuchten Strandabschnitt und soziodemographischen Merkmalen – einig, dass die Beachvolleyballanlage eine ausgezeichnete Idee ist. Erst bei der möglichen zukünftigen Nutzung ergibt sich eine Differenzierung. Allein die Zahl der potenziellen Nutzer ist im Textil-Strand mit 69,1% etwa zweieinhalb Mal so hoch wie am FKK-Strand (24,7%). Dieses unterschiedliche Nutzungsverhalten dokumentiert auch die Altersstruktur noch einmal: Während die Akzeptanz der Anlage im Textil-Strand so groß ist, dass auch unter den 51-60jährigen ein Viertel (25,0%) daran interessiert ist, selbst einmal Volleyball zu spielen, so ist die Beachvolleyballanlage am FKK-Strand nur für jüngere Semester ein Thema. Ein Grund für diese scharfe Trennung zwischen den Stränden ist sicherlich auch die Lage der

Anlage in der Südostecke des Textil-Strandes, die für Badegäste aus dem FKK-Bereich nur schwer zu erreichen ist.

So wird auch die Skateanlage von einer großen Mehrheit der Gäste des Textil-Strandes positiv bewertet (74,2%) und immerhin ein Viertel der Badegäste aus diesem Strandabschnitt kann sich vorstellen, selbst einmal auf die Inlineskates zu steigen, um die Anlage auszuprobieren. Bei den Gästen des FKK-Strandes findet sich jedoch keine Mehrheit für die Skateanlage – nur 43,2% finden die Idee, eine solche Anlage überhaupt zu errichten „gut" oder „sehr gut". Es können sich dann auch nur 8,9% der FKK-Anhänger überhaupt vorstellen, diese Sportart selbst einmal auf der neuen Anlage auszuprobieren. Dabei wird die Idee noch von Badegästen jeden Alters – zumindest im Textilstrand – mitgetragen. Zwischen den beiden Stränden verläuft auch hier eine deutliche Kluft zwischen Befürwortern (Textil-Strand) und Kritikern der Anlage (FKK-Strand). Interessant ist, dass die kritischsten Stimmen aus dem FKK-Strand zum Großteil von Jugendlichen und jungen Erwachsenen stammen. Dementsprechend lehnen fast alle Befragten aus dem FKK-Strand eine Nutzung der Anlage ab. Die größte Zahl potenzieller Nutzer findet sich im FKK-Strand bei den 31-40jährigen (15,6%). Auch am Textil-Strand ist diese Altersgruppe noch sehr an der Skateanlage interessiert. Ein gutes Drittel der 31-40jährigen (31,3%) möchte diese Einrichtung gerne einmal nutzen. Dabei werden die 31-40jährigen nur von den 14-18jährigen übertroffen, bei denen fast jeder Zweite (42,0%) in die „Halfpipe" oder auf die „Ramp" möchte.

Abb. 36: Bewertung der Planungen durch die Badegäste des Textil-Strandes

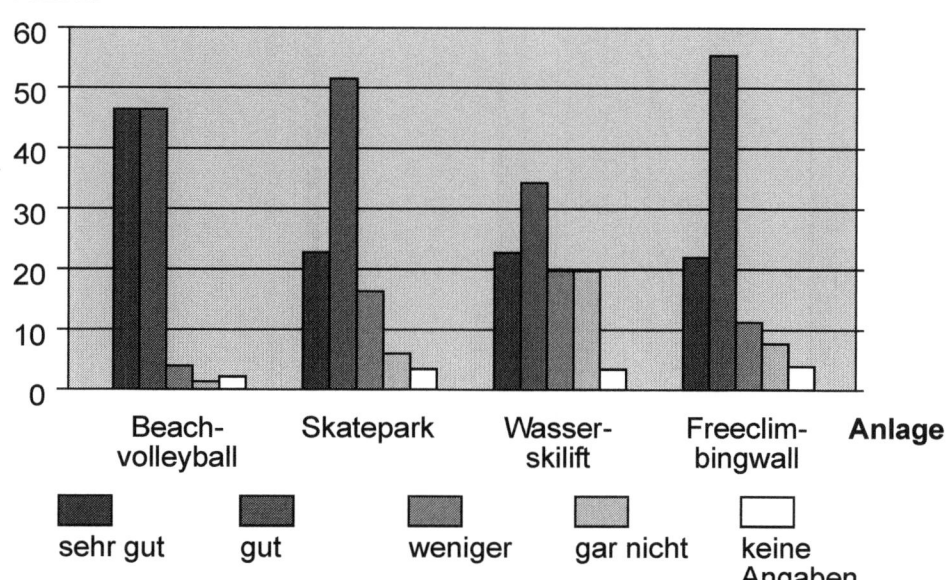

Quelle: Eigene Erhebung 2000

Bei der Wasserskianlage ist die Akzeptanz bei den Textil-Badegäste niedriger als bei der Beachvolleyballanlage oder der Inlineskateanlage: Dennoch können sich 57,1% für diese Idee begeistern und finden sie „gut" oder sogar „sehr gut". Erstaunlich hoch ist auch der Anteil derjenigen, die sich vorstellen können, selbst auf Wasserski über den Rodgausee zu rasen: Fast jeder Zweite (48,5%) gibt an, die Anlage zukünftig auch tatsächlich nutzen zu wollen. Damit ist Akzeptanz dieser Einrichtung unter den Textil-Badegästen verglichen mit allen anderen befragten Gruppen am allerhöchsten: Bei den Anwohnern waren es 23,0%, die sich vorstellen konnten, die Anlage zu nutzen und 42,8% befanden die Idee für „gut" oder „sehr gut". Am geringsten jedoch ist die Akzeptanz der Wasserskianlage unter den FKK-Badegästen – nur ein Fünftel (19,2%) kann sich hier für das Wasserskifahren begeistern; nutzen möchten aber nur 15,1% der FKK-Badegäste die Anlage. Vor allem Personen unter 30 Jahre, die den Textil-Strand besuchen, finden die Idee der Wasserskianlage gut und in den angesprochenen Altersgruppen finden sich am Textil-Strand auch bis zu zwei Drittel mögliche Nutzer (14-18 Jahre: 68,0%, 19-20 Jahre: 67,9%). Am FKK-Strand hingegen finden sich auch „Zweifler". Erstaunlich ist auch bei den Fragen nach dem Wasserskilift, dass sich viele junge Gäste dieses Strandabschnittes kaum für die Anlage interessieren.

Abb. 37: Mögliche Nutzung der geplanten Einrichtungen durch die Gäste des Textil-Strandes

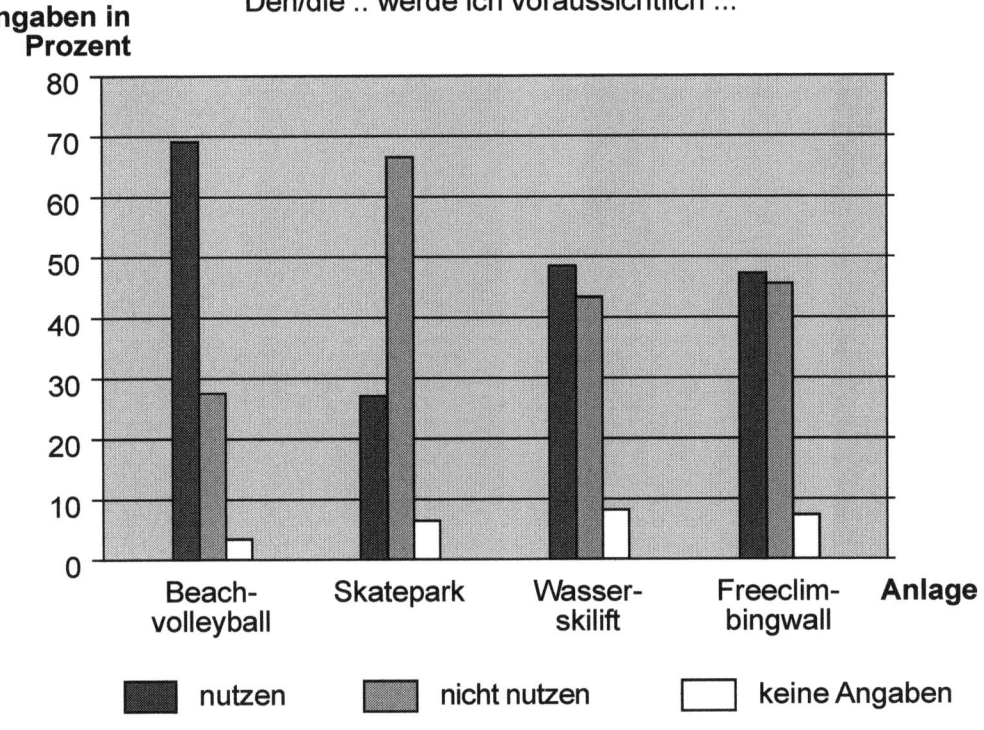

Quelle: Eigene Erhebung 2000

Eine in etwa der Inlineskateanlage vergleichbare Akzeptanz erreicht der Freeclimbingwall bei den Textil-Badegästen: 77,3% finden die Idee, eine solche Kletterwand zu errichten, „gut" oder „sehr gut". Auch kann sich offenbar etwa die Hälfte der Textil-Badegäste (47,2%) gut vorstellen, sich selbst anzuseilen, um ein bisschen an der Kletterwand aktiv zu werden. Bei den FKK-Badegästen können sich dies nur 17,1% vorstellen. Auch bewerten nur 42,5% - also deutlich weniger als die Hälfte – der FKK-Badegäste die Idee, einen Freeclimbingwall einzurichten als „gut" oder „sehr gut". Während die anderen Anlagen kaum das Interesse der jungen FKK-Gäste wecken, scheint die Freikletteranlage eine Lücke zu füllen. Immerhin zwei Drittel (66,7%) der jüngsten und auch ein erklecklicher Teil der jungen, aber erwachsenen FKK-Gäste kann sich vorstellen, diese Anlage einmal zu nutzen. Ab 41 Jahren allerdings lässt das Interesse schlagartig nach, ein Effekt, der sich auch am Textilstrand beobachten lässt. Hier wird die Anlage von den jüngeren Altersgruppen geradezu überschwänglich aufgenommen und bis zu drei Vierteln der Befragten aus den Altersgruppen bis 30 Jahre geben an, selbst zum Klettern angeseilt werden zu wollen.

Abb. 38: Bewertung der geplanten Anlagen durch die Gäste des FKK-Strandes

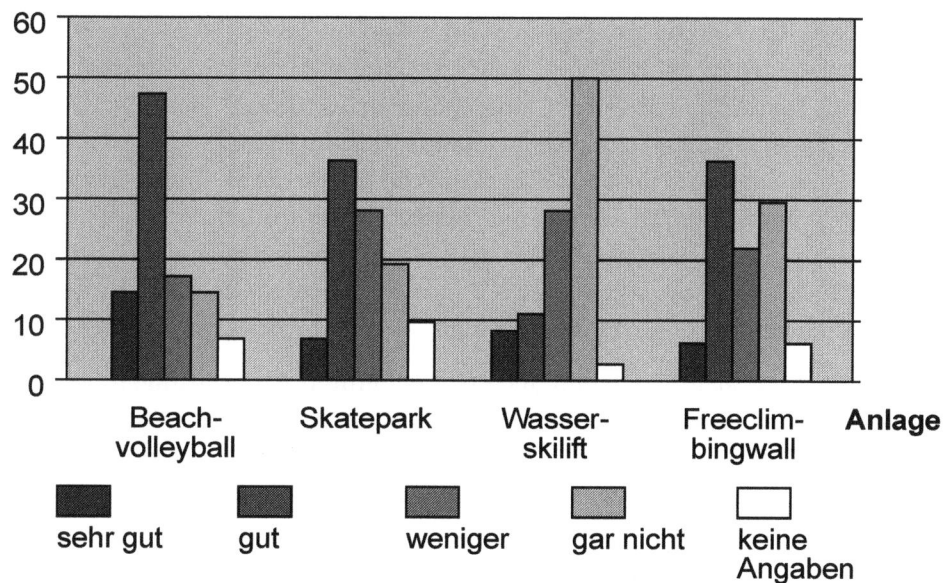

Quelle: Eigene Erhebung 2000

In Zusammenhang mit dem Aus- und Umbau des Rodgausees wird – wie bereits in Kap. 4.6 erwähnt – diskutiert, den FKK-Strand auf das Gelände des heutigen Textil-Strandes zu verlegen, vor allem damit der stärker frequentierte Textil-Strand „um die Ecke" des Sees herum verlängert werden kann und so ein langer durchgängiger Textil-Strand entsteht. Mit einer der Gründe ist die wenig attraktive

Exposition des Geländes für einen FKK-Strand. Andererseits würde der FKK-Strand bei einem Tausch in das weniger beschattete Gelände des heutigen Textil-Strandes verlegt werden und deutlich näher an die Häuser Nieder-Rodens heranrücken. Dass dieses Thema daher vor allem für die Gäste des FKK-Strandes als Hauptbetroffene von Interesse ist, leuchtet ein: So ergibt sich noch ein relativ ausgeglichenes Bild, wenn man die Nennungen aller Badegäste betrachtet: Hier spricht sich gut ein Drittel (29,8%) für den Strandtausch aus, 50,1% finden die Idee jedoch weniger gut oder schlecht. Dieses Zerrbild entsteht durch deutlich gegensätzliche Meinungen unter den Gästen der einzelnen Strände. Am Textil-Strand sind die Befürworter und die Gegner des Strandtausches etwa gleich stark: Für einen Strandtausch wären 38,2% der Textil-Badegäste, 34,7% sind dagegen, keine Meinung haben 27,0% der Befragten. Der Hauptgrund der Gegner unter den Badegästen des Textil-Strandes, der aus ihrer Sicht gegen einen Tausch der beiden Strände spricht, ist, dass der Tausch unnötig und teuer sei (8,6%). Zudem würde sich – so ihre Meinung – die Infrastruktur im Textil-Bereich verschlechtern (6,2%)[13]. Im FKK-Bereich formiert sich dagegen deutlicher Widerstand gegen den Strandtausch: Insgesamt 74,7% finden die Idee, die Strände zu tauschen „weniger gut" oder „schlecht", nur eine absolute Minderheit von 16,4% könnte sich auch vorstellen, dass der bisherige Textil-Strand als FKK-Strand gut zu nutzen wäre. Die Argumente, die auch gegen einen Tausch der Strände ins Feld geführt werden, gleichen denen der Badegäste aus dem Textil-Strand. Der Tausch und der damit verbundene Umbau sei unnötig und vor allem zu teuer (10,1%), der FKK-Bereich würde an Größe verlieren oder unattraktiver werden (der Baumbestand würde dann den Textil-Badegästen zu Gute kommen, während sich die FKK-Anhänger mit den Schattenpilzen zufrieden geben müssten (9,2%)). Ein häufig genannter Grund ist auch die Tatsache, dass Durchgangsverkehr durch den FKK-Strand befürchtet wird (11,0%) – dies ist insofern erstaunlich, als recht viele FKK-Badegäste über die geplanten Anlagen informiert waren, jedoch nicht wussten, dass im Falle einer Verlegung der Strände auch ein Neubau des Eingangsbereichs anfallen würde, der eben diesen Durchgangsverkehr verhindern würde.

Insgesamt lässt sich feststellen, dass die geplanten Einrichtungen bei recht vielen Badegästen auf Resonanz stoßen: Diese ist bei den Gästen des Textil-Badestrandes positiv, bei denen des FKK-Teils eher verhalten. Dennoch kann festgehalten werden, dass die Badegäste die neuen Anlagen grundsätzlich befürworten und sich neue Angebote am Rodgausee wünschen. Dies gilt für die Beachvolleyballanlage, die am positivsten bewertet wird, aber auch für die Inlineskateanlage und den Freeclimbingwall. Lediglich der „Wasserskilift" schneidet nicht ganz so gut ab, wird aber auch von einem guten Teil der Gäste des Textil-Strandes begrüßt.

---

[13] Grund für diese Annahme ist wohl die Tatsache, dass die genauen Pläne des Aus- und Umbaus unbekannt sind, so dass auch der neu eingeplante Eingangsbereich und die damit verbundene Neuordnung der Anlagen und Einrichtungen des Strandbades nicht bekannt waren.

An der Reaktion der FKK-Badegäste lässt sich ablesen, dass der Tausch der Strände als problematisch anzusehen ist – insbesondere in Hinblick auf den hohen Anteil an Stammgästen unter den FKK-Gästen sollte diese Planung noch einmal gründlich überlegt werden.

Abb. 39: Mögliche Nutzung der geplanten Einrichtungen durch die Gäste des FKK-Strandes

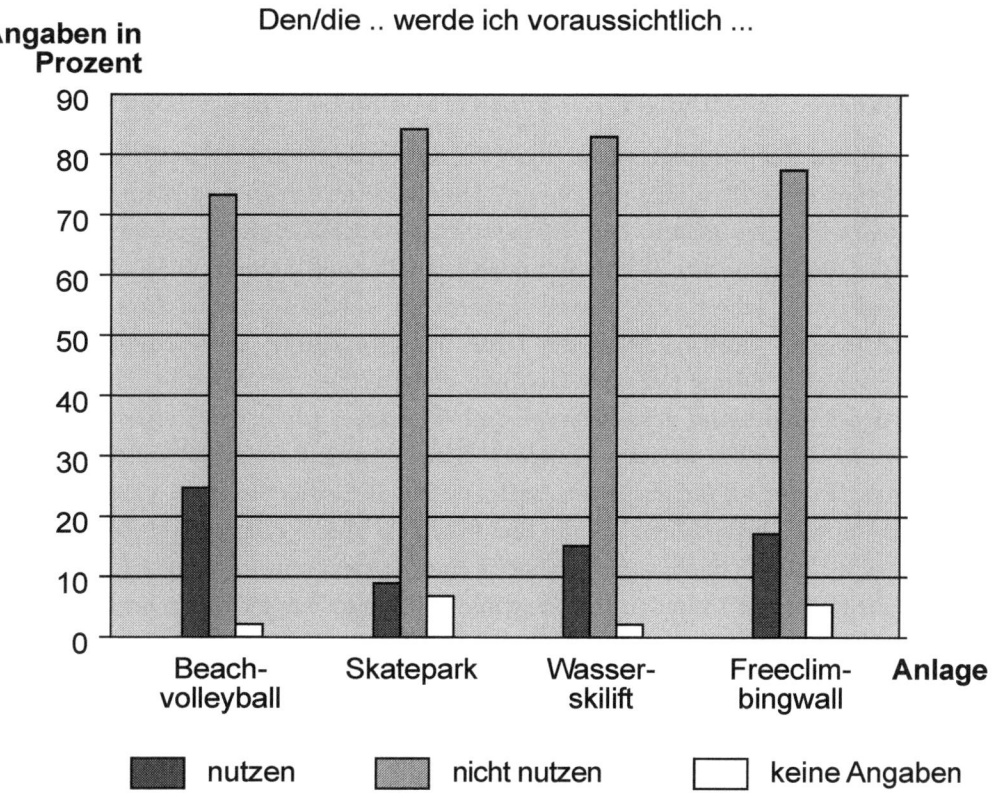

Quelle: Eigene Erhebung 2000

5.6 Verbesserungsvorschläge und Anregungen der Badegäste

Aus den Äußerungen der Badegäste zur Zufriedenheit mit dem Strandbad am Rodgausee und seinen Angeboten sowie den Reaktionen auf die vorgeschlagenen Einrichtungen am See lassen sich bereits Schlüsse hinsichtlich der Wünsche, Verbesserungsvorschläge und Anregungen der Badegäste für die zukünftige Gestalt des Strandbades ziehen. An dieser Stelle sollen die bislang gemachten Aussagen jedoch mit den direkten Fragen nach Verbesserungsvorschlägen, fehlenden Einrichtungen bzw. dem, was den Badegästen am See nicht gefällt, in Beziehung gesetzt werden.

Die gemachten Vorschläge der Badegäste korrespondieren sehr gut mit den Antworten auf die Frage „Was gefällt Ihnen am Rodgausee nicht?" Werden beispielsweise fehlende Schattenplätze bemängelt, wird als Wunsch nach mehr Schatten verlangt. Schatten und mehr Sportangebote zählen zu den am häufigsten gemachten Verbesserungsvorschlägen – 11,3% aller Badegäste wünschen sich mehr Schatten, mehr Sportangebote werden von 8,4% als vordringlicher Wunsch genannt. Während Schatten in beiden Teilen des Strandbades vor allem von älteren Badegästen nachgefragt wird, sind die Wünsche nach Sportanlagen nur im Bereich des Textil-Strandes laut geworden (12,0%) – im FKK-Bereich wollen dagegen nur 2,7% mehr Sportanlagen haben. Die Nachfrage kommt dabei in beiden Strandteilen von den jungen Gästen, was insofern erstaunlich ist, als die jungen FKK-Gäste den vorgeschlagenen Anlagen recht skeptisch gegenüber stehen – hier gibt es offensichtlich andere Vorstellungen von den an einem Badesee nötigen Sportanlagen.

Sauberkeit auf der Liegewiese ist für 4,7% der Badegäste im Textil- und für 6,8% der Gäste des FKK-Strandes ein Thema. Hier scheint es für eine kleine Minderheit der Gäste Defizite zu geben. Die Infrastruktur im FKK-Bereich ist zwar verständlicherweise für Gäste des Textil-Strandes kein Thema, jedoch 28,1% der Gäste im FKK-Bereich wünschen sich, besser versorgt zu werden: So wird zum Beispiel bemängelt, dass es sanitäre Anlagen (Duschen, Toiletten) ausschließlich im Eingangsbereich und damit auf dem Gelände des Textil-Strandes gibt. Dies gilt auch für den Kiosk und seine vorgelagerte Café-Terrasse. Ideal wäre ein zweiter Komplex, der für den FKK-Strand dieselben Einrichtungen vorhält wie dies auch im Textil-Strand der Fall ist. Zu den sonstigen Angaben, die gemacht werden, gehören Anregungen wie beispielsweise die Einführung eines Feierabend-Tarifs o.ä. Es handelt sich dabei jedoch vornehmlicher um Nennungen einzelner Personen, die nicht mehr weiter zu thematischen Komplexen zusammenzufassen sind.

Besonders erfreulich ist jedoch, dass 27,0% der Textil-Badegäste, aber nur 11,6% der Gäste des FKK-Strandes angegeben haben, dass sie keine Verbesserungsvorschläge haben, d.h., dass diese Personen mit dem vorhandenen Angebot am Rodgausee rundum zufrieden sind. Dieses Ergebnis bestätigt die große Zufriedenheit der Badegäste mit dem Rodgausee, die auch schon in der hohen Zahl an positiven Antworten auf die Frage „Wie gefällt Ihnen der Rodgausee?" zum Ausdruck kam – hier hatten 93,1% aller Badegäste angegeben, der Rodgausee gefalle ihnen „sehr gut" oder „gut".

Noch einmal direkt nach fehlenden Einrichtungen gefragt, ergibt sich ein noch feineres Bild der Wünsche der Badegäste: Zuallererst sei jedoch auch hier vermerkt, dass 22,2% der Badegäste keine Wünsche äußern, sondern mit dem vorhandenen Angebot rundum zufrieden sind. Zu den Wünschen zählen jedoch die Sportmöglichkeiten (15,3% aller Badegäste, 18,5% der Gäste des Textil-Strandes) – allein die Häufigkeit der Nennung der Sportmöglichkeiten in der Befragung zeigt, dass dies ein echtes Defizit des Sees ist; jedoch bleibt zu hoffen, dass die Beachvolleyballanlage einen ersten Beitrag zur Behebung dieses Missstandes leistet. Mehr Wassersportmöglichkeiten und Kinderspielplätze wünschen sich je ca. 6% (6,1% bzw. 6.3%). Dazu gehören u.a. eine größere Rutsche oder ein Sprungturm, sodass zu hoffen bleibt, dass in Planung bzw. im Bau befindliche „schwimmende Sprungturm" in der Lage ist, diese Lücke zu füllen und die Nachfrage nach weiteren wasserbezogenen Aktivitäten zumindest teilweise zu befriedigen.

Keine Lösung ist jedoch bislang für die geäußerten Wünsche nach Kinderspieleinrichtungen in Sicht. 6,3% der Badegäste – sowohl aus dem FKK- wie auch aus dem Textil-Badebereich – reklamieren, dass es mehr Kinderspieleinrichtungen am Rodgausee geben sollte, als das bisher vorhandene Angebot an einigen Spielgeräten sowie dem Sandstrand, der sich zum Spielen natürlich anbietet, den Kindern aber zu wenig „Action" zu bieten scheint, so dass hier das Angebot nicht ausreichend ist.

Von den anderen Seen, die von den Besuchern des Rodgausees aufgesucht werden, zu lernen, würde bedeuten, die dort besonders positiv herausgestellten Einrichtungen ebenfalls am Rodgausee zu errichten. Die Hauptgründe für den Besuch anderer Seen waren jedoch die bessere Erreichbarkeit vom Wohnort aus, die 21,8% als Hauptgrund für den Besuch eines anderen Badesees angaben, und die „Abwechslung" – dass also nicht immer derselbe See besucht wird – (16,2%). Aus diesen beiden Motivationen heraus lassen sich jedoch kaum Schlüsse für den Rodgausee ziehen: In Bezug auf die Erreichbarkeit lässt sich wohl ableiten, dass der Einzugsbereich eines Badesees nicht überschätzt werden darf, weil die Badegäste nur bereit sind, eine gewisse, jedoch keine zu lange Anfahrt in Kauf zu nehmen. Eine Ausnahme sind hier die Gäste des FKK-Bereichs. Aus der Tatsache, dass andere Seen für ein knappes Zehntel (8,5%) als nicht überlaufen erscheinen, wäre abzuleiten, dass dem Strandbad am Rodgausee schlicht Fläche fehlt, da die Besucher sich auf den vorhandenen Strandflächen zu sehr drängen.

5.7 Soziodemographische Merkmale der Badegäste

In verschiedenen Unterkapiteln dieses Abschnittes wurden Aussagen über die soziodemographische Struktur der Badegäste am Rodgausee in bezug auf bestimmte Ansichten und Verhaltensweisen gemacht. Zum Schluss sollen nun noch einmal die tatsächlichen Strukturen – wiederum differenziert nach den Besuchern der beiden Strandteile – im Vordergrund stehen. Allein durch die strukturellen Unterschiede wie sie an dieser Stelle noch einmal deutlich werden, erklären sich Differenzen in den Aussagen, die beide Gruppe in Bezug auf die Bewertung des Sees, seines Angebotes, ihre Zufriedenheit sowie die fehlenden Einrichtungen gemacht haben.

Unter den Badegästen am Rodgausee lässt sich ein leichter Männerüberschuss feststellen (53,3% zu 45,1%). Dieser ist bei den Gästen des FKK-Strandes ausgeprägter (56,2% zu 42,5%) als bei denen des Textil-Strandes (51,5% zu 46,8%), eine Tatsache, die sich aus den erhobenen Daten nicht weiter erklären lässt, jedoch bereits bei den Vorläuferuntersuchungen am Langener Waldsee und am Schultheisweiher auftrat: „Die Gründe für die Verteilung sind u.a. auf erhebungstechnische Besonderheiten zurückzuführen. So ist die Ablehnungsquote bei Befragungen auch vom Geschlecht der angesprochenen Person abhängig und führt – vor allem dann, wenn man das Alter als ein zusätzliches Kriterium berücksichtigt – dazu, dass in manchen Jahrgängen männliche Personen deutlich häufiger ein Interview verweigern als dies bei weiblichen Personen der Fall ist. Dieser Effekt wird zumindest teilweise durch ein anderes Phänomen kompensiert: Treten die Befragten „paarweise" auf, so ist es auch heute noch so, dass die männlichen Partner eher antworten als die weiblichen – auch dies eine Beobachtung, welche in bestimmten Altersklassen besonders häufig gemacht werden kann" (WOLF et al. 1997, 10-11).

Abb. 40: Geschlecht der befragten Badegäste

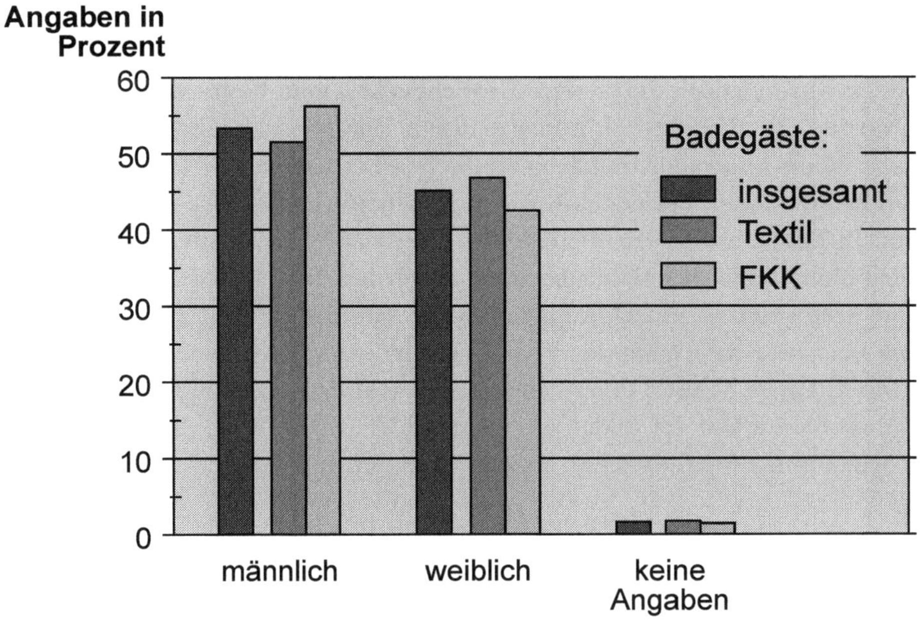

Quelle: Eigene Erhebung 2000

Aufschlussreicher ist hingegen die Differenzierung der Badegäste nach Altersgruppen: Hier zeigen sich deutliche strukturelle Unterschiede zwischen den beiden Strandteilen. Am Textil-Strand macht allein der Anteil der 14-18jährigen gut ein Fünftel der Badegäste aus (21,5%), während diese Gruppe am FKK-Strand mit 3 Besuchern lediglich 2,1% der Besucher stellt. Grundsätzlich gilt die allein aus diesem Vergleich heraus abzuleitende Altersstruktur: Am FKK-Strand ist das Publikum deutlich älter als am Textil-Strand. Zwar sind die 31-40jährigen an beiden Stränden die mit am stärksten vertretene Altersgruppe, aber während sich das Maximum der Besucher des Textil-Strandes in den Altersgruppen bis 40 Jahre konzentriert (alle Altersgruppen bis einschl. 40 Jahre haben einen Anteil von 83,7%), kommt das Maximum der FKK-Badegäste erst bei höheren Altersklassen: Die Gruppe der 31-40jährigen stellt am FKK-Strand mit 30,8% die stärkste Altersgruppe. Damit liegt der Anteil der unter 40jährigen am FKK-Strand bei 45,9%, erreicht also nur etwa die Hälfte im Vergleich zum Textil-Strand. Dafür liegt der

Anteil der über 40jährigen mit 53,9% im FKK-Bereich rund 3,5 Mal so hoch wie im Textil-Strand (14,6%). Dass das Publikum des FKK-Strandes im Schnitt deutlich älter ist, erklärt auch das Verhalten dieser Personen in einigen Fragen der Untersuchung: So ist es leicht zu verstehen, dass ältere Menschen nicht den gleichen Bewegungsdrang verspüren wie die jugendlichen Gäste des Textil-Strandes. Sport- und Spielmöglichkeiten wurden entsprechend selten von ihnen nachgefragt; gleiches gilt auch für die Kinderspieleinrichtungen: Die meisten der FKK-Gäste sind in einem Alter, in dem die Kinder für Kinderspielplätze zu groß oder sogar schon erwachsen sind. Über die Zahl der Haushaltsmitglieder lässt sich dies nachweisen: So liegt der Anteil der 1- und 2-Personen-Haushalten bei den FKK-Badegästen – trotz des höheren „Single-Anteils" unter den Textil-Badegästen – mit 76,0% deutlich über dem des anderen Strandabschnitts (39,1%).

Das niedrigere Alter der Gäste des Textil-Strandes macht sich u.a. auch beim Familienstand und der Struktur des ausgeübten Berufs bemerkbar: Während von den Gästen des Textil-Strandes fast zwei Drittel (64,8%) noch ledig sind (30,5% Verheiratete, 3,0% Geschiedene), liegt der Anteil der Ledigen bei den FKK-Gästen bei nur 41,8%, während es in diesem Strandabschnitt 45,9% Verheiratete gibt. Der Anteil der Geschiedenen ist mit 11,6% fast vier Mal höher als bei den Textil-Badegästen, was wohl auch auf das größere Alter zurückzuführen ist. Entsprechend größer ist bei den Gästen des FKK-Strandes auch die Zahl derjenigen, die Kinder haben (48,6% zu 24,0%). Dabei überwiegen kleinere Familien mit einem oder zwei Kindern (76,1% Anteil an den FKK-Gästen mit Kindern), eine Aussage, die im allgemeinen Trend liegt und sich auch bei den Gästen des Textil-Strandes bestätigt (83,9% Anteil der Familien mit einem oder zwei Kindern). Das höhere Durchschnittsalter der FKK-Badegäste findet – wie bereits angedeutet – seinen Niederschlag auch in der Struktur des ausgeübten Berufs, ebenso wie die jüngere Struktur der Textil-Badegäste: So liegt der Anteil der Erwerbslosen (Rentner, Hausfrauen, Arbeitslose) unter den FKK-Badegästen bei knapp einem Fünftel (18,5% zu 6,4% bei den Textil-Badegästen). Dagegen zeigt ein gleichbleibend hoher Anteil der Schüler, Studenten bzw. Wehr- und Zivildienstleistenden in den Kategorien ausgeübter (30,0%) und erlernter Beruf (32,6%) bei den Textil-Badegästen, dass ein Großteil der Personen, die diesen Strand besuchen, tatsächlich noch in der Ausbildung steckt (zum Vergleich: Der Anteil dieser Gruppe bei den FKK-Badegästen liegt bei nur 6,2%).

Als weitere Indikatoren, die Auskunft über die Lebensumstände der Badegäste geben, können die Angaben zur Wohnsituation verwendet werden: An beiden Stränden ist der Anteil der Wohneigentümer mit je knapp 55% recht hoch. Die Zahl derjenigen, denen darüber hinaus auch ein Garten zur Verfügung steht, liegt bei den Textil-Gästen bei fast zwei Dritteln (63,9%), während nur 53,4% der Textil-Badegäste über eigenes „Grün" verfügen können. Geradezu riesig sind die Wohnflächen, die den Badegästen zur Verfügung stehen: Unabhängig davon, ob die Wohnung oder das Haus, das bewohnt wird, Eigentum ist oder gemietet, stehen allen Badegästen im Schnitt 99,5 m² Wohnfläche pro Haushalt zur Verfügung; im FKK-Bereich liegt der Durchschnitt mit 96,6 m² etwas niedriger, bei den Textil-Badegästen sind es 101,5 m². Im Vergleich zu den Badegästen am Langener Waldsee bzw. am Schultheisweiher zeigt sich, dass den Gästen des Rodgausees eindeutig die größten Wohnflächen zur Verfügung stehen.

Abb. 41: Altersverteilung der befragten Badegäste

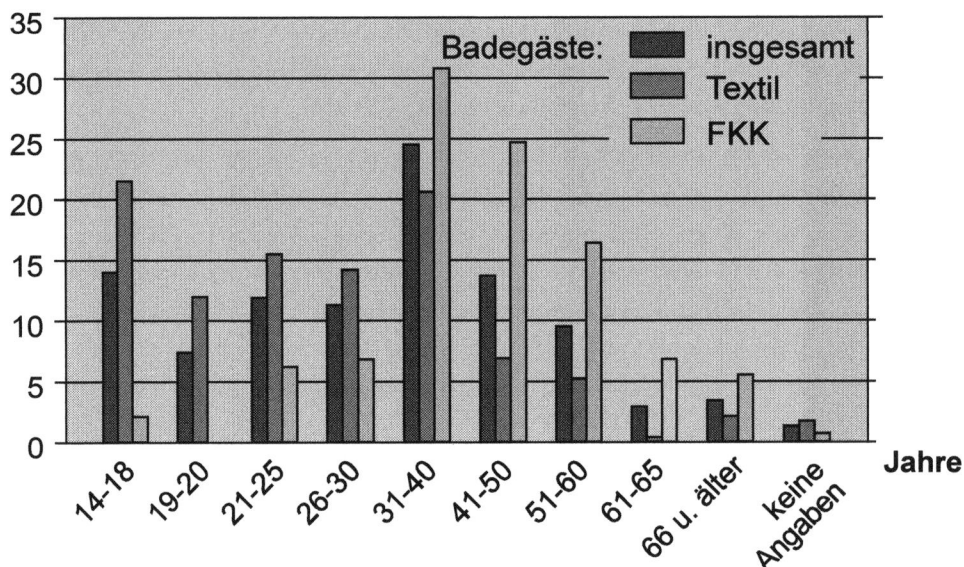

Quelle: Eigene Erhebung 2000

Gewisse, wenn auch weniger gravierende Unterschiede zeigen sich auch bei den Schulabschlüssen der Badegäste: Während der Anteil der Hauptschulabschlüsse mit knapp 12% in beiden Gruppen recht ähnlich ist, liegt der Anteil der Realschulabsolventen im Textil-Bereich bei einem guten Drittel (30,9%), im FKK-Bereich werden 38,4% erreicht. Der Anteil der Abiturienten ist am Textil-Strand deutlich höher. Die Zahl der Hochschulabsolventen liegt am Textil-Strand bei einem Fünftel (19,7%). Während die Zahl derjenigen, die „nur" Abitur gemacht haben und kein Studium absolviert haben, am FKK-Strand niedriger ist (13,0%), liegt die Zahl der Hochschulabsolventen deutlich höher und erreicht fast ein Drittel (28,1%). Im Vergleich zum Langener Waldsee zeigt sich, dass das Spektrum der Schulabschlüsse am Rodgausee deutlich in Richtung der höheren Abschlüsse gerichtet ist (zum Schultheisweiher liegen keine Vergleichsdaten vor).

Die soziodemographischen Merkmale der befragten Badegäste belegen, dass das Publikum am Rodgausee im Durchschnitt eine höhere Schulbildung aufzuweisen hat. Damit sind auch Rückschlüsse auf die größeren Ansprüche der Badegäste an die Infrastruktur am Badesee möglich.

6 Fazit

In der Untersuchung zur Nutzerstruktur und zum Verhalten der Gäste des Rodgausees wurde vor allem deutlich, dass der See unter zwei Problemen zu leiden hat: Zum einen wird die Situation am See bereits heute von einigen Gästen als unbefriedigend empfunden, weil der See ihrer Ansicht nach überbelegt ist. Zweitens fehlen am Rodgausee wichtige Infrastruktureinrichtungen. Folgende Konsequenzen ergeben sich aus den zwei genannten Hauptproblemen des Rodgausees:

Seit Anfang des Jahres 2000 ist der Rodgausee eine Einrichtung, die gemeinsam von der Stadt Rodgau und dem UVF betrieben wird, mit dem Ziel, den Rodgausee zu einer regionalen Freizeiteinrichtung zu entwickeln. Dazu ist zunächst festzuhalten, dass der Rodgausee aufgrund seines relativ kleinen Einzugsbereichs im Moment nur ansatzweise eine regionale Freizeiteinrichtung ist. Der Versorgungsbereich liegt hauptsächlich im Südosten des Landkreises Offenbach und umfasst vor allem Rodgau selbst und die direkt angrenzenden Gemeinden. Wie schwach die Anziehungskraft des Rodgausees ist, zeigt u.a. die Tatsache, dass aus Gemeinden mit eigenen vergleichbaren Einrichtungen keine Gäste an den Rodgausee kommen (z.B. Babenhausen). Wenn jedoch versucht wird, durch Werbung mehr Gäste an den Rodgausee zu locken, ist es unumgänglich, die vorhandene Fläche des Strandbades zu erweitern, da die Enge an heißen Tagen und an Wochenenden schon heute von vielen Besuchern als drangvoll empfunden wird. Noch ziehen kaum Badegäste Konsequenzen aus dieser Situation; wenn die Überbelegung zu einem Dauerzustand werden sollte, ist jedoch damit zu rechnen, dass Stammgäste seltener oder gar nicht mehr an den See kommen. Insbesondere im FKK-Bereich scheint ihr Anteil recht hoch zu sein, denn die Gäste dieses Bereiches kommen sehr oft an den Rodgausee und unterstreichen, dass er auch heute schon eine sehr attraktive Einrichtung sei. Diesen Ruf gilt es zu verteidigen und umsichtig auszubauen! Übereilte Maßnahmen könnten das Gegenteil erreichen. Vor allem das Umfeld des Sees darf keinesfalls in Mitleidenschaft gezogen werden, wenn der See zu einer regionalen Freizeiteinrichtung ausgebaut wird. Zu den besonderen Qualitäten gehört die „Umwelt" bzw. das Ambiente des Sees (trotz des laufenden Kiesabbaus!).

Neben einem Ausbau der Fläche des Strandbades ist es auch notwendig, weitere Freizeitangebote am Rodgausee anzubieten. So werden immer wieder Sporteinrichtungen angemahnt, Kinderspielplätze gewünscht und der Wunsch nach mehr Wassersportmöglichkeiten geäußert. Dabei geht die Tendenz jedoch eher in Richtung allgemeiner Spielmöglichkeiten (z.B. einer vielfältig nutzbaren Wiese), jedoch in Richtung monofunktionaler Anlagen. Die genannten Ergänzungen der vorhandenen Anlagen zeigen, dass der eingeschlagene Weg von UVF und Stadt Rodgau grundsätzlich richtig ist und dazu beiträgt, dass der Rodgausee auch weiterhin einen hohen Anteil zufriedener Badegäste hat. Auch die vorgeschlagenen Anlagen stoßen nicht auf den erwarteten Widerstand, sondern werden überraschend von Anwohnern und Badegästen positiv aufgenommen. Lediglich kleine Minderheiten sprechen sich deutlich gegen die Einrichtungen aus. Dass diese zu einem großen Teil aus dem FKK-Strand kommen, dokumentiert die grundsätzlich anderen Bedürfnisse der Besucher dieses Strandes. Dabei darf aber nicht vergessen werden, dass zwischen der möglichen Nutzung – wie sie in der Befragung erfasst wurde – und der tatsächlichen Nutzung einer erstellten Anlage stets eine nicht zu unterschätzende Lücke klafft!

Für die zukünftige Entwicklung des Rodgausees lassen sich unserer Meinung nach folgende Leitlinien aus den Ergebnissen der Befragung ableiten:

- Wenn der Rodgausee zu einer regionalen Freizeiteinrichtung werden soll, ist ein Ausbau der Fläche des Strandbades unumgänglich. Für eine größere Zahl an Besuchern ist es notwendig, weitere sanitäre Anlagen zur Verfügung zu stellen. Um den Einzugsbereich zu vergrößern, sollte auch in anderen Orten mit den Qualitäten des Sees geworben werden – doch Vorsicht vor vorschnellem Handeln, einer Überlastung des Sees und folgender negativer Publicity!

- Bei allen Maßnahmen, die zu einer Erweiterung des Strandbades oder der Errichtung neuer Anlagen führen, sollte bedacht werden, dass die Nutzer des Badesees Neuerungen gegenüber zwar aufgeschlossen sind, man sie jedoch nicht überfordern sollte. Ein Ausbau sollte daher den Bestand ergänzen, ihn aber so wenig wie möglich verändern.

- Für die FKK-Badegäste sollte der bisherige Strandabschnitt auch zukünftig als FKK-Strand zur Verfügung stehen. Ein Strandtausch ist aufgrund der ablehnenden Haltung der FKK-Badegäste wenig empfehlenswert.

- Sowohl im Textil- als auch im FKK-Bereich müssen neue Anlagen für Sport und Spiel, errichtet werden. Auch die vorhandenen Möglichkeiten im Wasser müssen erweitert werden. Im FKK-Bereich sollten die Anlagen im hinteren Strandbereich angesiedelt sein, um den Gästen mit Ruhebedürfnis die Möglichkeit zu geben, einen möglichst großen Abstand zu den Sportanlagen einzuhalten.

- Das Angebot an Freizeitanlagen für Kinder ist unzureichend. Die Errichtung von Kinderspielplätzen sollte vorrangig geschehen.

- Die Strände sollten attraktiver gestaltet werden. Dazu gehört vor allem die Anpflanzung von Bäumen mit dem Ziel, mehr Schattenflächen zu gewinnen. An den Tagen mit hohen Besucherzahlen sollte besonders auf die Sauberkeit des Strandes und der Liegefläche geachtet werden.

- Die Aufsicht kann dahingehend verbessert werden, dass durch Kontrollgänge mehr Präsenz gezeigt wird. Dabei sollte im FKK-Bereich insbesondere auf Voyeure geachtet werden. Diese sollten vom Personal des Strandbades mit der nötigen Konsequenz behandelt werden.

- In Anbetracht des Verhaltens der Badegäste bei der Anfahrt zum Badesee sollte die Erreichbarkeit der Einrichtung mit dem Pkw so gut wie möglich sein. Der ÖPNV ist bislang keine Alternative und wird es – dem erfragten Stimmungsbild zu Folge – auch in Zukunft nicht sein. Gleichwohl sollte für die Anwohner aus Nieder-Roden und Rodgau eine gute Erreichbarkeit mit dem Fahrrad und zu Fuß möglich sein.

- Die von UVF und Stadt Rodgau ins Spiel gebrachten neuen Freizeiteinrichtungen (Beachvolleyballanlage, Inlineskateanlage, Wasserskianlage, Freeclimbingwall) werden von den Anwohnern und den Badegästen unabhängig vom besuchten Strandabschnitt recht positiv bewertet. Die Wasserskianlage schneidet am schlechtesten ab, vor allem in der Bewertung durch die FKK-Badegäste. Die mögliche Nutzung ist stark von demographischen Variablen abhängig. Im Vorfeld müsste geklärt werden, was die hauptsächliche Zielgruppe ist, auf die das Angebot am Rodgausee ausgerichtet werden soll. Grundsätzlich kann empfohlen werden, neben den bereits im Laufe des Jahres 2000 errichteten Anlagen auch die Freeclimbinganlage zu errichten. Für den geregelten und sicheren Betrieb sollte ein entsprechend qualifiziertes Unternehmen gewonnen werden oder mit einer Sektion des Deutschen Alpen-Vereins verhandelt werden.

- In Anbetracht der großen Zahl an Gästen, die die vorhandene Gastronomie im Strandbad benutzen, wäre ein Ausbau dieser Einrichtung zu überlegen. Dies könnte sowohl eine größere Einrichtung, als auch ein breiteres Angebot umfassen.

Ingesamt ist die Struktur der Nutzer des Rodgausees der an den anderen vom Institut für Kulturgeographie, Stadt- und Regionalforschung untersuchten Badeseen sehr ähnlich. Grundsätzlich ist der Rodgausee eine ausbaufähige Einrichtung, die eine regional bedeutende Freizeiteinrichtung werden kann, es heute aber noch nicht ist. Dabei ist es auch nötig, den Begriff der „regionalen Freizeiteinrichtung" genau zu überdenken: Wenn damit gemeint ist, dass die Gäste vornehmlich aus einem größeren Einzugsbereich stammen sollen, so ist dies am Rodgausee nur auf Kosten der Besucher, die den See auch heute bereits nutzen und aus einem engeren Einzugsbereich stammen, möglich. Mit Attraktivitätsverlusten bei den aktuellen Besuchern wäre zu rechnen.

Als Konsequenz lässt sich aus den vom KSR durchgeführten Befragungen folgende Vorgehensweise für den zukünftigen Ausbau des Rodgausees vorschlagen. Die einzelnen Schritte, die hier im Folgenden vorgestellt werden, sollten auch zeitlich in der vorgeschlagenen Weise aufeinander folgen und aufbauen:

1. Verbesserung und Erweiterung des vorhandenen Strandbades, z.B. mehr Schatten durch weitere Schattenpilze oder die Anpflanzung von Bäumen (vor allem im Textil-Bereich), aber auch mehr Fläche des Strandbades insgesamt,

2. Verbesserung und Errichtung unkomplizierter multifunktionaler Einrichtungen, z.B. von Kinderspielplätzen bzw. –geräten sowie einer Spielwiese bzw. Anlage einfacher Sport- und Spielmöglichkeiten mit geringem Kosten- und Flächenaufwand (z.B. Freilandschach, weitere Wasserrutschen für Kinder u.ä.),

3. Ausbau (Sanierung und Erweiterung) der sanitären Anlagen am Rodgausee, zum Beispiel durch neue Duschen an den „Rändern" der Strände im Textil- und FKK-Bereich,

4. Erweiterung des gastronomischen Angebots zum Beispiel durch die Eröffnung eines Restaurants oder eines Cafés,

5. im letzten Schritt können weitere „Exklusiv"-Angebote gemacht werden wie zum Beispiel eine Wasserskianlage und /oder die Freikletteranlage.

Flankierend zu den genannten Maßnahmen sollte die Erreichbarkeit des Sees zumindest auf dem heutigen Niveau gehalten werden. Dies bedeutet in einer Linie eine Förderung des Hauptverkehrsträgers des PKW – für die Anreise zum See.

7 Literatur

HATZFELD, U. u. W. ROTERS 1998: Zentrum – Peripherie: Was sollen wir wollen oder: Spielen auf Zeit? – Informationen zur Raumentwicklung H. 7-8/1998, S. 521-536.

HESSISCHES STATISTISCHES LANDESAMT 1998: Hessische Gemeindestatistik 1997. – Wiesbaden.

INSTITUT FÜR KULTURGEOGRAPHIE, STADT- UND REGIONALFOSCHUNG (KSR) 2000: Regionalatlas Rhein-Main. Natur – Gesellschaft – Wirtschaft. – Frankfurt.

LANGHAGEN-ROHRBACH, C. u. K. WOLF 2000: Freizeitland Deutschland. – In: Institut für Länderkunde (Hrsg.)(2000): Nationalatlas Bundesrepublik Deutschland. Band 1: Gesellschaft und Staat. – S. 106-107, Heidelberg, Berlin.

MAYRING, P. 1996: Einführung in die qualitative Sozialforschung. – 3. Aufl., Weinheim.

NOELLE, E. 1963: Umfragen in der Massengesellschaft. Einführung in die Methoden der Demoskopie. – Hamburg.

OFFENBACH POST (05.07.2000)

REGIERUNGSPRÄSIDIUM DARMSTADT (RP) (Hrsg.) 2000: Regionalplan Südhessen 2000 . - Darmstadt.

SPD RODGAU 2000: Thomas Przibilla – Ziele als Bürgermeister. - http://spdrodgau.de/przibilla/ziele.html (13.09.2000).

STADT RODGAU 2000a: Statistische Informationen Stand 30.06.1998

STADT RODGAU 2000b: Statistische Informationen Stand 31.12.1999

STADT RODGAU 2000c: Strandbad Rodgau – Jahresstatistik ab 1977.

UMLANDVERBAND FRANKFURT (UVF) 2000: Flächennutzungsplan, Stand 31.03.2000: Rodgau. – http://www.uvf.de/atlas/fnp/p9040.htm (10.07.2000).

WOLF, K., SCHOLZ, C. M. u. C. ROHRBACH 1997: Der Langener Waldsee – Struktur und Nutzerpotential einer Freizeiteinrichtung. unveröffentlichtes Gutachten (erscheint 2001 als Materialien 30). Frankfurt am Main.

WOLF, K. u. C.M. SCHOLZ 1999: Neue Zeitverwendungsstrukturen und ihre Konsequenzen für die Raumordnung. = Forschungs- und Sitzungsberichte der Akademie für Raumforschung und Landesplanung, Bd. 207, Hannover.

WOLF, K., SCHRADER, K., SEIBEL, M. u. J. WÜRGES 1997: Evaluierung einer wasserbezogenen Freizeiteinrichtung im großstädtischen Verdichtungsraum am Beispiel des Schultheisweihers in Offenbach am Main. Teil 2: Ergebnisse der Befragung der Anwohner der angrenzenden Stadtteile Bürgel, Fechenheim Rumpenheim. – In: Materialen Bd. 20, S. 115-202, Frankfurt.

8 Abkürzungen

FKK	=	Freikörperkultur
FNP	=	Flächennutzungsplan
HENatG	=	Hessisches Naturschutzgesetz
HSL	=	Hessisches Statistisches Landesamt
KSR	=	Institut für Kulturgeographie, Stadt- und Regionalforschung
MIV	=	Motorisierter Individualverkehr
NSG	=	Naturschutzgebiet
ÖPNV	=	Öffentlicher Personennahverkehr
UVF	=	Umlandverband Frankfurt
UVG	=	Umlandverbandsgesetz

9 Anhang

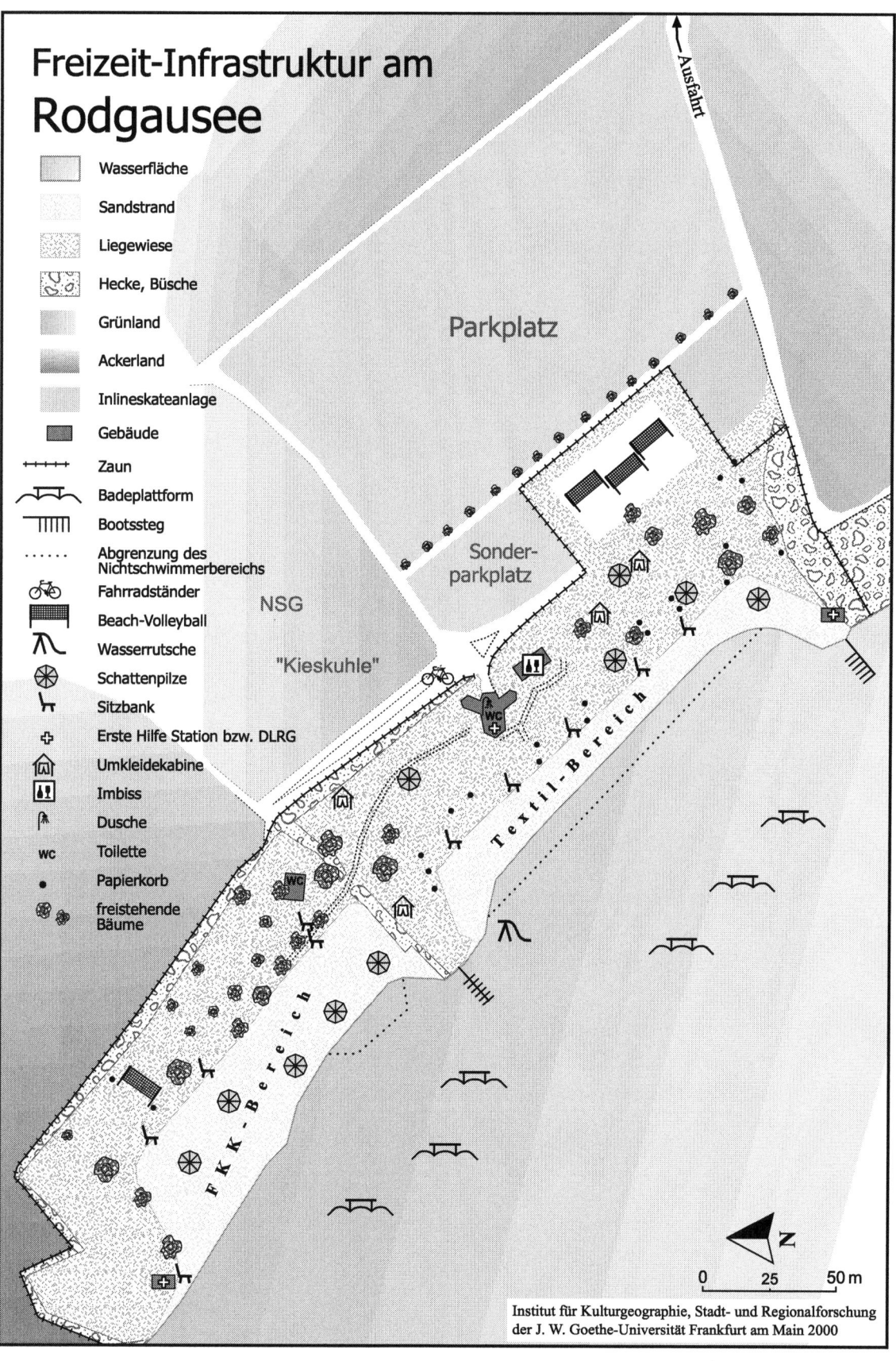

Tabellen:

1. Soziodemographische Merkmale
2. Einzugsbereich und Erreichbarkeit
3. Nutzung des Rodgausees in der zeitlichen und räumlichen Verteilung
4. Aktivitäten
5. Bewertung des Rodgausees

1 Soziodemographische Merkmale

1.1 Geschlecht

	Anwohner		Badegäste	
	In %	Abs.	In %	Abs.
männlich	54,3	132	45,3	172
weiblich	44,4	108	53,4	202
k.A.	1,3	3	1,3	5
Gesamt	100,0	243	100,0	379

1.2 Alter

	Anwohner		Badegäste	
	In %	Abs.	In %	Abs.
14-18 Jahre	16,5	40	14,0	53
19-20 Jahre	3,7	9	7,4	28
21-25 Jahre	4,1	10	11,9	45
26-30 Jahre	8,6	21	11,4	43
31-40 Jahre	19,3	47	24,5	93
41-50 Jahre	17,7	43	13,7	52
51-60 Jahre	16,5	40	9,5	36
61-65 Jahre	3,7	9	2,9	11
66 u. älter	8,6	21	3,4	13
k.A.	1,3	3	1,3	5
Gesamt	100,0	243	100,0	379

1.3 Familienstand

	Anwohner		Badegäste	
	In %	Abs.	In %	Abs.
ledig	31,3	76	55,9	212
verheiratet	57,6	140	36,4	138
geschieden	4,1	10	6,3	24
verwitwet	4,5	11	0,3	1
k.A.	2,5	6	1,1	4
Gesamt	100,0	243	100,0	379

1.4 Haben sie Kinder?

	Anwohner		Badegäste	
	In %	Abs.	In %	Abs.
Nein	30,1	73	58,3	221
Ja	64,2	156	33,5	127
k.A.	5,7	14	8,2	31
Gesamt	100,0	243	100,0	379

1.5 Personen pro Haushalt

	Anwohner		Badegäste	
	In %	Abs.	In %	Abs.
1	10,3	25	28,7	109
2	26,7	65	24,4	93
3	21,4	52	17,2	65
4	26,3	64	20,1	76
5 und mehr	12,4	30	7,7	29
k.A.	2,9	7	1,9	7
Gesamt	100,0	243	100,0	379

1.6 Haushaltsnettoeinkommen

	Anwohner		Badegäste	
	In %	Abs.	In %	Abs.
<1500 DM	4,5	11	4,8	18
1500-2500 DM	3,7	9	5,5	21
2500-3500 DM	7,0	17	12,7	48
3500-5000 DM	7,8	19	11,6	44
5000-7000 DM	3,7	9	7,7	29
>7000 DM	10,3	25	8,7	33
k.A.	63,0	153	49,0	186
Gesamt	100,0	243	100,0	379

1.7 Schulabschluss

	Anwohner		Badegäste	
	In %	Abs.	In %	Abs.
Hauptschule	20,6	50	11,3	43
Realschule	30,0	73	33,8	128
Abitur	20,6	50	25,6	97
Studium	14,0	34	23,0	87
k.A.	14,8	36	6,3	24
Gesamt	100,0	243	100,0	379

1.8   Erlernter Beruf

	Anwohner		Badegäste	
	In %	Abs.	In %	Abs.
Erwerbslose: Hausfrauen, Rentner, Arbeitslose	2,9	7	0,8	3
Schüler, Studenten, Zivil-, Wehrdienstleistende	16,5	40	21,9	83
Angestellte	53,5	130	7,7	29
Beamte	4,5	11	57,5	218
Selbstständige	9,1	22	5,5	21
k.A.	13,6	33	6,6	25
Gesamt	100,0	243	100,0	379

1.9   Ausgeübter Beruf

	Anwohner		Badegäste	
	In %	Abs.	In %	Abs.
Erwerbslose: Hausfrauen, Rentner, Arbeitslose	27,6	67	11,2	42
Schüler, Studenten, Wehr-, Zivildienstleistende	16,0	39	20,8	79
Angestellte	37,0	90	8,2	31
Beamte	2,5	6	46,4	176
Selbstständige	7,0	17	4,7	18
k.A.	9,9	24	8,7	33
Gesamt	100,0	243	100,0	379

1.10   Wohnart

	Anwohner		Badegäste	
	In %	Abs.	In %	Abs.
zur Miete	37,5	91	44,6	169
in Eigentum	58,4	142	52,8	200
k.A.	4,1	10	2,6	10
Gesamt	100,0	243	100,0	379

1.11   Wohnform

	Anwohner		Badegäste	
	In %	Abs.	In %	Abs.
Zimmer/WG	2,5	6	5,0	19
Wohnung	44,0	107	49,6	188
Haus	49,4	120	42,0	159
k.A.	4,1	10	3,4	13
Gesamt	100,0	243	100,0	379

1.12   Besitzen Sie einen Garten?

	Anwohner		Badegäste	
	In %	Abs.	In %	Abs.
Ja	65,0	158	59,9	227
Nein	30,0	75	37,5	142
k.A.	4,0	10	2,6	10
Gesamt	100,0	243	100,0	379

2 Einzugsbereich und Erreichbarkeit

2.1 Badegäste: Wo sind Sie heute aufgebrochen?

	In %	Abs.
Dudenhofen	5,8	22
Nieder-Roden	18,2	69
Frankfurt	9,8	37
Jügesheim	9,0	34
Kreis Offenbach	26,1	99
Dietzenbach	7,4	28
sonstige	22,6	86
k.A.	1,1	4
Gesamt	100,0	379

2.2 Wie erreichen Sie den Rodgausee?

	Anwohner		Badegäste	
	In %	Abs.	In %	Abs.
zu Fuß	29,6	61	4,5	17
Fahrrad	43,7	90	23,0	87
ÖPNV	0,5	1	0,8	3
Motorrad	0,9	2	1,8	7
PKW	24,8	51	69,6	264
Inliner	0,5	1	0,3	1
k.A.	0,0	0	0,0	0
Gesamt	100,0	206*	100,0	379

*206 Personen haben den Rodgausee schon einmal besucht

2.3 Anwohner gesamt: Wie erreichen Sie den Rodgausee?* Geschlecht

	weiblich		männlich		Gesamt	
	In %	Abs.	In %	Abs.	In %	Abs.
zu Fuß	7,7	7	33,7	31	29,6	61
Fahrrad	59,3	54	39,1	36	43,7	90
ÖPNV	1,1	1	0,0	0	0,5	1
Motorrad	1,1	1	1,1	1	1,0	2
PKW	29,7	27	26,1	24	24,8	51
k.A.	1,1	1	0,0	0	0,5	1
Gesamt	100,0	91	100,0	92	100,0	206

23 Personen machten keine Angaben zu Geschlecht und/oder Verkehrsmittel.

2.4 Anwohner gesamt: Wie erreichen Sie den Rodgausee?* Alter

	14-18 Jahre		19-20 Jahre		21-25 Jahre		26-30 Jahre	
	In %	Abs.	In %	Abs.	In %	Abs.	In %	Abs.
zu Fuß	21,6	8	50,0	4	70,0	7	31,6	6
Fahrrad	54,1	20	12,5	1	10,0	1	47,3	9
ÖPNV	2,7	1	0,0	0	0,0	0	0,0	0
Motorrad	0,0	0	0,0	0	0,0	0	5,3	1
PKW	21,6	8	37,5	3	20,0	2	15,8	3
k.A.	0,0	0	0,0	0	0,0	0	0,0	0
Gesamt	100,0	37	100,0	8	100,0	10	100,0	19

	31-50 Jahre		über 50 Jahre		k.A.	
	In %	Abs.	In %	Abs.	In %	Abs.
zu Fuß	16,8	13	42,3	22	33,4	1
Fahrrad	45,5	35	44,2	23	33,3	1
ÖPNV	0,0	0	0,0	0	0,0	
Motorrad	1,3	1	0,0	0	0,0	
PKW	35,1	27	13,5	7	33,3	1
k.A.	1,3	1	0,0	0	0,0	
Gesamt	100,0	77	100,0	52	100,0	3

2.5 Anwohner gesamt: Wie erreichen Sie den Rodgausee?* Familienstand

	ledig		verheiratet		geschieden	
	In %	Abs.	In %	Abs.	In %	Abs.
zu Fuß	25,8	18	30,7	35	22,2	2
Fahrrad	41,4	29	46,5	53	22,2	2
ÖPNV	1,4	1	0,0	0	0,0	0
Motorrad	1,4	1	0,9	1	0,0	0
PKW	28,6	20	21,9	25	55,6	5
k.A.	1,4	1	0,0	0	0,0	0
Gesamt	100,0	70	100,0	114	100,0	9

	verwitwet		k.A.		Gesamt	
	In %	Abs.	In %	Abs.	In %	Abs.
zu Fuß	57,1	4	33,1	2	29,6	61
Fahrrad	42,9	3	50,1	3	43,6	90
ÖPNV	0,0	0	0,0	0	0,5	1
Motorrad	0,0	0	0,0	0	1,0	2
PKW	0,0	0	16,8	1	24,8	51
k.A.	0,0	0	0,0	0	0,5	1
Gesamt	100,0	7	100,0	6	100,0	206

*206 Personen haben den Rodgausee schon einmal besucht

2.6 Anwohner gesamt: Wie erreichen Sie den Rodgausee? *
Haushaltsnettoeinkommen

	<1500 DM		1500 - 2500 DM		2500 - 3500 DM		3500 - 5000 DM	
	In %	Abs.	In %	Abs.	In %	Abs.	In %	Abs.
zu Fuß	45,4	5	50,0	4	35,3	6	17,7	3
Fahrrad	9,1	1	50,0	4	41,2	7	52,9	9
ÖPNV	0,0	0	0,0	0	0,0	0	0,0	0
Motorrad	0,0	0	0,0	0	5,9	1	0,0	0
PKW	36,4	4	0,0	0	17,6	3	29,4	5
k.A.	9,1	1	0,0	0	0,0	0	0,0	0
Gesamt	100,0	11	100,0	8	100,0	17	100,0	17

	5000 - 7000 DM		>7000 DM		k.A.		Gesamt	
	In %	Abs.	In %	Abs.	In %	Abs.	In %	Abs.
zu Fuß	75,0	6	24,0	6	25,8	31	29,6	61
Fahrrad	12,5	1	56,0	14	45,1	54	43,6	90
ÖPNV	0,0	0	0,0	0	0,8	1	0,5	1
Motorrad	0,0	0	4,0	1	0,0	0	1,0	2
PKW	12,5	1	16,0	4	28,3	34	24,8	51
k.A.	0,0	0	0,0	0	0,0	0	0,5	1
Gesamt	100,0	8	100,0	25	100,0	120	100,0	206

2.7 Badegäste gesamt: Wie erreichen Sie den Rodgausee?* Geschlecht

	weiblich		männlich		Gesamt	
	In %	Abs.	In %	Abs.	In %	Abs.
zu Fuß	5,1	9	4,0	8	4,5	17
Fahrrad	26,0	46	20,3	41	23,0	87
ÖPNV	0,6	1	1,0	2	0,8	3
Motorrad	0,6	1	3,0	6	1,8	7
PKW	67,7	120	71,2	144	69,6	264
Inliner	0,0	0	0,5	1	0,3	1
Gesamt	100,0	177	100,0	202	100,0	379

2.8   Badegäste gesamt: Wie erreichen Sie den Rodgausee?* Alter

	14-18 Jahre		19-20 Jahre		21-25 Jahre		26-30 Jahre	
	In %	Abs.	In %	Abs.	In %	Abs.	In %	Abs.
zu Fuß	3,8	2	10,7	3	6,7	3	4,7	2
Fahrrad	52,8	28	10,7	3	11,1	5	4,7	2
ÖPNV	0,0	0	0,0	0	4,4	2	0,0	0
Motorrad	5,7	3	3,6	1	2,2	1	0,0	0
PKW	37,7	20	75,0	21	75,6	34	90,6	39
Inliner	0,0	0	0,0	0	0,0	0	0,0	0
Gesamt	100,0	53	100,0	28	100,0	45	100,0	43

	31-50 Jahre		über 50 Jahre		k.A.	
	In %	Abs.	In %	Abs.	In %	Abs.
zu Fuß	2,8	4	3,3	2	20,0	1
Fahrrad	20,7	30	28,3	17	40,0	2
ÖPNV	0,7	1	0,0	0	0,0	0
Motorrad	1,4	2	0,0	0	0,0	0
PKW	74,5	108	66,7	40	40,0	2
Inliner	0,0	0	1,7	1	0,0	0
Gesamt	100,0	145	100,0	60	100,0	5

2.9   Badegäste gesamt: Wie erreichen Sie den Rodgausee?* Familienstand

	ledig		verheiratet		geschieden	
	In %	Abs.	In %	Abs.	In %	Abs.
zu Fuß	6,1	13	2,2	3	4,2	1
Fahrrad	20,4	43	29,0	40	12,5	3
ÖPNV	0,9	2	0,7	1	0,0	0
Motorrad	3,3	7	0,0	0	0,0	0
PKW	69,3	147	68,1	94	83,3	20
Inliner	0,0	0	0,0	0	0,0	0
Gesamt	100,0	212	100,0	138	100,0	24

	verwitwet		k.A.		Gesamt	
	In %	Abs.	In %	Abs.	In %	Abs.
zu Fuß	0,0	0	0,0	0	4,5	17
Fahrrad	0,0	0	25,0	1	23,0	87
ÖPNV	0,0	0	0,0	0	0,8	3
Motorrad	0,0	0	0,0	0	1,8	7
PKW	100,0	1	50,0	2	69,6	264
Inliner	0,0	0	25,0	1	0,3	1
Gesamt	100,0	1	100,0	4	100,0	379

2.10 Badegäste gesamt: Wie erreichen Sie den Rodgausee?* Haushaltnettoeinkommen

	<1500 DM		1500 - 2500 DM		2500 - 3500 DM		3500 - 5000 DM	
	In %	Abs.	In %	Abs.	In %	Abs.	In %	Abs.
zu Fuß	22,2	4	0,0	0	6,3	3	4,5	2
Fahrrad	27,8	5	9,5	2	8,3	4	13,6	6
ÖPNV	5,6	1	0,0	0	2,1	1	2,3	1
Motorrad	11,1	2	0,0	0	2,1	1	0,0	0
PKW	33,3	6	90,5	19	81,2	39	79,6	35
Inliner	0,0	0	0,0	0	0,0	0	0,0	0
Gesamt	100,0	18	100,0	21	100,0	48	100,0	44

	5000 - 7000 DM		>7000 DM		k.A.		Gesamt	
	In %	Abs.	In %	Abs.	In %	Abs.	In %	Abs.
zu Fuß	3,4	1	0,0	0	3,8	7	4,5	17
Fahrrad	24,2	7	27,3	9	29,0	54	23,0	87
ÖPNV	0,0	0	0,0	0	0,0	0	0,8	3
Motorrad	0,0	0	0,0	0	2,2	4	1,8	7
PKW	72,4	21	72,7	24	64,5	120	69,6	264
Inliner	0,0	0	0,0	0	0,5	1	0,3	1
Gesamt	100,0	29	100,0	33	100,0	186	100,0	379

2.11 Anwohner: Warum sind Sie auf diese Art angereist?

	Anwohner	
	In %	Abs.
Nähe/Anbindung	45,1	93
Gepäck/Kinder	7,8	16
Bequemlichkeit	17,5	36
Parkplatzproblem	3,4	7
Umwelt	2,4	5
sonstiges	11,2	23
k.A.	12,6	26
Gesamt	100,0	206*
*206 Personen haben den Rodgausee schon einmal besucht		

2.12 Badegäste: Warum sind Sie auf diese Art angereist?

	In %	Abs.
bequem/praktisch	37,4	142
Entfernung zu weit	23,5	89
zu umständlich	7,4	28
geht am schnellsten	12,1	46
Gepäckmitnahme	3,7	14
sonstiges	10,8	41
k.A.	5,1	19
Gesamt	100,0	379
*206 Personen haben den Rodgausee schon einmal besucht		

2.13 Einschätzung der Erreichbarkeit zu Fuß

	Anwohner		Badegäste	
	In %	Abs.	Abs.	In %
gut	51,5	106	89	23,5
zufrieden	17,5	36	29	7,7
schlecht	11,7	24	155	40,9
weiß nicht	2,9	6	30	7,9
k.A.	16,4	34	76	20,0
Gesamt	100,0	206	379	100,0
*206 Personen haben den Rodgausee schon einmal besucht				

2.14 Einschätzung der Erreichbarkeit mit dem Fahrrad

	Anwohner		Badegäste	
	In %	Abs.	In %	Abs.
gut	76,7	158	47,5	180
zufrieden	11,7	24	19,3	73
schlecht	1,5	3	13,5	51
weiß nicht	2,9	6	5,8	22
k.A.	7,2	15	14,0	53
Gesamt	100,00	206	100,0	379
*206 Personen haben den Rodgausee schon einmal besucht				

2.15 Einschätzung der Erreichbarkeit mit dem PKW

	Anwohner		Badegäste	
	In %	Abs.	In %	Abs.
gut	54,4	112	79,4	301
zufrieden	12,6	26	5,8	22
schlecht	11,6	24	4,2	16
weiß nicht	3,5	7	1,1	4
k.A.	17,9	37	9,5	36
Gesamt	100,0	206	100,0	379

*206 Personen haben den Rodgausee schon einmal besucht

2.16 Einschätzung der Erreichbarkeit mit dem ÖPNV

	Anwohner		Badegäste	
	In %	Abs.	In %	Abs.
gut	11,2	23	3,4	13
zufrieden	7,8	16	4,5	17
schlecht	31,5	65	49,9	189
weiß nicht	23,8	49	20,3	77
k.A.	25,7	53	21,9	83
Gesamt	100,0	206	100,0	379

*206 Personen haben den Rodgausee schon einmal besucht

2.17 Badegäste: Wie lange benötigen Sie für den Weg hierher?

	In %	Abs.
bis 1/2h	86,5	328
bis 1h	11,4	43
1-2h	1,6	6
länger	0,3	1
k.A.	0,2	1
Gesamt	100,00	379

2.18 Anreisezeit in Minuten der Badegäste

	In %	Abs.
bis 5 Minuten	19,6	64
6 bis 10 Minuten	33,9	111
11 bis 15 Minuten	18,4	60
16 bis 20 Minuten	14,7	48
21 bis 25 Minuten	2,4	8
26 bis 30 Minuten	9,5	31
k.A.	1,5	5
Gesamt	100,0	327

327 Personen sind schneller als in 1/2 Stunde am See

3 Nutzung des Rodgausees in der zeitlichen und räumlichen Verteilung

3.1 Badegäste: Sind Sie das Erste Mal hier?

	In %	Abs.
Ja	10,6	40
Nein	89,4	339
Gesamt	100,0	379

3.2 Anwohner: Haben Sie den Rodgausee schon einmal besucht?

	In %	Abs.
Ja	84,8	206
Nein	15,2	37
Gesamt	100,0	243

3.3 Badegäste: Sind Sie alleine hier oder in Begleitung?

	In %	Abs.
allein	24,3	92
mit mehreren Personen	75,5	286
k.A.	0,2	1
Gesamt	100,0	379

3.4 Badegäste: Wie lange bleiben Sie normalerweise hier?

	In %	Abs.
unter 1h	2,1	8
1-2h	7,4	28
2-3h	19,5	74
3-5h	44,3	168
über 5h	25,1	95
k.A.	1,6	6
Gesamt	100,0	379

3.5 Badegäste. Kommen Sie auch während der Schulferien oder des Urlaubs hierher?

	In %	Abs.
Ja	80,7	306
Nein	14,8	56
K.A.	4,5	17
Gesamt	100,0	379

3.6 Badegäste: Wie oft kommen Sie bei Badewetter hierher?

	In %	Abs.
täglich	24,3	92
mehrmals pro Woche	37,5	142
Mehrmals pro Monat	21,1	80
selten	12,4	47
k.A.	4,7	18
Gesamt	100,0	379

3.7 Badegäste: Wie oft kommen Sie bei Nichtbadewetter hierher?

	In %	Abs.
täglich	2,9	11
mehrmals pro Woche	9,0	34
Mehrmals pro Monat	7,7	29
selten	40,0	152
k.A.	40,4	153
Gesamt	100,0	379

3.8 Badegäste gesamt: Wie lange bleiben Sie normalerweise hier? * Geschlecht

	weiblich		männlich		Gesamt	
	In %	Abs.	In %	Abs.	In %	Abs.
unter 1 h	1,1	2	3,0	6	2,1	8
1-2 h	6,8	12	7,9	16	7,4	28
2-3 h	16,9	30	21,8	44	19,5	74
3-5 h	45,3	80	43,5	88	44,3	168
über 5h	28,8	51	21,8	44	25,1	95
k.A.	1,1	2	2,0	4	1,6	6
Gesamt	100,0	177	100,0	202	100,0	379

3.9 Badegäste gesamt: Wie lange bleiben Sie normalerweise hier?* Alter

	14-18 Jahre		19-20 Jahre		21-25 Jahre		26-30 Jahre	
	In %	Abs.	In %	Abs.	In %	Abs.	In %	Abs.
unter 1 h	1,9	1	0,0	0	2,2	1	2,3	1
1-2 h	1,9	1	7,1	2	6,7	3	4,7	2
2-3 h	15,1	8	25,1	7	28,9	13	25,6	11
3-5 h	60,3	32	60,7	17	46,7	21	39,5	17
über 5h	20,8	11	7,1	2	11,1	5	25,6	11
k.A.	0,0		0,0	0	4,4	2	2,3	1
Gesamt	100,0	53	100,0	28	100,0	45	100,0	43

	31-50 Jahre		über 50 Jahre		k.A.	
	In %	Abs.	In %	Abs.	In %	Abs.
unter 1 h	0,7	1	6,7	4	0,0	0
1-2 h	8,3	12	13,3	8	0,0	0
2-3 h	22,1	32	3,3	2	20,0	1
3-5 h	40,7	59	31,7	19	60,0	3
über 5h	26,8	39	43,3	26	20,0	1
k.A.	1,4	2	1,7	1	0,0	0
Gesamt	100,0	145	100,0	60	100,0	5

3.10 Badegäste gesamt: Wie lange bleiben Sie normalerweise hier?* Familienstand

	ledig		verheiratet		geschieden	
	In %	Abs.	In %	Abs.	In %	Abs.
unter 1 h	0,9	2	4,3	6	0,0	0
1-2 h	5,7	12	10,2	14	8,3	2
2-3 h	20,3	43	20,3	28	8,3	2
3-5 h	49,1	104	37,0	51	45,8	11
über 5h	22,2	47	26,8	37	37,6	9
k.A.	1,8	4	1,4	2	0,0	0
Gesamt	100,0	212	100,0	138	100,0	24

	verwitwet		k.A.		Gesamt	
	In %	Abs.	In %	Abs.	In %	Abs.
unter 1 h	0,0	0	0,0	0	2,1	8
1-2 h	0,0	0	0,0	0	7,4	28
2-3 h	0,0	0	25,0	1	19,5	74
3-5 h	100,0	1	25,0	1	44,3	168
über 5h	0,0	0	50,0	2	25,1	95
k.A.	0,0	0	0,0	0	1,6	6
Gesamt	100,0	1	100,0	4	100,0	379

3.11 Badegäste gesamt: Wie lange bleiben Sie normalerweise hier?*
Haushaltsnettoeinkommen

	<1500 DM		1500 - 2500 DM		2500 - 3500 DM		3500 - 5000 DM	
	In %	Abs.	In %	Abs.	In %	Abs.	In %	Abs.
unter 1 h	0,0	0	0,00	0	2,2	1	0,0	0
1-2 h	0,0	0	4,8	1	8,3	4	6,8	3
2-3 h	27,8	5	33,3	7	20,8	10	18,2	8
3-5 h	55,6	10	38,1	8	47,9	23	43,2	19
über 5h	11,0	2	19,0	4	20,8	10	29,5	13
k.A.	5,6	1	4,8	1	0,0	0	2,3	1
Gesamt	100,0	18	100,0	21	100,0	48	100,0	44

	5000 - 7000 DM		>7000 DM		k.A.		Gesamt	
	In %	Abs.	In %	Abs.	In %	Abs.	In %	Abs.
unter 1 h	3,4	1	0,0	0	3,2	6	2,1	8
1-2 h	10,4	3	3,0	1	8,6	16	7,4	28
2-3 h	24,1	7	15,2	5	17,2	32	19,5	74
3-5 h	34,5	10	48,5	16	44,1	82	44,3	168
über 5h	27,6	8	30,3	10	25,8	48	25,1	95
k.A.	0,0	0	3,0	1	1,1	2	1,6	6
Gesamt	100,0	29	100,0	33	100,0	186	100,0	379

3.12 Badegäste FKK: Wie lange bleiben Sie normalerweise hier?* Geschlecht

	weiblich		männlich		Gesamt	
	In %	Abs.	In %	Abs.	In %	Abs.
unter 1 h	0,0	0	1,2	1	0,7	1
1-2 h	3,1	2	8,5	7	6,2	9
2-3 h	14,1	9	17,2	14	15,8	23
3-5 h	35,9	23	40,2	33	38,3	56
über 5h	46,9	30	32,9	27	39,0	57
Gesamt	100,0	64	100,0	82	100,0	146

3.13 Badegäste FKK: Wie lange bleiben Sie normalerweise hier?* Alter

	14-18 Jahre		21-25 Jahre		26-30 Jahre	
	In %	Abs.	In %	Abs.	In %	Abs.
unter 1 h	0,0	0	0,0	0	0,0	0
1-2 h	0,0	0	0,0	0	0,0	0
2-3 h	33,4	1	33,4	3	20,0	2
3-5 h	33,3	1	44,4	4	30,0	3
über 5h	33,3	1	22,2	2	50,0	5
Gesamt	100,0	3	100,0	9	100,0	10

	31-50 Jahre		über 50 Jahre		k.A.	
	In %	Abs.	In %	Abs.	In %	Abs.
unter 1 h	0,0	0	2,4	1	0,0	0
1-2 h	4,9	4	11,9	5	0,0	0
2-3 h	18,5	15	2,4	1	100,0	1
3-5 h	42,0	34	33,3	14	0,0	0
über 5h	34,6	28	50,0	21	0,0	0
Gesamt	100,0	81	100,0	42	100,0	1

3.14 Badegäste FKK: Wie lange bleiben Sie normalerweise hier?* Familienstand

	ledig		verheiratet		geschieden		verwitwet		Gesamt	
	In %	Abs.	In %	Abs.	In %	Abs.	In %	Abs.	In %	Abs.
unter 1 h	0,0	0	1,5	1	0,0	0	0,0	0	0,7	1
1-2 h	6,6	4	6,0	4	5,9	1	0,0	0	6,2	9
2-3 h	19,7	12	14,9	10	5,9	1	0,0	0	15,7	23
3-5 h	32,7	20	37,3	25	58,8	10	100,0	1	38,4	56
über 5h	41,0	25	40,3	27	29,4	5	0,0	0	39,0	57
Gesamt	100,0	61	100,0	67	100,0	17	100,0	1	100,0	146

3.15 Badegäste FKK: Wie lange bleiben Sie normalerweise hier?*
Haushaltsnettoeinkommen

	<1500 DM		1500 - 2500 DM		2500 - 3500 DM		3500 - 5000 DM	
	In %	Abs.	In %	Abs.	In %	Abs.	In %	Abs.
unter 1 h	0,0	0	0,0	0	0,0	0	0,0	0
1-2 h	0,0	0	0,0	0	12,5	3	8,7	2
2-3 h	20,0	1	43,0	3	8,3	2	17,4	4
3-5 h	60,0	3	42,8	3	54,2	13	30,4	7
über 5h	20,0	1	14,2	1	25,0	6	43,5	10
k.A.	0,0	0	0,0	0	0,0	0	0,0	0
Gesamt	100,0	5	100,0	7	100,0	24	100,0	23

	5000 - 7000 DM		>7000 DM		k.A.		Gesamt	
	In %	Abs.	In %	Abs.	In %	Abs.	In %	Abs.
unter 1 h	0,0	0	0,0	0	1,5	1	0,7	1
1-2 h	0,0	0	7,1	1	4,5	3	6,2	9
2-3 h	16,7	1	7,1	1	16,4	11	15,8	23
3-5 h	50,0	3	21,5	3	35,8	24	38,3	56
über 5h	33,3	2	64,3	9	41,8	28	39,0	57
k.A.	0,0	0	0,0	0	0,0	0	0,0	0
Gesamt	100,0	6	100,0	14	100,0	67	100,0	146

3.16 Badegäste Textil: Wie lange bleiben Sie normalerweise hier?* Geschlecht

	weiblich		männlich		Gesamt	
	In %	Abs.	In %	Abs.	In %	Abs.
unter 1 h	1,8	2	4,2	5	3,0	7
1-2 h	8,8	10	7,5	9	8,2	19
2-3 h	18,6	21	25,1	30	21,8	51
3-5 h	50,4	57	45,8	55	48,1	112
über 5h	18,6	21	14,2	17	16,3	38
k.A.	1,8	2	3,3	4	2,6	6
Gesamt	100,0	113	100,0	120	100,0	233

3.17 Badegäste Textil: Wie lange bleiben Sie normalerweise hier?* Alter

	14-18 Jahre		19-20 Jahre		21-25 Jahre		26-30 Jahre	
	In %	Abs.	In %	Abs.	In %	Abs.	In %	Abs.
unter 1 h	2,0	1	0,0	0	2,8	1	3,0	1
1-2 h	2,0	1	7,1	2	8,3	3	6,1	2
2-3 h	14,0	7	25,0	7	27,8	10	27,3	9
3-5 h	62,0	31	60,7	17	47,2	17	42,4	14
über 5h	20,0	10	7,1	2	8,3	3	18,2	6
k.A.	0,0	0	0,0	0	5,6	2	3,0	1
Gesamt	100,0	50	100,0	28	100,0	36	100,0	33

	31-50 Jahre		über 50 Jahre		k.A.	
	In %	Abs.	In %	Abs.	In %	Abs.
unter 1 h	1,6	1	16,7	3	0,0	0
1-2 h	12,5	8	16,7	3	0,0	0
2-3 h	26,6	17	5,6	1	0,0	0
3-5 h	39,0	25	27,7	5	75,0	3
über 5h	17,2	11	27,7	5	25,0	1
k.A.	3,1	2	5,6	1	0,0	0
Gesamt	100,0	64	100,0	18	100,0	4

3.18 Badegäste Textil: Wie lange blieben Sie normalerweise hier?*
Familienstand

	ledig		verheiratet		geschieden		k.A.		Gesamt	
	In %	Abs.	In %	Abs.	In %	Abs.	In %	Abs.	In %	Abs.
unter 1 h	1,3	2	7,0	5	0,0	0	0,0	0	3,0	7
1-2 h	5,4	8	14,1	10	14,3	1	0,0	0	8,2	19
2-3 h	20,5	31	25,4	18	14,3	1	25,0	1	21,8	51
3-5 h	55,6	84	36,6	26	14,3	1	25,0	1	48,1	112
über 5h	14,6	22	14,1	10	57,1	4	50,0	2	16,3	38
k.A.	2,6	4	2,8	2	0,0	0	0,0	0	2,6	6
Gesamt	100,0	151	100,0	71	100,0	7	100,0	4	100,0	233

3.19 Badegäste Textil: Wie lange bleiben Sie normalerweise hier? *
Haushaltsnettoeinkommen

	<1500 DM		1500 - 2500 DM		2500 - 3500 DM		3500 - 5000 DM	
	In %	Abs.	In %	Abs.	In %	Abs.	In %	Abs.
unter 1 h	0,0	0	0,0	0	4,2	1	0,0	0
1-2 h	0,0	0	7,1	1	4,2	1	4,8	1
2-3 h	30,8	4	28,6	4	33,3	8	19,0	4
3-5 h	53,8	7	35,8	5	41,6	10	57,1	12
über 5h	7,7	1	21,4	3	16,7	4	14,3	3
k.A.	7,7	1	7,1	1	0,0	0	4,8	1
Gesamt	100,0	13	100,0	14	100,0	24	100,0	21

	5000 - 7000 DM		>7000 DM		k.A.		Gesamt	
	In %	Abs.	In %	Abs.	In %	Abs.	In %	Abs.
unter 1 h	4,3	1	0,0	0	4,2	5	3,0	7
1-2 h	13,0	3	0,0	0	10,9	13	8,2	19
2-3 h	26,2	6	21,1	4	17,6	21	21,9	51
3-5 h	30,4	7	68,3	13	48,8	58	48,0	112
über 5h	26,1	6	5,3	1	16,8	20	16,3	38
k.A.	0,0	0	5,3	1	1,7	2	2,6	6
Gesamt	100,0	23	100,0	19	100,0	119	100,0	233

4 Aktivitäten

4.1 Aktivitäten bei Badewetter der Anwohner Nieder-Roden

	In %	Abs.
(1) Schwimmen/Baden	63,8	88
(2) Sonnen	29,0	40
(3) Lesen	23,9	33
(4) Spielen/Sport treiben	11,6	16
(5) mit Familie/Freunden zusammen sein	26,1	36
(6) Ausruhen/Nichtstun/Schlafen	15,9	22
(7) Natur genießen	4,3	6
(8) lernen/arbeiten	2,2	3
(9) sonstiges	13,0	18
(10) Radfahren	1,4	2
(11) Spazieren gehen	1,4	2
(12) Kontakte pflegen	0,7	1
22	0,7	1
k.A.	10,1	14

Mehrfachantworten möglich, 138 Antworten = 100,0%

4.2 Aktivitäten bei Nichtbadewetter der Anwohner Nieder-Roden

	In %	Abs.
(1) Schwimmen/Baden	2,2	3
(3) Lesen	1,4	2
(4) Spielen/Sport treiben	1,4	2
(5) mit Familie/Freunden zusammen sein	23,9	33
(6) Ausruhen/Nichtstun/Schlafen	0,7	1
(7) Natur genießen	2,2	3
(8) lernen/arbeiten	0,7	1
(9) sonstiges	2,2	3
(11) Spazieren gehen	0,7	1
k.A.	110,9	153

Mehrfachantworten möglich, 138 Antworten = 100,0%

4.3 Aktivitäten bei Badewetter der Anwohner Dudenhofen

	In %	Abs.
(1) Schwimmen/Baden	25,7	27
(2) Sonnen	46,7	49
(3) Lesen	24,8	26
(4) Spielen/Sport treiben	15,2	16
(5) mit Familie/Freunden zusammen sein	34,3	36
(6) Ausruhen/Nichtstun/Schlafen	23,8	25
(7) Natur genießen	6,7	7
(8) lernen/arbeiten	1,9	2
(9) sonstiges	6,7	7
k.A.	1,9	2

Mehrfachantworten möglich, 105 Antworten = 100,0%

4.4 Aktivitäten bei Nichtbadewetter der Anwohner Dudenhofen

	In %	Abs.
(1) Schwimmen/Baden	7,6	8
(2) Sonnen	2,9	3
(3) Lesen	1,0	1
(4) Spielen/Sport treiben	1,9	2
(5) mit Familie/Freunden zusammen sein	1,9	2
(7) Natur genießen	2,9	3
(9) sonstiges	1,0	1
k.A.	35,2	37

Mehrfachantworten möglich, 105 Antworten = 100,0%

4.5   Aktivitäten bei Badewetter der Anwohner Gesamt

	In %	Abs.
(1) Schwimmen/Baden	68,7	167
(2) Sonnen	36,6	89
(3) Lesen	24,3	59
(4) Spielen/Sport treiben	13,2	32
(5) mit Familie/Freunden zusammen sein	29,6	72
(6) Ausruhen/Nichtstun/Schlafen	19,3	47
(7) Natur genießen	5,3	13
(8) lernen/arbeiten	2,1	5
(9) sonstiges	10,3	25
(10) Radfahren	0,8	2
(11) Spazieren gehen	0,8	2
(12) Kontakte pflegen	0,4	1
k.A.	7,0	17

Mehrfachantworten möglich, 243 Antworten = 100,0%

4.6   Aktivitäten bei Nichtbadewetter der Anwohner Gesamt

	In %	Abs.
(1) Schwimmen/Baden	4,5	11
(2) Sonnen	1,2	3
(3) Lesen	1,2	3
(4) Spielen/Sport treiben	1,6	4
(5) mit Familie/Freunden zusammen sein	2,1	5
(6) Ausruhen/Nichtstun/Schlafen	0,4	1
(7) Natur genießen	2,5	6
(8) lernen/arbeiten	0,4	1
(9) sonstiges	1,6	4
(11) Spazieren gehen	0,4	1
k.A.	78,2	190

Mehrfachantworten möglich, 243 Antworten = 100,0%

4.7 Aktivitäten bei Badewetter der Badegäste FKK

	In %	Abs.
(1) Schwimmen/Baden	88,4	129
(2) Sonnen	20,1	91
(3) Lesen	20,1	91
(4) Spielen/Sport treiben	4,2	19
(5) mit Familie/Freunden zusammen sein	9,3	42
(6) Ausruhen/Nichtstun/Schlafen	11,1	50
(7) Natur genießen	2,9	13
(8) lernen/arbeiten	1,1	5
(9) sonstiges	2,7	12
Gesamt	100,0	452

Mehrfachantworten möglich, 146 Antworten = 100,0%

4.8 Aktivitäten bei Nichtbadewetter der Badegäste FKK

	In %	Abs.
(1) Schwimmen/Baden	12,3	18
(2) Sonnen	2,7	4
(3) Lesen	9,6	14
(4) Spielen/Sport treiben	0,7	1
(5) mit Familie/Freunden zusammen sein	3,4	5
(6) Ausruhen/Nichtstun/Schlafen	3,4	5
(7) Natur genießen	1,4	2
(8) lernen/arbeiten	2,1	3
(9) sonstiges	3,4	5
k.A.	77,4	113

Mehrfachantworten möglich, 146 Antworten = 100,0%

4.9   Aktivitäten bei Badewetter der Badegäste Textil

	In %	Abs.
(1) Schwimmen/Baden	85,8	200
(2) Sonnen	55,8	130
(3) Lesen	39,9	93
(4) Spielen/Sport treiben	26,2	61
(5) mit Familie/Freunden zusammen sein	34,8	81
(6) Ausruhen/Nichtstun/Schlafen	39,9	93
(7) Natur genießen	9,9	23
(8) lernen/arbeiten	2,1	5
(9) sonstiges	14,2	33
Gesamt	308,6	719

Mehrfachantworten möglich, 233 Antworten = 100,0%

4.10   Aktivitäten bei Badewetter der Badegäste Textil

	In %	Abs.
(1) Schwimmen/Baden	4,7	11
(2) Sonnen	1,3	3
(3) Lesen	2,1	5
(4) Spielen/Sport treiben	5,2	12
(5) mit Familie/Freunden zusammen sein	2,6	6
(6) Ausruhen/Nichtstun/Schlafen	3,0	7
(7) Natur genießen	2,6	6
(8) lernen/arbeiten	0,4	1
(9) sonstiges	0,9	2
k.A.	59,7	139

Mehrfachantworten möglich, 146 Antworten = 100,0%

4.11 Aktivitäten bei Badewetter der Badegäste Gesamt

	In %	Abs.
(1) Schwimmen/Baden	86,8	329
(2) Sonnen	58,3	221
(3) Lesen	48,5	184
(4) Spielen/Sport treiben	21,1	80
(5) mit Familie/Freunden zusammen sein	32,5	123
(6) Ausruhen/Nichtstun/Schlafen	37,7	143
(7) Natur genießen	9,5	36
(8) lernen/arbeiten	2,6	10
(9) sonstiges	11,9	45
Gesamt	309,0	1171

Mehrfachantworten möglich, 379 Antworten = 100,0%

4.12 Aktivitäten bei Nichtbadewetter der Badegäste Gesamt

	In %	Abs.
(1) Schwimmen/Baden	7,7	29
(2) Sonnen	1,8	7
(3) Lesen	5,0	19
(4) Spielen/Sport treiben	3,4	13
(5) mit Familie/Freunden zusammen sein	2,9	11
(6) Ausruhen/Nichtstun/Schlafen	3,2	12
(7) Natur genießen	2,1	8
(8) lernen/arbeiten	1,1	4
(9) sonstiges	1,8	7
k.A.	66,5	252

Mehrfachantworten möglich, 379 Antworten = 100,0%

4.13 Genutzte Einrichtungen der Anwohner

	In %	Abs.
Kiosk	40,8	84
sanitäre Anlagen	23,3	48
See	11,2	23
Liegewiese	1,9	4
k.A.	22,8	47
Gesamt	100,0	206

4.14 Genutzte Einrichtungen der Badegäste

	In %	Abs.
Kiosk	48,3	183
sanitäre Anlagen	34,8	132
FKK	3,2	12
Badeinseln	3,7	14
Volleyball	0,8	3
k.A.	9,2	35
Gesamt	100,0	379

4.15 Badegäste: Wie verpflegen Sie sich am See?

	In %	Abs.
Selbstversorger	57,2	217
Kiosk	35,6	135
gar nicht	2,4	9
k.A.	4,8	18
Gesamt	100,0	379

4.16 Badegäste: Wie beurteilen Sie das gastronomische Angebot?

	In %	Abs.
positiv	42,7	162
teils/teils	25,6	97
negativ	5,8	22
k.A.	25,9	98
Gesamt	100,0	379

4.17 Badegäste: Wieviel Geld geben Sie heute am Kiosk etwa aus?

DM	In %	Abs.
0	0,8	3
1 - 5	24,3	92
6 - 10	25,6	97
11 - 15	6,9	26
16 - 20	3,7	14
21 - 25	0,8	3
Über 25	0,8	3
k.A.	37,2	141
Gesamt	100,0	379

5 Bewertung des Rodgausees

5.1 Wie gefällt Ihnen der Rodgausee?

	Anwohner		Badegäste	
	In %	Abs.	In %	Abs.
sehr gut	20,4	42	43,0	163
gut	50,0	103	50,1	190
teils/teils	23,3	48	5,3	20
schlecht	3,4	7	0,8	3
sehr schlecht	1,5	3	0,0	0
k.A.	1,5	3	0,8	3
Gesamt	100,0	206	100,0	379

5.2. Anwohner: Woher kennen Sie den Rodgausee?

	In %	Abs.
Anwohner	84,4	174
Freunde	7,8	16
Kindheit	2,4	5
Schule	0,5	1
Familie	1,5	3
Zufall	0,5	1
Angelverein	0,5	1
k.A.	2,4	5
Gesamt	100,0	206

5.3 Badegäste: Woher kennen Sie den Rodgausee?

	In %	Abs.
Anwohner	53,3	202
Freunde	18,3	69
Bekannte	12,9	49
Zeitung	4,2	16
Verwandte	5,5	21
Sportverein	0,5	2
k.A.	5,3	20
Gesamt	100,0	379

5.4 Besuchen Sie andere Seen?

	Anwohner		Badegäste	
	In %	Abs.	In %	Abs.
Ja	23,5	57	37,5	142
Nein	73,3	178	61,7	234
k.A.	3,2	8	0,8	3
Gesamt	100,0	243	100,0	379

5.5 Welche anderen Seen besuchen Sie?

	Anwohner		Badegäste	
	In %	Abs.	In %	Abs.
Mainflingen	14,0	8	0,0	0
Zellhausen (Königssee)	14,0	8	12,0	17
Langener Waldsee	19,3	11	27,5	39
Knochensee	3,5	2	4,2	6
Kahler See	3,5	2	0,0	0
Diezer Baggersee	0,0	0	2,1	3
k.A.	0,0	0	2,8	4
andere	45,7	26	51,4	73
Gesamt	100,00	57	100,00	142

5.6 Anwohner Dudenhofen: Wie gefällt Ihnen der Rodgausee? * Geschlecht

	männlich		weiblich		Gesamt	
	In %	Abs.	In %	Abs.	In %	Abs.
sehr gut	28,6	14	19,1	8	24,2	22
gut	46,9	23	38,1	16	42,8	39
teils/teils	22,5	11	38,1	16	29,7	27
schlecht	0,0	0	4,7	2	2,2	2
k.A.	2,0	1	0,0	0	1,1	1
Gesamt	100,0	49	100,0	42	100,0	91

5.7   Anwohner Dudenhofen: Alter* Wie gefällt Ihnen der Rodgausee?

	14-18 Jahre		19-20 Jahre		21-25 Jahre	
	In %	Abs.	In %	Abs.	In %	Abs.
sehr gut	21,4	6	0,0	0	25,0	1
gut	53,6	15	33,3	1	50,0	2
teils/teils	25,0	7	66,7	2	25,0	1
schlecht	0,0	0	0,0	0	0,0	0
k.A.	0,0	0	0,0	0	0,0	0
Gesamt	100,0	28	100,0	3	100,0	4

	26-30 Jahre		31-50 Jahre		über 50 Jahre	
	In %	Abs.	In %	Abs.	In %	Abs.
sehr gut	33,4	2	17,7	6	43,8	7
gut	33,3	2	35,3	12	43,8	7
teils/teils	33,3	2	38,2	13	12,4	2
schlecht	0,0	0	5,9	2	0,0	0
k.A.	0,0	0	2,9	1	0,0	0
Gesamt	100,0	6	100,0	34	100,0	16

5.8   Anwohner Dudenhofen: Familienstand *
Wie gefällt Ihnen der Rodgausee?

	sehr gut		gut		teils/teils	
	In %	Abs.	In %	Abs.	In %	Abs.
ledig	59,1	13	48,7	19	48,1	13
verheiratet	36,4	8	38,5	15	44,5	12
geschieden	4,5	1	5,1	2	3,7	1
verwitwet	0,0	0	0,0	0	3,7	1
k.A.	0,0	0	7,7	3	0,0	0
Gesamt	100,0	22	100,0	39	100,0	27

	schlecht		k.A.		Gesamt	
	In %	Abs.	In %	Abs.	In %	Abs.
ledig	0,0	0	0,0	0	49,4	45
verheiratet	100,0	2	100,0	1	41,8	38
geschieden	0,0	0	0,0	0	4,4	4
verwitwet	0,0	0	0,0	0	1,1	1
k.A.	0,0	0	0,0	0	3,3	3
Gesamt	100,0	2	100,0	1	100,0	91

5.9 Anwohner Dudenhofen: Haushaltsnettoeinkommen * Wie gefällt Ihnen der Rodgausee

	<1500 DM		1500 - 2500 DM		2500 - 3500 DM		3500 - 5000 DM	
	In %	Abs.	In %	Abs.	In %	Abs.	In %	Abs.
sehr gut	16,9	1	25,0	1	37,5	3	16,6	1
gut	16,6	1	25,0	1	62,5	5	66,6	4
teils/teils	66,5	4	50,0	2	0,0	0	16,5	1
schlecht	0,0	0	0,0	0	0,0	0	0,0	0
k.A.	0,0	0	0,0	0	0,0	0	0,0	0
Gesamt	100,0	6	100,0	4	100,0	8	100,0	6

	5000 - 7000 DM		>7000 DM		k.A.		Gesamt	
	In %	Abs.	In %	Abs.	In %	Abs.	In %	Abs.
sehr gut	0,0	0	8,3	1	30,0	15	100,0	22
gut	7,7	3	58,3	7	36,0	18	100,0	39
teils/teils	0,0	0	33,4	4	32,0	16	100,0	27
schlecht	50,0	1	0,0	0	2,0	1	100,0	2
k.A.	5,5	1	0,0	0	0,0	0	100,0	1
Gesamt	100,0	5	100,0	12	100,0	50	100,0	91

5.10 Anwohner Nieder-Roden: Wie gefällt Ihnen der Rodgausee? * Alter

	14-18 Jahre		19-20 Jahre		21-25 Jahre		26-30 Jahre	
	In %	Abs.	In %	Abs.	In %	Abs.	In %	Abs.
sehr gut	11,1	1	0,0	0	16,7	1	0,0	0
gut	55,6	5	60,0	3	50,0	3	53,8	7
teils/teils	22,2	2	40,0	2	0,0	0	38,5	5
schlecht	0,0	0	0,0	0	33,3	2	0,0	0
sehr schlecht	0,0	0	0,0	0	0,0	0	7,7	1
k.A.	11,1	1	0,0	0	0,0	0	0,0	0
Gesamt	100,0	9	100,0	5	100,0	6	100,0	13

	31-50 Jahre		über 50 Jahre		k.A.	
	In %	Abs.	In %	Abs.	In %	Abs.
sehr gut	16,3	7	30,6	11	0,0	0
gut	60,4	26	50,0	18	66,7	2
teils/teils	16,3	7	13,8	5	0,0	0
schlecht	7,0	3	0,0	0	0,0	0
sehr schlecht	0,0	0	2,8	1	33,3	1
k.A.	0,0	0	2,8	1	0,0	0
Gesamt	100,0	43	100,0	36	100,0	3

5.11 Anwohner Nieder Roden: Wie gefällt Ihnen der Rodgausee? *
Familienstand

	ledig		verheiratet		Geschieden	
	In %	Abs.	In %	Abs.	In	Abs.
sehr gut	12,0	3	21,1	16	0,0	0
gut	48,0	12	56,6	43	60,0	3
teils/teils	28,0	7	18,4	14	0,0	0
schlecht	8,0	2	1,3	1	40,0	2
sehr schlecht	0,0	0	1,3	1	0,0	0
k.A.	4,0	1	1,3	1	0,0	0
Gesamt	100,0	25	100,0	76	100,0	5

	verwitwet		k.A.		Gesamt	
	In %	Abs.	In %	Abs.	In %	Abs.
sehr gut	16,7	1	0,0	0	17,4	20
gut	66,6	4	66,7	2	55,7	64
teils/teils	0,0	0	0,0	0	18,3	21
schlecht	0,0	0	0,0	0	4,3	5
sehr schlecht	16,7	1	33,3	1	2,6	3
k.A.	0,0	0	0,0	0	1,7	2
Gesamt	100,0	6	100,0	3	100,0	115

5.12 Anwohner Nieder-Roden: Wie gefällt Ihnen der Rodgausee? *
Haushaltsnettoeinkommen

	<1500 DM		1500 - 2500 DM		2500 - 3500 DM		3500 - 5000 DM	
	In %	Abs.	In %	Abs.	In %	Abs.	In %	Abs.
sehr gut	0,0	0	50,0	2	11,1	1	0,0	0
gut	60,0	3	50,0	2	55,6	5	63,6	7
teils/teils	0,0	0	0,0	0	33,3	3	9,1	1
schlecht	20,0	1	0,0	0	0,0	0	18,2	2
sehr schlecht	0,0	0	0,0	0	0,0	0	9,1	1
k.A.	20,0	1	0,0	0	0,0	0	0,0	0
Gesamt	100,0	5	100,0	4	100,0	9	100,0	11

	5000 - 7000 DM		>7000 DM		k.A.		Gesamt	
	In %	Abs.	In %	Abs.	In %	Abs.	In %	Abs.
sehr gut	66,7	2	23,1	3	17,1	12	17,4	20
gut	33,3	1	46,2	6	57,1	40	55,7	64
teils/teils	0,0	0	30,7	4	18,6	13	18,3	21
schlecht	0,0	0	0,0	0	2,9	2	4,3	5
sehr schlecht	0,0	0	0,0	0	2,9	2	2,6	3
k.A.	0,0	0	0,0	0	1,4	1	1,7	2
Gesamt	100,0	3	100,0	13	100,0	70	100,0	115

5.13   Anwohner gesamt: Wie gefällt Ihnen der Rodgausee? * Alter

	14-18 Jahre		19-20 Jahre		21-25 Jahre		26-30 Jahre	
	In %	Abs.	In %	Abs.	In %	Abs.	In %	Abs.
sehr gut	18,9	7	0,0	0	20,0	2	10,5	2
gut	54,1	20	50,0	4	50,0	5	47,4	9
teils/teils	24,3	9	50,0	4	10,0	1	36,8	7
schlecht	0,0	0	0,0	0	20,0	2	0,0	0
sehr schlecht	0,0	0	0,0	0	0,0	0	5,3	1
k.A.	2,7	1	0,0	0	0,0	0	0,0	0
Gesamt	100,0	37	100,0	8	100,0	10	100,0	19

	31-50 Jahre		51-60 Jahre		k.A.	
	In %	Abs.	In %	Abs.	In %	Abs.
sehr gut	16,9	13	34,6	18	0,0	0
gut	49,3	38	48,1	25	66,7	2
teils/teils	26,0	20	13,5	7	0,0	0
schlecht	6,5	5	0,0	0	0,0	0
sehr schlecht	0,0	0	1,9	1	33,3	1
k.A.	1,3	1	1,9	1	0,0	0
Gesamt	100,0	77	100,0	52	100,0	3

5.14   Anwohner gesamt: Wie gefällt Ihnen der Rodgausee? * Familienstand

	ledig		verheiratet		geschieden	
	In %	Abs.	In %	Abs.	In %	Abs.
sehr gut	22,9	16	21,1	24	11,1	1
gut	44,2	31	50,8	58	55,6	5
teils/teils	28,6	20	22,8	26	11,1	1
schlecht	2,9	2	2,6	3	22,2	2
sehr schlecht	0,0	0	0,9	1	0,0	0
k.A.	1,4	1	1,8	2	0,0	0
Gesamt	100,0	70	100,0	114	100,0	9

	verwitwet		k.A.		Gesamt	
	In %	Abs.	In %	Abs.	In %	Abs.
sehr gut	14,3	1	0,0	0	20,3	42
gut	57,1	4	83,3	5	50,0	103
teils/teils	14,3	1	0,0	0	23,3	48
schlecht	0,0	0	0,0	0	3,4	7
sehr schlecht	14,3	1	16,7	1	1,5	3
k.A.	0,0	0	0,0	0	1,5	3
Gesamt	100,0	7	100,0	6	100,0	206

5.15 Anwohner gesamt: Wie gefällt Ihnen der Rodgausee? * Haushaltnettoeinkommen

	<1500 DM		1500 - 2500 DM		2500 - 3500 DM		3500 - 5000 DM	
	In %	Abs.	In %	Abs.	In %	Abs.	In %	Abs.
sehr gut	9,1	1	37,5	3	23,5	4	5,9	1
gut	36,3	4	37,5	3	58,9	10	64,6	11
teils/teils	36,4	4	25,0	2	17,6	3	11,8	2
schlecht	9,1	1	0,0	0	0,0	0	11,8	2
sehr schlecht	0,0	0	0,0	0	0,0	0	5,9	1
k.A.	9,1	1	0,0	0	0,0	0	0,0	0
Gesamt	100,0	11	100,0	8	100,0	17	100,0	17

	5000 - 7000 DM		>7000 DM		k.A.		Gesamt	
	In %	Abs.	In %	Abs.	In %	Abs.	In %	Abs.
sehr gut	25,0	2	16,0	4	22,5	27	20,4	42
gut	50,0	4	52,0	13	48,3	58	50,0	103
teils/teils	0,0	0	32,0	8	24,2	29	23,2	48
schlecht	12,5	1	0,0	0	2,5	3	3,4	7
sehr schlecht	0,0	0	0,0	0	1,7	2	1,5	3
k.A.	12,5	1	0,0	0	0,8	1	1,5	3
Gesamt	100,0	8	100,0	25	100,0	120	100,0	206

5.16 Badegäste Textil: Wie gefällt Ihnen der Rodgausee? * Alter

	14-18 Jahre		19-20 Jahre		21-25 Jahre		26-30 Jahre	
	In %	Abs.	In %	Abs.	In %	Abs.	In %	Abs.
sehr gut	32,0	16	21,4	6	38,9	14	27,3	9
gut	54,0	27	67,9	19	50,0	18	72,7	24
teils/teils	12,0	6	10,7	3	8,3	3	0,0	0
schlecht	2,0	1	0,0	0	0,0	0	0,0	0
k.A.	0,0	0	0,0	0	2,8	1	0,0	0
Gesamt	100,0	50	100,0	28	100,0	36	100,0	33

	31-50 Jahre		über 50 Jahre		k.A.	
	In %	Abs.	In %	Abs.	In %	Abs.
sehr gut	31,3	20	44,4	8	25,0	1
gut	57,7	37	50,0	9	50,0	2
teils/teils	9,4	6	0,0	0	0,0	0
schlecht	0,0	0	5,6	1	25,0	1
k.A.	1,6	1	0,0	0	0,0	0
Gesamt	100,0	64	100,0	18	100,0	4

5.17 Badegäste Textil: Wie gefällt Ihnen der Rodgausee? * Familienstand

	ledig		verheiratet		geschieden		k.A.		Gesamt	
	In %	Abs.	In %	Abs.	In %	Abs.	In %	Abs.	In %	Abs.
sehr gut	29,1	44	36,6	26	57,1	4	0,0	0	31,7	74
gut	62,2	94	52,1	37	28,6	2	75,0	3	58,4	136
teils/teils	7,3	11	8,5	6	14,3	1	0,0	0	7,7	18
schlecht	0,7	1	1,4	1	0,0	0	25,0	1	1,3	3
k.A.	0,7	1	1,4	1	0,0	0	0,0	0	0,9	2
Gesamt	100,0	151	100,0	71	100,0	7	100,0	4	100,0	233

5.18 Badegäste Textil: Wie gefällt Ihnen der Rodgausee? * Haushaltsnettoeinkommen

	<1500 DM		1500 - 2500 DM		2500 - 3500 DM		3500 - 5000 DM	
	In %	Abs.	In %	Abs.	In %	Abs.	In %	Abs.
sehr gut	46,1	6	42,9	6	33,4	8	38,1	8
gut	30,8	4	50,0	7	58,3	14	47,6	10
teils/teils	23,1	3	7,1	1	8,3	2	9,5	2
schlecht	0,0	0	0,0	0	0,0	0	0,0	0
k.A.	0,0	0	0,0	0	0,0	0	4,8	1
Gesamt	100,0	13	100,0	14	100,0	24	100,0	21

	5000 - 7000 DM		>7000 DM		k.A.		Gesamt	
	In %	Abs.	In %	Abs.	In %	Abs.	In %	Abs.
sehr gut	30,4	7	21,1	4	29,5	35	31,7	74
gut	69,6	16	68,4	13	60,5	72	58,4	136
teils/teils	0,0	0	10,5	2	6,7	8	7,7	18
schlecht	0,0	0	0,0	0	2,5	3	1,3	3
k.A.	0,0	0	0,0	0	0,8	1	0,9	2
Gesamt	100,0	23	100,0	19	100,0	119	100,0	233

5.19 Badegäste FKK: Wie gefällt Ihnen der Rodgausee? * Alter

	14-18 Jahre		21-25 Jahre		26-30 Jahre	
	In %	Abs.	In %	Abs.	In %	Abs.
sehr gut	33,3	1	44,4	4	70,0	7
gut	66,7	2	55,6	5	30,0	3
teils/teils	0,0	0	0,0	0	0,0	0
k.A.	0,0	0	0,0	0	0,0	0
Gesamt	100,0	3	100,0	9	100,0	10

	31-50 Jahre		über 50 Jahre		k.A.	
	In %	Abs.	In %	Abs.	In %	Abs.
sehr gut	56,8	46	71,4	30	100,0	1
gut	39,5	32	28,6	12	0,0	0
teils/teils	2,5	2	0,0	0	0,0	0
k.A.	1,2	1	0,0	0	0,0	0
Gesamt	100,0	81	100,0	42	100,0	1

5.20 Badegäste FKK: Wie gefällt Ihnen der Rodgausee? * Familienstand

	ledig		verheiratet		geschieden		verwitwet		Gesamt	
	In %	Abs.	In %	Abs.	In %	Abs.	In %	Abs.	In %	Abs.
sehr gut	57,4	35	61,2	41	70,6	12	100,0	1	61,0	89
gut	39,4	24	37,3	25	29,4	5	0,0	0	37,0	54
teils/teils	1,6	1	1,5	1	0,0	0	0,0	0	1,3	2
k.A.	1,6	1	0,0	0	0,0	0	0,0	0	0,7	1
Gesamt	100,0	61	100,0	67	100,0	17	100,0	1	100,0	146

5.21 Badegäste FKK: Wie gefällt Ihnen der Rodgausee? * Haushaltsnettoeinkommen

	<1500 DM		1500 - 2500 DM		2500 - 3500 DM		3500 - 5000 DM	
	In %	Abs.	In %	Abs.	In %	Abs.	In %	Abs.
sehr gut	40,0	2	57,1	4	66,7	16	52,2	12
gut	60,0	3	42,9	3	33,3	8	43,5	10
teils/teils	0,0	0	0,0	0	0,0	0	4,3	1
k.A.	0,0	0	0,0	0	0,0	0	0,0	0
Gesamt	100,0	5	100,0	7	100,0	24	100,0	23

	5000 - 7000 DM		>7000 DM		k.A.		Gesamt	
	In %	Abs.	In %	Abs.	In %	Abs.	In %	Abs.
sehr gut	33,3	2	71,4	10	64,2	43	61,0	89
gut	66,7	4	28,6	4	32,8	22	37,0	54
teils/teils	0,0	0	0,0	0	1,5	1	1,3	2
k.A.	0,0	0	0,0	0	1,5	1	0,7	1
Gesamt	100,0	6	100,0	14	100,0	67	100,0	146

5.22 Badegäste gesamt: Wie gefällt Ihnen der Rodgausee? * Alter

	14-18 Jahre		19-20 Jahre		21-25 Jahre		26-30 Jahre	
	In %	Abs.	In %	Abs.	In %	Abs.	In %	Abs.
sehr gut	54,7	17	21,4	6	40,0	18	37,2	16
gut	11,3	29	67,9	19	51,1	23	62,8	27
teils/teils	1,9	6	10,7	3	6,7	3	0,0	0
schlecht	0,0	1	0,0	0	0,0	0	0,0	0
k.A.	0,0	0	0,0	0	2,2	1	0,0	0
Gesamt	100,0	53	100,0	28	100,0	45	100,0	43

	31-50 Jahre		51-60 Jahre		k.A.	
	In %	Abs.	In %	Abs.	In %	Abs.
sehr gut	45,5	66	63,3	38	40,0	2
gut	47,6	69	35,0	21	40,0	2
teils/teils	5,5	8	0,0	0	0,0	0
schlecht	0,0	0	1,7	1	20,0	1
k.A.	1,4	2	0,0	0	0,0	0
Gesamt	100,0	145	100,0	60	100,0	5

5.23 Badegäste gesamt: Wie gefällt Ihnen der Rodgausee? * Familienstand

	ledig		verheiratet		geschieden	
	In %	Abs.	In %	Abs.	In %	Abs.
sehr gut	37,3	79	48,6	67	66,6	16
gut	55,6	118	44,9	62	29,2	7
teils/teils	5,7	12	5,1	7	4,20	1
schlecht	0,5	1	0,7	1	0,0	0
k.A.	0,9	2	0,7	1	0,0	0
Gesamt	100,0	212	100,0	138	100,0	24

	verwitwet		k.A.		Gesamt	
	In %	Abs.	In %	Abs.	In %	Abs.
sehr gut	100,0	1	0,0	0	43,0	163
gut	0,0	0	75,0	3	50,1	190
teils/teils	0,0	0	0,0	0	5,3	20
schlecht	0,0	0	25,0	1	0,8	3
k.A.	0,0	0	0,0	0	0,8	3
Gesamt	100,0	1	100,0	4	100,0	379

5.24 Badegäste gesamt: Wie gefällt Ihnen der Rodgausee? * Haushaltsnettoeinkommen

	<1500 DM		1500 - 2500 DM		2500 - 3500 DM		3500 - 5000 DM	
	In %	Abs.	In %	Abs.	In %	Abs.	In %	Abs.
sehr gut	44,4	8	47,6	10	50,0	24	45,5	20
gut	38,9	7	47,6	10	45,8	22	45,5	20
teils/teils	16,7	3	4,8	1	4,2	2	6,7	3
schlecht	0,0	0	0,0	0	0,0	0	0,0	0
k.A.	0,0	0	0,0	0	0,0	0	2,3	1
Gesamt	100,0	18	100,0	21	100,0	48	100,0	44

	5000 - 7000 DM		>7000 DM		k.A.		Gesamt	
	In %	Abs.	In %	Abs.	In %	Abs.	In %	Abs.
sehr gut	31,0	9	42,4	14	41,9	78	43,0	163
gut	69,0	20	51,5	17	50,6	94	50,1	190
teils/teils	0,0	0	6,1	2	4,8	9	5,3	20
schlecht	0,0	0	0,0	0	1,6	3	0,8	3
k.A.	0,0	0	0,0	0	1,1	2	0,8	3
Gesamt	100,0	29	100,0	33	100,0	186	100,0	379

5.25   Zufriedenheit Wasser

	Anwohner		Badegäste	
	In %	Abs.	In %	Abs.
Ja	45,5	94	47,8	181
zufrieden	30,5	63	40,1	152
nicht	13,5	28	7,4	28
weiß nicht	4,8	9	1,9	7
k.A.	5,7	12	2,8	11
Gesamt	100,0	206	100,00	379

5.26   Zufriedenheit Gelände

	Anwohner		Badegäste	
	In %	Abs.	In %	Abs.
Ja	34,0	70	47,8	181
zufrieden	44,7	92	47,5	180
nicht	12,6	26	2,9	11
weiß nicht	1,9	4	0,0	0
k.A.	6,8	14	1,8	7
Gesamt	100,0	206	100,0	379

5.27   Zufriedenheit Sicherheit

	Anwohner		Badegäste	
	In %	Abs.	In %	Abs.
Ja	34,0	70	50,4	191
zufrieden	44,7	92	39,8	151
nicht	12,6	26	4,0	15
weiß nicht	1,9	4	2,1	8
k.A.	6,8	14	3,7	14
Gesamt	100,0	206	100,0	379

5.28   Zufriedenheit mit den Freizeitmöglichkeiten für Kinder

	Anwohner		Badegäste	
	In %	Abs.	In %	Abs.
Ja	7,8	16	9,0	34
zufrieden	25,7	53	26,7	101
nicht	35,9	74	34,8	132
weiß nicht	18,0	37	15,8	60
k.A.	12,6	26	13,7	52
Gesamt	100,0	206	100,0	379

5.29 Zufriedenheit mit den Freizeitmöglichkeiten für Erwachsene

	Anwohner		Badegäste	
	In %	Abs.	In %	Abs.
Ja	10,2	21	14,8	56
zufrieden	41,3	85	48,0	182
nicht	18,5	38	17,7	67
weiß nicht	16,0	33	8,2	31
k.A.	14,0	29	11,3	43
Gesamt	100,0	206	100,00	379

5.30 Zufriedenheit mit dem gastronomischen Angebot

	Anwohner		Badegäste	
	In %	Abs.	In %	Abs.
Ja	16,0	33	18,5	70
zufrieden	39,3	81	51,5	195
nicht	17,0	35	11,9	45
weiß nicht	14,1	29	10,3	39
k.A.	13,6	28	7,8	30
Gesamt	100,0	206	100,0	379

5.31 Zufriedenheit mit der Luft

	Anwohner		Badegäste	
	In %	Abs.	In %	Abs.
Ja	34,5	71	47,0	178
zufrieden	43,2	89	43,8	166
nicht	5,8	12	2,6	10
weiß nicht	7,8	16	1,1	4
k.A.	8,7	18	5,5	21
Gesamt	100,0	206	100,0	379

5.32 Zufriedenheit mit den Lärmverhältnissen

	Anwohner		Badegäste	
	In %	Abs.	In %	Abs.
Ja	19,4	40	27,4	104
zufrieden	51,5	106	59,4	225
nicht	12,1	25	9,5	36
weiß nicht	8,3	17	0,0	0
k.A.	8,7	18	3,7	14
Gesamt	100,0	206	100,0	379

5.33   Zufriedenheit mit den sanitären Anlagen

	Anwohner		Badegäste	
	In %	Abs.	In %	Abs.
Ja	18,0	37	16,6	63
zufrieden	33,0	68	45,9	174
nicht	28,2	58	24,0	91
weiß nicht	9,7	20	9,0	34
k.A.	11,1	23	4,5	17
Gesamt	100,0	206	100,00	379

5.34   Zufriedenheit mit den Sportanlagen

	Anwohner		Badegäste	
	In %	Abs.	In %	Abs.
Ja	5,3	11	9,0	34
zufrieden	17,5	36	26,7	101
nicht	26,2	54	23,2	88
weiß nicht	28,6	59	22,4	85
k.A.	22,4	46	18,7	71
Gesamt	100,0	206	100,0	379

5.35   Zufriedenheit mit der Liegewiese

	Anwohner		Badegäste	
	In %	Abs.	In %	Abs.
Ja	18,5	38	21,4	81
zufrieden	44,7	92	45,7	173
nicht	24,3	50	27,4	104
weiß nicht	4,4	9	1,6	6
k.A.	8,1	17	3,9	15
Gesamt	100,0	206	100,0	379

5.36   Zufriedenheit mit dem FKK - Bereich

	Anwohner		Badegäste	
	In %	Abs.	In %	Abs.
Ja	32,0	66	53,6	203
zufrieden	38,4	79	27,4	104
nicht	2,4	5	3,2	12
weiß nicht	12,6	26	8,7	33
k.A.	14,6	30	7,1	27
Gesamt	100,0	206	100,0	379

5.37 Zufriedenheit mit der Anbindung

	Anwohner		Badegäste	
	In %	Abs.	In %	Abs.
Ja	29,6	61	27,5	104
zufrieden	43,7	90	35,6	135
nicht	7,8	16	19,8	75
weiß nicht	9,7	20	8,7	33
k.A.	9,2	19	8,4	32
Gesamt	100,0	206	100,0	379

5.38 Zufriedenheit mit dem Parkplatzangebot

	Anwohner		Badegäste	
	In %	Abs.	In %	Abs.
Ja	21,9	45	30,9	117
zufrieden	28,6	59	37,2	141
nicht	30,6	63	21,4	81
weiß nicht	6,3	13	3,4	13
k.A.	12,6	26	7,1	27
Gesamt	100,0	206	100,0	379

5.39 Badegäste: Ist der See zeitweise überbelegt?

	In %	Abs.
Ja	69,7	264
Nein	23,0	87
k.A.	7,3	28
Gesamt	100,0	379

5.40 Badegäste: Wann ist der See überbelegt?

	In %	Abs.
Wochenende	69,3	183
schönes Wetter	23,1	61
k.A.	7,6	20
Gesamt	100,00	264
264 Personen, die den See als überbelegt betrachten		

5.41 Fühlen Sie sich sicher?

	Anwohner		Badegäste	
	In %	Abs.	In %	Abs.
Ja	80,6	166	94,2	357
Nein	9,7	20	4,0	15
k.A.	9,7	20	1,8	7
Gesamt	100,0	206	100,0	379

5.42 Badegäste: Wie bewerten Sie die Aufsicht?

	In %	Abs.
positiv	61,5	233
teils/teils	22,4	85
negativ	7,1	27
k.A.	9,0	34
Gesamt	100,0	379

5.43 Badegäste: Gibt es Konflikte?

	In %	Abs.
Nein	86,2	327
selten	6,9	26
Ja	4,5	17
k.A.	2,4	9
Gesamt	100,0	379

5.44 Badegäste: Welche Art von Konflikten?

	In %	Abs.
Ballspieler	9,3	4
Spanner/Voyeure	34,9	15
Lärmende	14,0	6
Pöbler/Anmacher	14,0	6
sonstige	16,3	7
k.A.	11,5	5
Gesamt	100,0	43
43 Personen meinen, es gibt selten oder immer Konflikte		

5.45　Badegäste: Haben Sie Verbesserungsvorschläge?

	In %	Abs.
keine	9,0	34
Schattenplätze	11,4	43
mehr Sportangebote	8,4	32
mehr Sauberkeit	5,5	21
Infrastruktur FKK	11,9	45
sonstiges	24,5	93
k.A.	29,3	111
Gesamt	100,0	379

5.46　Anwohner: Welche Einrichtungen fehlen Ihnen hier?

	In %	Abs.
keine	16,9	41
Spielmöglichkeiten/-wiese/-platz	18,9	46
Wasserrutsche/Sprungturm etc.	5,4	13
Schatten	0,8	2
Hallenbad	1,2	3
andere Einrichtungen (Café, Kino etc.)	4,1	10
k.A.	52,7	128
Gesamt	100,0	243

5.47　Badegäste: Welche Einrichtungen fehlen Ihnen hier?

	In %	Abs.
keine	22,1	84
Sportmöglichkeiten	15,3	58
Wasser	6,1	23
Kinderspielmöglichkeiten	6,3	24
See	0,3	1
Umgebung	1,1	4
k.A.	48,8	185
Gesamt	100,0	379

Regionale Kompetenz.

Institut für Kulturgeographie, Stadt- und Regionalforschung
J. W. Goethe-Universität Frankfurt am Main
Prof. Dr. Klaus Wolf
Wiss.Mitarb. Christian Langhagen-Rohrbach

Nummer [nr]:

Datum [datum]:   Uhrzeit [uhr]:   Standort (Straße, H.-Nr.)[standort]:

_____

Name des Interviewers/der Interviewerin [interview]:

Befragung Anwohner "Rodgausee"

Guten Tag, wir sind (Geographie-)Studenten der Uni Frankfurt.
Während unseres Geländepraktikums untersuchen wir das Freizeitverhalten am "Rodgausee" sowie in den anliegenden Stadtteilen von Rodgau und sind daher auf Ihre Unterstützung angewiesen.

Dürfen wir Ihnen ein paar Fragen stellen? Es wird ca. 10 Minuten dauern.
Danke, das ist sehr nett von Ihnen.

Bevor wir anfangen, möchte ich Sie noch darauf hinweisen, daß die Beantwortung der Fragen freiwillig ist und die Auswertung selbstverständlich anonym vorgenommen wird.
Wir kommen jetzt zur ersten Frage!

Befragung „Anwohner" Rodgausee

1. **Haben Sie den „Rodgausee" schon einmal besucht?** [besuch]

    ☐ Ja   1   *wenn ja, weiter bei Frage 2*
    ☐ Nein   2   *wenn nein, weiter bei Frage 16*
    ☐ k.A.   9

2. **Wie gefällt Ihnen der "Rodgausee"?** [gefallen]

    ☐ sehr gut   1
    ☐ gut   2
    ☐ teils/teils   3
    ☐ schlecht   4
    ☐ sehr schlecht   5
    ☐ k.A.   9

3. **Woher kennen Sie den „Rodgausee"?** [kennen]

    _____

                                                                                         ☐ k.A. 99

4. **Wann haben Sie den „Rodgausee" zum letzten Mal besucht?** [letztmal]

    ☐ diese Woche   1
    ☐ letzte Woche   2
    ☐ letzten Monat   3
    ☐ vor längerem, aber in diesem Jahr   4
    ☐ vergangenes Jahr   5
    ☐ vor einigen Jahren   6
    ☐ k.A.   9

5. **Nennen Sie die Wochentage, an denen Sie den „Rodgausee" hauptsächlich besuchen:** [wotage] Mehrfachnennungen?

    ☐ täglich   1
    ☐ montags – donnerstags   2
    ☐ freitags   3
    ☐ samstags - sonntags   4
    ☐ Werktags u.a. Wochenende   5
    ☐ k.A.   9

Befragung „Anwohner" Rodgausee

6. Wie erreichen Sie meist den „Rodgausee"? [fahrt]

☐ zu Fuß 1
☐ Fahrrad 2
☐ ÖPNV 3
☐ Motorrad 4
☐ Pkw 5
☐ Inlineskates 6
☐ k.A. 9

7. Warum reisen Sie auf diese Weise? [anreise]

_____
_____

☐ k.A. 99

8. Wie schätzen Sie die Erreichbarkeit des „Rodgausee" mit den folgenden Möglichkeiten ein?

	gut	zufriedenstellend	schlecht	weiß nicht	k.A.	
zu Fuß	☐ 1	☐ 2	☐ 3	☐ 4	☐ 9	[zufuss]
Fahrrad	☐ 1	☐ 2	☐ 3	☐ 4	☐ 9	[bike]
Pkw	☐ 1	☐ 2	☐ 3	☐ 4	☐ 9	[pkw]
ÖPNV	☐ 1	☐ 2	☐ 3	☐ 4	☐ 9	[opnv]

9a. Bemerken Sie den Verkehr zum „Rodgausee"? [verkehr1]

☐ Ja 1
☐ Nein 2
☐ k.A. 9

Wenn ja, inwiefern? [verkehr2]

_____

☐ k.A. 99

9b. Fühlen Sie sich durch den zusätzlichen Verkehr belästigt? [beläst]

☐ Ja 1
☐ Nein 2
☐ k.A. 9

Befragung „Anwohner" Rodgausee

10. Was gefällt Ihnen am „Rodgausee" besonders gut? [gefallen2]

_____
_____
_____

☐ k.A. 99

11. Was gefällt Ihnen am „Rodgausee" nicht so gut? [ngefallen]

_____
_____
_____

☐ k.A. 99

12. Denken Sie bitte an Ihre letzten Besuche am „Rodgausee" – womit beschäftigen Sie sich, wenn Sie den Badesee besuchen?
*(Die Antworten sollten **nicht** vorgelesen werden! Maximal 5 Mehrfachnennungen sind möglich.)*

[beschbw1-5] [beschnb1-5]

a) bei Badewetter			b) bei Nichtbadewetter	
☐	1	Schwimmen/Baden	☐	21
☐	2	Sonnen	☐	22
☐	3	Lesen	☐	23
☐	4	Spiele machen/Sport treiben	☐	24
☐	5	m. Familie u. Freunden zusammensein	☐	25
☐	6	Ausruhen/Nichtstun/Schlafen	☐	26
☐	7	Natur genießen/beobachten	☐	27
☐	8	lernen/arbeiten	☐	28
☐	9	Sonstiges, was_____	☐	29
			☐ k.A.	99

13. Welche Einrichtungen nutzen Sie am „Rodgausee"? [einr]

_____
_____
_____

☐ k.A. 99

Befragung „Anwohner" Rodgausee

14. Welche Anlagen, Freizeiteinrichtungen, Angebote oder Spielmöglichkeiten würden Sie sich am „Rodgausee" wünschen? [wunsch]

_____

_____

_____

_____

☐ k.A.   99

15. Ich möchte jetzt wissen, wie zufrieden Sie in bezug auf den „Rodgausee" mit einigen Punkten sind, die Ihnen jetzt vorgelesen werden.
*(Jeder Punkt sollte einzeln vorgelesen, die Antwort abgewartet und dementsprechend
angekreuzt werden.)*
Sind Sie am „Rodgausee" zufrieden mit:

	ja, sehr	zufriedenstellend	nein, nicht	weiß nicht	k.A.
a) dem Zustand des Wassers [zu_wa]	☐ 1	☐ 2	☐ 3	☐ 4	☐ 9
b) dem Zustand des Geländes [zu_gel]	☐ 1	☐ 2	☐ 3	☐ 4	☐ 9
c) der Sicherheit auf dem Gelände [zu_sich]	☐ 1	☐ 2	☐ 3	☐ 4	☐ 9
d) den Freizeitmöglichkeiten für Kinder [zu_fzk]	☐ 1	☐ 2	☐ 3	☐ 4	☐ 9
den Freizeitmöglichkeiten für Erwachsene [zu_fze]	☐ 1	☐ 2	☐ 3	☐ 4	☐ 9
e) der Gastronomie/Verpflegungsmöglichkeit [zu_gast]	☐ 1	☐ 2	☐ 3	☐ 4	☐ 9
f) der Luft [zu_lu]	☐ 1	☐ 2	☐ 3	☐ 4	☐ 9
g) dem Lärm [zu_lae]	☐ 1	☐ 2	☐ 3	☐ 4	☐ 9
h) den sanitären Anlagen [zu_san]	☐ 1	☐ 2	☐ 3	☐ 4	☐ 9
i) den Sportanlagen [zu_spo]	☐ 1	☐ 2	☐ 3	☐ 4	☐ 9
j) der Größe der Liegeflächen [zu_lie]	☐ 1	☐ 2	☐ 3	☐ 4	☐ 9
k) dem Vorhandensein des FKK-Bereichs [zu_fkk]	☐ 1	☐ 2	☐ 3	☐ 4	☐ 9
l) der Verkehrsanbindung [zu_verk]	☐ 1	☐ 2	☐ 3	☐ 4	☐ 9
m) dem Parkplatzangebot [zu_park]	☐ 1	☐ 2	☐ 3	☐ 4	☐ 9

Befragung „Anwohner" Rodgausee

16. Fühlen Sie sich am See sicher? [sicher]
- ☐ Ja 1
- ☐ Nein 2
- ☐ k.A. 9

Wenn nein, warum nicht? [sicher2]

_____

☐ k.A. 99

Weiter zu Frage 18!
Ab Frage 17 nur bearbeiten, wenn der „Rodgausee" noch nicht besucht worden ist (vgl. Frage 1!)

17. Warum haben Sie den „Rodgausee" noch nicht besucht? [nbesuch]

_____

_____

_____

☐ k.A. 99

18. Was müßte am Rodgausee angeboten werden, damit der See für Sie als Freizeiteinrichtung attraktiv wäre? [attrakt]

_____

☐ k.A. 99

19. Besuchen Sie noch andere Badeseen? [andere]
- ☐ ja 1
- ☐ nein 2   ☐ k.A. 9

wenn ja, welche ? [andere2] _____

☐ k.A. 99

warum [andere3]: _____

☐ k.A. 99

19a. Was gefällt Ihnen an den anderen Badeseen besonders gut? [andere2]

_____

☐ k.A. 99

Befragung „Anwohner" Rodgausee

20. Kennen Sie die Planungen des Umlandverbandes Frankfurt am Main für den Rodgausee? [plan1]

☐ ja 1
☐ nein 2
☐ k.A. 9

Wenn ja,: wie haben Sie davon erfahren? [plan2]

_____

☐ k.A. 99

Die Planungen beinhalten u.a. eine Skateranlage, ein Beachvolleyballfeld und später auch eine Wasserskianlage/Bootsverleih sowie Gelände für Freeclimbing. Ich möchte nun von Ihnen wissen, wie Sie diese Ideen gegenüberstehen:

21a. Wie beurteilen Sie die Idee am Rodgausee ein Beachvolleyballfeld einzurichten? [planbea1]

☐ sehr gut 1
☐ gut 2
☐ weniger 3
☐ gar nicht 4 ☐ k.A. 9

Das Beachvolleyballfeld werde ich voraussichtlich [planbea2]

☐ nutzen/nutze ich 1
☐ nicht nutzen/nutze ich nicht 2 ☐ k.A. 9

21b. Wie beurteilen Sie die Idee am „Rodgausee" eine Skateranlage einzurichten? [planska1]

☐ sehr gut 1
☐ gut 2
☐ weniger 3
☐ gar nicht 4 ☐ k.A. 9

Die Skateranlage werde ich voraussichtlich [planska2]

☐ nutzen 1
☐ nicht nutzen 2 ☐ k.A. 9

Befragung „Anwohner" Rodgausee

21c. Wie beurteilen Sie die Idee am „Rodgausee" eine Wasserskianlage einzurichten? [planski1]

☐ sehr gut 1
☐ gut 2
☐ weniger 3
☐ gar nicht 4   ☐ k.A. 9

Die Wasserskianlage werde ich voraussichtlich [planski2]

☐ nutzen 1
☐ nicht nutzen 2   ☐ k.A. 9

21d. Wie beurteilen Sie die Idee am „Rodgausee" eine Freeclimbinganlage einzurichten? [planclim1]

☐ sehr gut 1
☐ gut 2
☐ weniger 3
☐ gar nicht 4   ☐ k.A. 9

Die Freeclimbinganlage werde ich voraussichtlich [planclim2]

☐ nutzen 1
☐ nicht nutzen 2   ☐ k.A. 9

21e. Welche Freizeiteinrichtungen fehlen Ihnen am „Rodgausee"? [fzfehl]

_____
                                       ☐ k.A. 99

21f. Im Zuge der Planungen wird auch diskutiert, den Textil- und den FKK-Badestrand zu tauschen. Wie würden Sie diese Neuaufteilung des Badestrandes bewerten? [tausch1]

☐ sehr gut 1
☐ gut 2
☐ weniger gut 3
☐ schlecht 4   ☐ k.A. 9

Wenn „weniger gut" oder „schlecht" – was würde Sie stören, wenn die Strände getauscht werden? [tausch2]

_____
                                       ☐ k.A. 9

Befragung „Anwohner" Rodgausee

Zum Schluß dürfen wir Sie noch um einige (freiwillige) Angaben über ihre Person bitten:

22. Geschlecht

☐ weiblich 1   ☐ männlich 2   [sd_gesch]

23. Alter [sd_alter]

☐ 14 - 18   1
☐ 19 - 20   2
☐ 21 - 25   3
☐ 26 - 30   4
☐ 31 - 40   5
☐ 41 - 50   6
☐ 51 - 60   7
☐ 61 - 65   8
☐ 66 u. älter 9   ☐ k.A. 99

23a. Nationalität [sd-natio] _____

☐ k.A. 99

24. Familienstand [sd_stand]

☐ alleinstehend   1
☐ verheiratet oder in Lebensgemeinschaft lebend   2
☐ geschieden   3
☐ verwitwet   4   ☐ k.A. 9

Haben Sie Kinder [sd_kind]:   ☐ nein 1   ☐ ja 2   ☐ k.A. 9

Wenn ja – wieviele? [sd_kiz]: _____   ☐ k.A. 9

25. Wohnform [sd_wf]

☐ zur Miete   1
☐ Eigentum   2
☐ k.A.   9

Wohnen sie in: [sd_wff]

☐ Zimmer/WG   1
☐ Wohnung   2
☐ Haus   3
☐ k.A.   9

Wie groß ist Ihre Wohnfläche? [sd_wfqm]   _____ qm Wohnfläche
                                                    ☐ k.A. 999

Befragung „Anwohner" Rodgausee

26. Wieviele Personen leben in Ihrem Haushalt? [sd_pers]

1 ☐   2 ☐   3 ☐   4 ☐   5 und mehr ☐

☐ k.A.   9

27. Haben Sie einen Garten? [sd_garten]

ja ☐ 1   nein ☐ 2   ☐ k.A.   9

28. Welchen Beruf haben Sie erlernt? [sd_bere]

_____

☐ k.A.   99

29. Welchen Beruf üben Sie heute aus? [sd_beraus]

_____

☐ k.A.   99

30. Angestrebter oder erreichte Schul-/Studienabschluß [sd_schul]

☐ Hauptschule   1
☐ Realschulabschluß/mittlere Reife   2
☐ Abitur   3
☐ Studium   4   ☐ k.A   9

31. Würden Sie Ihr Haushalts-Nettoeinkommen bitte einer der folgenden Gruppen zuordnen? *(Der befragten Person die möglichen Kategorien zeigen)* [sd_eink]

☐ unter < 1.500 DM   1
☐ 1.500 bis < 2.500 DM   2
☐ 2.500 bis < 3.500 DM   3
☐ 3.500 bis < 5.000 DM   4
☐ 5.000 bis < 7.000 DM   5
☐ 7.000 DM und mehr   6   ☐ k.A.   9

So, das war die letzte Frage!
Vielen Dank, daß Sie uns geholfen haben.
Ich wünsche Ihnen noch einen schönen Tag. Auf Wiedersehen.

Regionale Kompetenz.

Institut für Kulturgeographie, Stadt- und Regionalforschung
J. W. Goethe-Universität Frankfurt am Main
Prof. Dr. Klaus Wolf
Wiss.Mitarb. Christian Langhagen-Rohrbach

Nummer [nr]:

Datum [datum]: Uhrzeit [uhr]: Standort [standort]:
☐ Textilbadestrand 1
☐ FKK-Strand 2

Name des Interviewers/der Interviewerin [interview]:

Befragung Badegäste "Rodgausee"

Guten Tag, wir sind (Geographie-)Studenten der Uni Frankfurt.
Während unseres Geländepraktikums untersuchen wir das Freizeitverhalten am "Rodgausee" und sind daher auf Ihre Unterstützung angewiesen.

Dürfen wir Ihnen ein paar Fragen stellen? Es wird ca. 10 Minuten dauern.
Danke, das ist sehr nett von Ihnen.

Bevor wir anfangen, möchte ich Sie noch darauf hinweisen, daß die Beantwortung der Fragen freiwillig ist und die Auswertung selbstverständlich anonym vorgenommen wird.
Wir kommen jetzt zur ersten Frage!

Befragung „Badegäste" Rodgausee

1. Wie gefällt Ihnen der "Rodgausee"? [gefallen]

☐ sehr gut 1
☐ gut 2
☐ teils/teils 3
☐ schlecht 4
☐ sehr schlecht 5
☐ k.A. 9

2. Woher kennen Sie den „Rodgausee"? [kennen]

_____

_____

_____

☐ k.A. 99

3. Sind Sie das erste Mal hier? [erstmal]

☐ Ja 1
☐ Nein 2 ☐ k.A. 9

wenn nein, wann waren Sie das letzte Mal hier? [letztmal]

_____

☐ k.A. 99

4a. Wie oft kommen Sie bei Badewetter hierher? [bwoft]

☐ täglich 1
☐ mehrmals pro Woche 2
☐ mehrmals pro Monat 3
☐ selten 4
☐ k.A. 99

4b. Wie oft kommen Sie bei Nicht-Badewetter hierher? [nboft]

☐ täglich 1
☐ mehrmals pro Woche 2
☐ mehrmals pro Monat 3
☐ selten 4
☐ k.A. 99

Befragung „Badegäste" Rodgausee

5a. Nennen Sie die Wochentage, an denen Sie hauptsächlich hierher kommen: [wotage]

☐ montags – donnerstags 1
☐ freitags 2
☐ samstags - sonntags 3
☐ k.A. 9

5b. Wann sind Sie heute hier angekommen? [ankunft]

☐ 9 - 11 Uhr 1
☐ 11 - 13 Uhr 2
☐ 13 - 16 Uhr 3
☐ 16 - 18 Uhr 4
☐ 18 < Uhr 5
☐ k.A. 9

6. Wie lange bleiben Sie normalerweise hier? [dann]

☐ unter 1 h 1
☐ 1 - 2 h 2
☐ 2 - 3 h 3
☐ 3 - 5 h 4
☐ über 5 h 5
☐ k.A. 9

7. Kommen Sie auch während Ihres Urlaubs oder während der Schulferien hierher?
[urlaub]

☐ ja 1
☐ nein 2
☐ k.A. 9
Wenn ja: wie oft pro Woche? [url_oft] _____ mal ☐ k.A. 9

8a. Sind Sie allein hier oder mit mehreren Personen? [allein]

☐ allein 1
☐ mit mehreren Personen 2 ☐ k.A. 9

Befragung „Badegäste" Rodgausee

Wenn mit mehreren Personen, dürfen wir Sie bitten, diese zu nennen? [begleit]   Zahl [begl_zahl]

- ☐ Ehe-/Partner(in)   1   _____
- ☐ Eltern   2   _____
- ☐ Kinder   3   _____
- ☐ Geschwister   4   _____
- ☐ Freunde/Bekannte   5   _____
- ☐ Sonstige   6   _____
- ☐ k.A.   9

9a. Wie sind Sie hierher gekommen? [fahrt]

- ☐ zu Fuß   1
- ☐ Fahrrad   2
- ☐ ÖPNV   3
- ☐ Motorrad   4
- ☐ Pkw   5
- ☐ Inlineskates   6
- ☐ k.A.   9

9b. Wenn Sie mit dem Pkw oder Motorrad gekommen sind, wo haben Sie das Fahrzeug abgestellt? [parken]

_____

☐ k.A.   99

10. Warum sind Sie auf diese Art angereist? [anreise]

_____
_____

☐ k.A.   99

10a. Ab 2003 wird die S-Bahn nach Rodgau fahren. Der nächstgelegene Haltepunkt „Rodgau-Dudenhofen" ist ca. 1 km vom Strandbad entfernt. Würden Sie die S-Bahn für Ihre Anreise an den „Rodgausee" benutzen? [sbahn]

- ☐ ja   1
- ☐ nein 2

☐ k.A.   9

Wenn nein, warum nicht ? [sbahn2] _____

☐ k.A.   99

IV

Befragung „Badegäste" Rodgausee

11. Von wo sind Sie heute zum Rodgausee aufgebrochen? [ort]

Ort/Ortsteil _____

☐ k.A. 99

liegt dort ihr/e [aufbruch]:

☐ Wohnung 51
☐ Arbeitsplatz/Schule/Uni 52
☐ Urlaubsquartier 53
☐ k.A. 99

12. Wieviel Zeit benötigten Sie für diesen Weg hierher? [anr], [anr_lm]

☐ bis ½ h, 1 und zwar _____ Minuten [anrmin]
☐ ½ - 1 h 2
☐ 1 - 2 h 3
☐ länger, 4 nämlich _____ h [anrstd],
☐ k.A. 9

13. Wie schätzen Sie die Erreichbarkeit des Rodgausee mit den folgenden Möglichkeiten ein?

	gut	zufriedenstellend	schlecht	weiß nicht	k.A.	
zu Fuß	☐ 1	☐ 2	☐ 3	☐ 4	☐ 9	[zufuss]
Fahrrad	☐ 1	☐ 2	☐ 3	☐ 4	☐ 9	[bike]
Pkw	☐ 1	☐ 2	☐ 3	☐ 4	☐ 9	[pkw]
ÖPNV	☐ 1	☐ 2	☐ 3	☐ 4	☐ 9	[opnv]

14. Was gefällt Ihnen hier besonders gut? [gefallen2]

_____
_____
_____
_____

☐ k.A. 99

15. Was gefällt Ihnen hier nicht so gut? [ngefallen]

_____
_____
_____
_____

☐ k.A. 99

Befragung „Badegäste" Rodgausee

16. Haben Sie Verbesserungsvorschläge? Welche? [besser]

_____

_____

_____
☐ k.A. 99

17. Besuchen Sie noch andere Badeseen? [andere]

☐ ja 1
☐ nein 2   ☐ k.A. 9

wenn ja, welche [ande-
re2]_____
                                                  ☐ k.A. 99

warum[andere3] : _____
                                                  ☐ k.A. 99

17a. Was gefällt Ihnen an anderen Badeseen besonders gut? [andere4]

_____
                                                  ☐ k.A. 99

18. Sind Sie der Meinung, daß der Rodgausee zeitweise überbelegt ist?
[überbel1]

☐ ja 1
☐ nein 2   ☐ k.A. 9

Wenn ja, wann [überbel2]

_____
                                                  ☐ k.A. 99

Beeinflußt das Ihr Verhalten? [überbel3]

☐ ja 1
☐ nein 2   ☐ k.A. 9

Wenn ja, wie [überbel4]

_____
                                                  ☐ k.A. 99

Befragung „Badegäste" Rodgausee

19. Wie beschäftigen Sie sich hier?
*(Die Antworten sollten **nicht** vorgelesen werden! Maximal 5 Mehrfachnennungen sind möglich.)*
[beschbw1-5]   [beschnb1-5]

	a) bei Badewetter		**b) bei Nichtbadewetter**	
☐	1	Schwimmen/Baden	☐	21
☐	2	Sonnen	☐	22
☐	3	Lesen	☐	23
☐	4	Spiele machen/Sport treiben	☐	24
☐	5	m. Familie u. Freunden zusammensein	☐	25
☐	6	Ausruhen/Nichtstun/Schlafen	☐	26
☐	7	Natur genießen/beobachten	☐	27
☐	8	lernen/arbeiten	☐	28
☐	9	Sonstiges, was_____	☐	29
			☐ k.A.	99

20. Welche Einrichtungen nutzen Sie hier? [einr]

_____

_____

_____

☐ k.A.   99

21. Welche Einrichtungen oder Angebote vermissen Sie hier? [einrverm]
Bitte Antworten nicht vorlesen!

☐ Spielmöglichkeiten für Kinder   1
☐ Schatten (Bäume/Schattenplätze)   2
☐ Sportgelegenheiten   3
☐ Animationen   4
☐ Sanitäre Anlagen   5
☐ sonstiges   6   ☐ k.A.   9
    nämlich [einrsonst]_____   ☐
k.A.   99

21a Wie verpflegen Sie sich bei Ihrem Aufenthalt am See? [essen]

_____

_____

☐ k.A.   99

Befragung „Badegäste" Rodgausee

21b. Wenn Sie das gastronomische Angebot in Anspruch nehmen, wie beurteilen Sie dieses? [gastro]

☐ positiv 1
☐ teils/teils 2
☐ negativ 3 ☐ k.A. 9

21c. Wieviel Geld geben Sie hier heute pro Person ungefähr aus?

Essen/Getränke ....DM [geld-es] ☐ k.A 999
Fahrt-/Parkkosten ....DM [geld-fa] ☐ k.A. 999
Sonstiges ....DM [geld-so] ☐ k.A. 999

22a. Fühlen Sie sich auf dem Gelände sicher? [sicher]

☐ ja 1 ☐ k.A. 99
☐ nein 2
☐ weiß nicht 3
wenn nein, warum nicht ? [sicher2]

_____
 ☐ k.A. 99

22b. Gibt es Konflikte mit anderen Besuchern am See? [konfl]

☐ nein 1
☐ selten 2
☐ ja 3 ☐ k.A. 99

wenn ja oder selten, welche [konfl2]

_____
 ☐ k.A. 99

22c. Wie bewerten Sie die jetzige Aufsicht im Bereich des Rodgausees? [aufs]

☐ positiv 1
☐ teils/teils 2
☐ negativ 3 ☐ k.A. 9

Warum? [aufs2]

_____
 ☐ k.A. 99

Befragung „Badegäste" Rodgausee

22d. Fühlen Sie sich durch den Kiesabbau am Rodgausee gestört? [stoer]

☐ ja 1
☐ nein 2   ☐ k.A. 9

wenn ja, warum [stoer2]?_____
 ☐ k.A. 99

23. Ich möchte jetzt wissen, wie zufrieden Sie mit einigen Punkten sind, die Ihnen jetzt vorgelesen werden.
(Jeder Punkt sollte einzeln vorgelesen, die Antwort abgewartet und dementsprechend angekreuzt werden.)
Sind Sie zufrieden mit:

	ja, sehr	zufrieden-stellend	nein, nicht	weiß nicht	k.A.
a) dem Zustand des Wassers [zu_wa]	☐ 1	☐ 2	☐ 3	☐ 4	☐ 9
b) dem Zustand des Geländes [zu_gel]	☐ 1	☐ 2	☐ 3	☐ 4	☐ 9
c) der Sicherheit auf dem Gelände [zu_sich]	☐ 1	☐ 2	☐ 3	☐ 4	☐ 9
d) den Freizeitmöglichkeiten für Kinder [zu_fzh]	☐ 1	☐ 2	☐ 3	☐ 4	☐ 9
den Freizeitmöglichkeiten für Erwachsene [zu_fzh]	☐ 1	☐ 2	☐ 3	☐ 4	☐ 9
e) der Gastronomie/ Verpflegungsmöglichkeit [zu_gast]	☐ 1	☐ 2	☐ 3	☐ 4	☐ 9
f) der Luft [zu_lu]	☐ 1	☐ 2	☐ 3	☐ 4	☐ 9
g) dem Lärm [zu_lae]	☐ 1	☐ 2	☐ 3	☐ 4	☐ 9
h) den sanitären Anlagen [zu_san]	☐ 1	☐ 2	☐ 3	☐ 4	☐ 9
i) den Sportanlagen [zu_spo]	☐ 1	☐ 2	☐ 3	☐ 4	☐ 9
j) der Größe der Liegeflächen [zu_lie]	☐ 1	☐ 2	☐ 3	☐ 4	☐ 9
k) dem Vorhandensein des FKK-Bereichs [zu_fkk]	☐ 1	☐ 2	☐ 3	☐ 4	☐ 9
l) der Verkehrsanbindung [zu_verk]	☐ 1	☐ 2	☐ 3	☐ 4	☐ 9
m) dem Parkplatzangebot [zu_park]	☐ 1	☐ 2	☐ 3	☐ 4	☐ 9

Befragung „Badegäste" Rodgausee

24a Kennen Sie die Planungen des Umlandverbandes Frankfurt am Main für den Rodgausee? [plan1]

- ☐ ja 1
- ☐ nein 2
- ☐ k.A. 9

Die Planungen beinhalten u.a. eine Skateranlage, ein Beachvolleyballfeld und später auch eine Wasserskianlage/Bootsverleih sowie Gelände für Freeclimbing. Ich möchte nun von Ihnen wissen, wie Sie diese Ideen gegenüberstehen:

24b Wie beurteilen Sie die Idee am Rodgausee ein Beachvolleyballfeld einzurichten? [planbea1]

- ☐ sehr gut 1
- ☐ gut 2
- ☐ weniger 3
- ☐ gar nicht 4   ☐ k.A. 9

Das Beachvolleyballfeld werde ich voraussichtlich [planbea2]

- ☐ nutzen/nutze ich 1
- ☐ nicht nutzen/nutze ich nicht 2   ☐ k.A. 9

24c. Wie beurteilen Sie die Idee eine Skateranlage einzurichten ? [planska1]

- ☐ sehr gut 1
- ☐ gut 2
- ☐ weniger 3
- ☐ gar nicht 4   ☐ k.A. 9

Die Skateranlage werde ich voraussichtlich [planska2]

- ☐ nutzen 1
- ☐ nicht nutzen 2   ☐ k.A. 9

24d. Wie beurteilen Sie die Idee eine Wasserskianlage einzurichten? [planski1]

- ☐ sehr gut 1
- ☐ gut 2
- ☐ weniger 3
- ☐ gar nicht 4   ☐ k.A. 9

X

Befragung „Badegäste" Rodgausee

Die Wasserskianlage werde ich voraussichtlich [planski2]

☐ nutzen 1
☐ nicht nutzen 2   ☐ k.A. 9

24e. Wie beurteilen Sie die Idee ein Freeclimbinganlage einzurichten?
[planclim1]

☐ sehr gut 1
☐ gut 2
☐ weniger 3
☐ gar nicht 4   ☐ k.A. 9

Die Freeclimbinganlage werde ich voraussichtlich [planclim2]

☐ nutzen 1
☐ nicht nutzen 2   ☐ k.A. 9

24f. Welche Freizeiteinrichtungen fehlen Ihnen am Rodgausee? [fzfehl]

_____
☐ k.A. 99

24g. Im Zuge der Planungen wird auch diskutiert, den Textil- und den FKK-Badestrand zu tauschen. Wie würden Sie diese Aufteilung des Badestrandes bewerten? [tausch1]

☐ sehr gut 1
☐ gut 2
☐ weniger 3
☐ schlecht 4   ☐ k.A. 9

Wenn „weniger gut" oder „schlecht" – was würde Sie stören, wenn die Strände getauscht werden? [tausch2]

_____
_____
☐ k.A. 9

Befragung „Badegäste" Rodgausee

Zum Schluß dürfen wir Sie noch um einige (freiwillige) Angaben über ihre Person bitten:

25. Geschlecht

☐ weiblich 1 ☐ männlich 2 ☐ k.A. 9 [sd_gesch]

26. Alter [sd_alter]

☐ 14 - 18   1
☐ 19 - 20   2
☐ 21 - 25   3
☐ 26 - 30   4
☐ 31 - 40   5
☐ 41 - 50   6
☐ 51 - 60   7
☐ 61 - 65   8
☐ 66 u. älter   9   ☐ k.A.   99

26a. Nationalität _____
                                         ☐ k.A.   99

27. Familienstand [sd_stand]

☐ alleinstehend   1
☐ verheiratet oder in Lebensgemeinschaft lebend   2
☐ geschieden   3   ☐ k.A.   9

Haben Sie Kinder [sd_kind]:   ☐ nein 1   ☐ ja 2   ☐ k.A.   9

Wenn ja – wieviele? [sd_kiz]: _____   ☐ k.A.   9

28. Wohnort [sd_ort]

PLZ _____   ☐ k.A.   9

29. Wohnform [sd_wf]

☐ zur Miete   1
☐ Eigentum   2
☐ k.A.   9

Befragung „Badegäste" Rodgausee

Wohnen sie in: [sd_wff]

☐ Zimmer/WG 1
☐ Wohnung 2
☐ Haus 3
☐ k.A. 9

Wie groß ist Ihre Wohnfläche? [sd_wfqm] _____ qm Wohnfläche

☐ k.A. 999

30. Wieviele Personen leben in Ihrem Haushalt? [sd_pers]

1 ☐   2 ☐   3 ☐   4 ☐   5 und mehr ☐
☐ k.A. 9

31. Haben Sie einen Garten? [sd_garten]

ja ☐ 1   nein ☐ 2   ☐ k.A. 9

32. Welchen Beruf haben Sie erlernt? [sd_bere]

_____

☐ k.A. 99

33. Welchen Beruf üben Sie heute aus? [sd_beraus]

_____

☐ k.A. 99

34. Angestrebter oder erreichte Schul-/Studienabschluß [sd_schul]

☐ Hauptschule 1
☐ Realschulabschluß/mittlere Reife 2
☐ Abitur 3
☐ Studium 4   ☐ k.A. 9

Befragung „Badegäste" Rodgausee

35. **Würden Sie Ihr Haushalts-Nettoeinkommen bitte einer der folgenden Gruppen zuordnen?** *(Der befragten Person die möglichen Kategorien zeigen)* [sd_eink]

☐ unter < 1.500 DM   1
☐ 1.500 bis < 2.500 DM   2
☐ 2.500 bis < 3.500 DM   3
☐ 3.500 bis < 5.000 DM   4
☐ 5.000 bis < 7.000 DM   5
☐ 7.000 DM und mehr   6   ☐ k.A.   9

So, das war die letzte Frage!
Vielen Dank, daß Sie uns geholfen haben.
Ich wünsche Ihnen noch einen schönen Tag. Auf Wiedersehen.

Teil B:

Schultheisweiher, Langener Waldsee und Rodgausee – Strukturvergleich regionaler Freizeiteinrichtungen

Klaus Wolf
Christian Langhagen-Rohrbach

Gutachten im Auftrag des
Umlandverbandes Frankfurt

Vorwort

Die Ergebnisse zur Nutzerstruktur und zum Nutzerpotential der untersuchten Badeseen Schultheisweiher, Langener Waldsee und Rodgausee als regionale Freizeiteinrichtungen der Region Rhein-Main werden in dieser Synopse verglichen und die Unterschiede und Gemeinsamkeiten der Badesees werden herausgearbeitet. Die unterschiedlichen Leistungsprofile dieser drei regionalen Freizeiteinrichtungen der Region Rhein-Main treten so deutlich zutage.

Die Ergebnisse der einzelnen Untersuchungen zu den Badeseen sind in den MATERIALIEN 20 (1997), 30 (2001 in Druckvorbereitung) und in diesem Heft niedergelegt.

Für die Erstellung der Synopse danke ich Dipl.-Geogr. Christian Langhagen-Rohrbach, dem Umlandverband Frankfurt und hier besonders Norbert Jährling für seine Unterstützung bei der Bearbeitung des Vergleichs.

Es ist zu hoffen und zu wünschen, dass durch die Dokumentation der Untersuchungsergebnisse und des zusammenfassenden Vergleichs dieser regionalen Freizeiteinrichtungen in und für die Region nicht nur ein Beitrag zur besseren Kenntnis über die Möglichkeiten der Freizeitnutzung im Rhein-Main-Gebiet geleistet wird, sondern auch ein Einblick in die anwendungsorientierte Forschung und Lehre verbindende Ausbildung am Institut für Kulturgeographie, Stadt- und Regionalforschung der Goethe-Universität Frankfurt ermöglicht wird.

Frankfurt am Main, im März 2001

Klaus Wolf

Inhaltsverzeichnis

		Seite
1	**Allgemeiner Hintergrund**	**191**
2	**Profil der Badeseen**	**193**
2.1	Der Schultheisweiher	193
2.2	Der Langener Waldsee	194
2.3	Der Rodgausee	196
2.4	Die Ausstattung der Seen – ein Fazit	197
3	**Einzugsbereiche und Verkehrsmittelwahl**	**198**
3.1	Einzugsbereiche der Badeseen	198
3.2	Verkehrsmittelwahl der Badegäste	205
4	**Tätigkeiten der Badegäste**	**207**
4.1	Aktivitäten der Badegäste	207
4.2	Genutzte und fehlende Einrichtungen	210
5	**Bewertung der Anlagen und Zufriedenheit**	**213**
6	**Soziodemographische Struktur der Badegäste**	**217**
7	**Fazit**	**220**
8	**Literatur**	**223**
9	**Anhang**	**225**

Abbildungsverzeichnis

		Seite
Abb. 1:	Lage der Seen in der Region	192
Abb. 2:	Der Schultheisweiher im Luftbild	193
Abb. 3:	Der Langener Waldsee im Luftbild	195
Abb. 4:	Der Rodgausee im Luftbild	196
Abb. 5:	Einzugsbereich des Schultheisweihers	201
Abb. 6:	Einzugsbereich des Langener Waldsees	202
Abb. 7:	Einzugsbereich des Rodgausees	203
Abb. 8:	Gemeinsame Darstellung Einzugsbereiche aller Seen	204
Abb. 9:	Aktivitäten bei Badewetter	208
Abb. 10:	Zufriedenheit mit der Ausstattung der Badeseen	213
Abb. 11:	Geschlecht der Badegäste an allen Badeseen	217
Abb. 12:	Altersstruktur der Badegäste an allen Badeseen	218
Abb. 13:	Wohnfläche pro Person	219

Tabellenverzeichnis

		Seite
Tab. 1:	Verkehrsmittel bei der Anreise an einen Badesee	205
Tab. 2:	Bewertung der Erreichbarkeit je Verkehrsmittel	206
Tab. 3:	Aktivitäten der Badegäste	207
Tab. 4:	Rangfolge der Aktivitäten	209
Tab. 5:	Genutzte Einrichtungen	211

1 Allgemeiner Hintergrund

In den vergangenen Jahren hat sowohl der Stellenwert der Freizeit in der Gesellschaft, als auch die dem Einzelnen zur Verfügung stehende freie Zeit zugenommen. Damit steht auch die Freizeitplanung – hier verstanden als Planung von Infrastruktureinrichtungen, die ausschließlich Freizeitzwecken dienen – vor neuen Herausforderungen. Bereits in der Mitte der 70er Jahre wurde in der Region Frankfurt/Rhein-Main mit dem Umlandverbandsgesetz (UVG) in §3 (1) verfügt, dass dem Umlandverband Frankfurt (UVF) u.a. die Planung der überörtlich bedeutsamen Freizeiteinrichtungen zukommen soll.

In diesem gesetzlichen Rahmen bewegen sich einige Einrichtungen, die vom Umlandverband Frankfurt geplant und – teilweise in Kooperation mit den zuständigen Gebietskörperschaften – betrieben werden. Zu den herausragenden Freizeiteinrichtungen zählen sicherlich der Mainuferradweg sowie das Feldbergplateau und einige Badeseen (UVF 2000). Um die letztgenannten geht es in dieser Synopse: Im Lauf der Zeit hat der Umlandverband die Verantwortung für den Betrieb von mehreren Badeseen in der Region – zumindest teilweise – übernommen. Dies sind u.a. der Schultheisweiher, der Langener Waldsee und der Rodgausee.

Die drei Seen liegen an unterschiedlichen Orten innerhalb der Region Rhein-Main (vgl. Abb. 1) und werden mit unterschiedlichen Konzepten betrieben (vgl. hierzu die im Anhang beigefügten Nutzungskartierungen der Strandbäder). In Untersuchungen, die an allen drei Seen vom Institut für Kulturgeographie, Stadt- und Regionalforschung durchgeführt wurden (WOLF et al. 1997a; WOLF et al. 1997b; WOLF/LANGHAGEN-ROHRBACH 2001), war jeweils die Nutzerstruktur der Badegäste an den Seen Gegenstand der Erhebungen.[1] An dieser Stelle sollen nun die drei untersuchten Freizeitanlagen miteinander verglichen werden, um Ähnlichkeiten und Unterschiede hervorzuheben, die dazu beitragen können, das Profil der einzelnen Anlage zu schärfen und so auch neue Nutzer zu gewinnen.

---

[1] Die Ergebnisse der Untersuchung am Langener Waldsee befinden sich zur Zeit in der Druckvorbereitung und werden noch im Jahr 2001 als Band 30 der MATERIALIEN erscheinen. Aus diesem Grund beziehen sich Zitate im Text auf den unveröffentlichten Originaltext.

Abb. 1: Lage der Seen in der Region

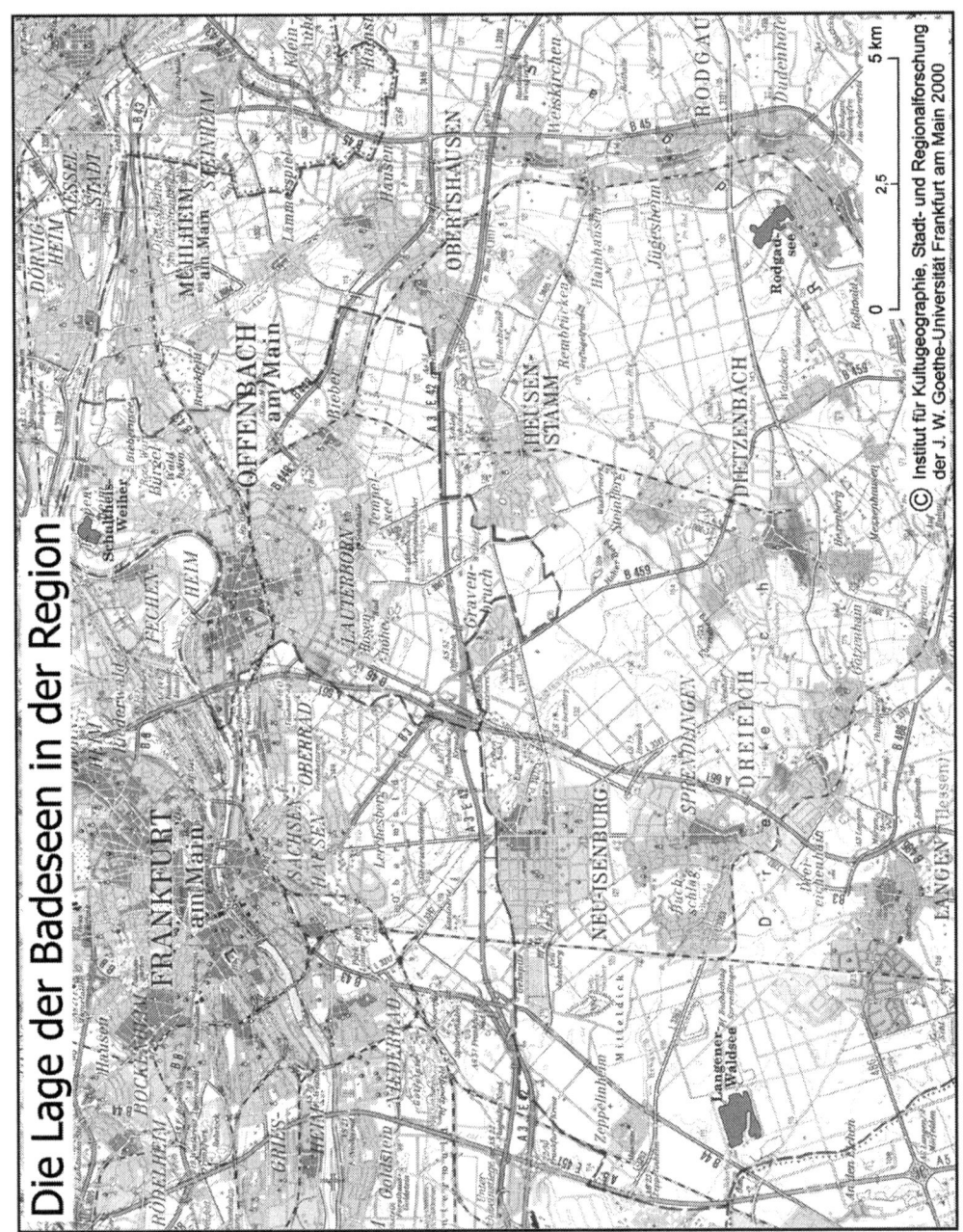

2 Profil der Badeseen

Die drei im Rahmen dieser Synopse miteinander zu vergleichenden Badeseen liegen in der Region Rhein-Main südlich des Mains bzw. direkt am Main im Landkreis Offenbach. Die genaue Lage der drei Seen ist der Karte in Abb. 1 zu entnehmen.

2.1 Der Schultheisweiher[2]

Der Schultheisweiher liegt im Bürgel-Rumpenheimer Mainbogen teilweise in einem Naturschutzgebiet. In unmittelbarer Nähe des Sees befinden sich die Offenbacher Stadtteile Bürgel und Rumpenheim, auf dem gegenüber liegenden Mainufer liegt der Frankfurter Stadtteil Fechenheim, von dem aus der Schultheisweiher über eine Fußgängerbrücke zu erreichen ist. Von den angrenzenden Stadtteilen Offenbachs aus ist der Schultheisweiher ausschließlich zu Fuß oder per Fahrrad zu erreichen, denn es besteht keine Möglichkeit, mit dem Auto bis an den See zu fahren (vgl. hierzu Abb. 2, die den Schultheisweiher im Luftbild zeigt). Die nächsten Parkmöglichkeiten befinden sich in ca. 500 m Entfernung. Die restliche Strecke muss zu Fuß zurückgelegt werden. Die nächstgelegene Haltestelle des ÖPNV befindet sich in ähnlicher Entfernung.

Abb. 2: Der Schultheisweiher im Luftbild

Quelle: UVF 2001

Zu den Besonderheiten des Schultheisweihers, der bereits seit den 50er Jahren zunächst illegal als Badesee genutzt wurde, gehört sicherlich die Kombination eines Naturschutzgebietes (das insbesondere dem Vogelschutz dient) mit der Nutzung des Sees zu Freizeitzwecken. Offiziell erlaubt ist die Nutzung des Weihers als Badesee seit 1980 (mit einer Pause von 1988-1990 wegen einer

---

[2] Der Vergleich wird in chronologischer Reihenfolge vorgenommen: An erster Stelle wird daher stets der Schultheisweiher genannt, der 1993 untersucht wurde. Danach folgen der Langener Waldsee (1997) und der Rodgausee (2000).

notwendigen Altlastensanierung), während bereits ab 1978 entsprechende Konzepte vom Umlandverband entwickelt wurden. Dabei stand auch stets im Vordergrund, Naturschutz und Freizeitnutzung des Schultheisweihers in Einklang zu bringen (WOLF et al. 1997, 28-30).

Das Ergebnis ist insofern ein Kompromiss, als der Schultheisweiher unter den untersuchten Anlagen eine Sonderrolle einnimmt: Zwar ist dort ein Strand angelegt und sanitäre Anlagen sind eingerichtet worden, aber es gibt keine weiteren freizeitrelevanten Einrichtungen direkt am See (vgl. die Karte des Strandbads im Anhang) – dafür ist das Gelände frei zugänglich und die gemischte Nutzung sowohl als FKK-, als auch als Textil-Strand ist möglich. Die Kosten sind trotzdem beträchtlich, da neben der zu finanzierenden Schwimmaufsicht auch Kontrollen des Fahrverbotes auf den umgebenden Wegen notwendig sind, so dass neben dem Schwimmmeister und der DLRG anteilige Kosten für Hilfspolizei sowie die Erhaltung des Naturschutzgebietes mit in die Aufwendungen eingerechnet werden müssen.

Im Rahmen der Untersuchung der Nutzerstruktur wurde keine separate Kartierung der am See vorhandenen Freizeitinfrastruktur durchgeführt. Diese wurde im Winter 2000/2001 nachgeholt. Festzuhalten bleibt, dass 1993 und 2000 keine freizeitrelevante Infrastruktur am Schultheisweiher – mit Ausnahme der für den Betrieb des Strandbades notwendigen Anlagen – vorhanden war.

2.2 Der Langener Waldsee

Der Langener Waldsee ist im Vergleich der drei Seen die größte Anlage in Bezug auf die Wasserfläche. Auch das Angebot an Möglichkeiten der Freizeitgestaltung ist am Langener Waldsee am größten – es gibt nicht nur einen Textil- und einen FKK-Strand, sondern auch die Möglichkeit, auf dem See zu surfen oder zu segeln. Derzeit wächst die Wasserfläche des Langener Waldsees noch weiter, da am See nach wie vor Sand und Kies abgebaut werden. Die Abb. 3 (im selben Maßstab wie die des Schultheisweihers und des Rodgausees) verdeutlicht noch einmal, wie groß der Langener Waldsee im Vergleich der drei Seen untereinander tatsächlich ist, wenn der See auch den Planungen entsprechend mittlerweile an Fläche verloren hat: Der Ostteil (im Bild rechts) ist mittlerweile beinahe verfüllt, so dass nur noch ein „Rest-See" übrig ist, der zukünftig auch unter Naturschutz stehen soll.

Auch hinsichtlich der Verkehrsanbindung ist der Langener Waldsee den beiden anderen Seen dieses Vergleiches überlegen: Zum einen liegt er an der B44 und ist daher mit dem Pkw schnell und unproblematisch vor allem aus Frankfurt zu erreichen. Parkplätze stehen direkt am Waldsee in großer Zahl auf einem gebührenpflichtigen Parkplatz zur Verfügung. Zudem liegt der Langener

Waldsee auch an verschiedenen überörtlichen Rad- und Wanderwegen, so dass er auch mit alternativen Verkehrsträgern zu erreichen ist. Eine der beschilderten Routen führt die Radfahrer aus Frankfurt direkt in das Strandbad. Auch in Bezug auf den Öffentlichen Personennahverkehr ist der Langener Waldsee im Vorteil: Hier gibt es während der Sommermonate den „Waldsee-Bus", der den Langener Waldsee mit dem Haltepunkt der S-Bahn in Dreieich-Buchschlag verbindet.

Abb. 3: Der Langener Waldsee im Luftbild

Quelle: UVF 2001

Vergleicht man die am See vorhandene Freizeitinfrastruktur mit der an den beiden anderen Seen, so stellt man fest, dass der Langener Waldsee nicht nur für wassergebundene Aktivitäten das größte Angebot bereithält, sondern auch am Strand. So gibt es einen Kiosk[3], Duschen und WCs in großer Anzahl, mehrere Schutzhütten, Sitzbänke, einen angeschütteten Sandstrand und verschiedene Spielmöglichkeiten: Dazu gehören unter anderen ein Volleyballfeld und Kinderspielgeräte am Textilstrand, sowie die Möglichkeit, „Großspiele" (z.B. Schach) zu spielen. Im Bereich des FKK-Strandes gibt es weitere Geräte: So stehen auch hier weitere Kinderspielgeräte sowie einige Sitzbänke zur Verfügung. Ein drittes Angebot an Spiel- und Freizeitgeräten besteht im Bereich des dem Strandbad unmittelbar benachbarten Campingplatzes. Hier gibt es – einmalig an den verglichenen Seen – eine Spielwiese sowie ein Basketballfeld.

---

[3] Während der Erhebung 1997 gab es am Langener Waldsee einen Kiosk im FKK sowie einen zweiten an der Grenze zwischen Textil- und FKK-Strand. 2001 wird es aller Voraussicht nach jedoch nur einen einzigen Kiosk am Langener Waldsee geben.

Der Langener Waldsee belegt im Kanon der Badeseen der Region sicherlich die Spitzenposition: An heißen Wochenenden drängen sich bis zu 30.000 Besucher (Angabe UVF 1996) im Strandbad.

2.3 Der Rodgausee

Die Lage des Rodgausees ist im Vergleich zu den beiden anderen Seen innerhalb der Region Rhein-Main eher peripher. Der See liegt südlich der Kreisquerverbindung im Landkreis Offenbach in unmittelbarer Nähe der Rodgauer Stadtteile Dudenhofen und Nieder-Roden. Auch beim Rodgausee handelt es sich wie bei den bereits beschriebenen Einrichtungen der Genese nach um einen Baggersee (vgl. Abb. 4). Im Gegensatz zum Schultheisweiher und zum Langener Waldsee ist das Ende des Sand- und Kiesabbaus noch in relativ weiter Ferne: Mit dem Ende der Arbeiten und der dann größten Ausdehnung des Sees wird in ca. 10-15 Jahren gerechnet. Wenn man die Wasserfläche nach Ende des Abbaus betrachtet, ist diese die zweitgrößte nach dem Langener Waldsee. Für den Rodgausee bestünde damit die Möglichkeit, sich als Badesee mit überregionaler Bedeutung zu profilieren, vorausgesetzt, es sind an diesem See entsprechende Freizeitangebote vorhanden. Entsprechende Planungen sind bereits in Arbeit. Diese sehen unter anderen vor, das Angebot am Rodgausee durch zusätzliche Freizeitanlagen anzureichern: Unter andern sind ein schwimmender Sprungturm und ein Wasserspielplatz vorgesehen, die Errichtung eines Freeclimbingwalls und einer Wasserskianlage werden erwogen. In einem ersten Ausbauschritt wurden im Lauf des Jahres 2000 bereits drei Beachvolleyballfelder und eine Inlineskateanlage errichtet.

Abb. 4: Der Rodgausee im Luftbild

Quelle: UVF 2001

Neben diesen neuen Einrichtungen verfügt der Rodgausee – wie auch der Langener Waldsee – über einen vom Textilstrand abgetrennten FKK-Strand. Am FKK-Strand befindet sich ein bereits länger bestehendes Volleyballfeld. Weitere vorhandene Einrichtungen sind eine kleine Wasserrutsche am Textil-Strand und insgesamt sechs Badeinseln, davon je die Hälfte vor dem Textil- und vor dem FKK-Strand. Neben einigen Bäumen, die am FKK-Strand deutlich dichter stehen, gibt es in beiden Strandabschnitten sog. „Schattenpilze" aus Holz, die vor der Sonne schützen sollen. Im Textilbereich sind vier dieser „Pilze" aus Holz aufgestellt, im FKK-Strand sind es weitere sechs. Bänke, Papierkörbe und neuerdings eine Sitzsteinwand sind weitere Angebote am Rodgausee. Sanitäre Anlagen (Duschen und WCs) sowie einen Kiosk gibt es nur im bzw. in der Nähe des Hauses am Eingangsbereich, von dem aus auch der Strand durch die Schwimmmeister bewacht wird. Ein weiteres Toilettenhäuschen befindet sich im FKK-Bereich direkt hinter der Hecke, die ihn vor Blicken aus dem Textil-Strand abschirmt (vgl. Karte des Strandbads im Anhang). Hinsichtlich der „Hardware-Ausstattung" ist der Langener Waldsee dem Rodgausee deutlich überlegen, wenn der Rodgausee auch von der Ausstattung her mehr zu bieten hat als der Schultheisweiher.

2.4 Die Ausstattung der Seen – ein Fazit

Betrachtet man die unterschiedlichen Angebote, die an den drei verglichenen Seen vorgehalten werden, so kommt man zu dem Schluss, dass das Angebot des Langener Waldsees das breiteste ist. Dies wird wohl auch von den Gästen so wahrgenommen, denn nach Abschluss der drei Einzeluntersuchungen lässt sich ohne weiteres sagen, dass der Langener Waldsee unter den drei besprochenen Seen den größten Bekanntheitsgrad in der Region hat. Dieser dürfte nicht zuletzt aus der Vielzahl an Möglichkeiten, die sich dem Besucher dieser Einrichtung bieten, resultieren. Auf „Rang 2" folgt der Rodgausee. Das Angebot ist in dieser Einrichtung aber bei weitem nicht so breit wie am Langener Waldsee: So gibt es weder Wassersportmöglichkeiten, noch einen Campingplatz oder aber die verschiedenen Spiel- und Sportmöglichkeiten wie sie am Langener Waldsee vorhanden sind. Auch der Bekanntheitsgrad des Rodgausees ist bei weitem nicht so groß wie der des Langener Waldsees. Wenn der Rodgausee jedoch weiter ausgebaut wird, ist anzunehmen, dass sich auch sein Bekanntheitsgrad steigern wird. Der Schultheisweiher – als Dritter im Bunde – ist der See mit der konzeptionell bedingten (Naturschutzgebiet!) geringsten Ausstattung, die sich auf notwendige Entsorgungseinrichtungen und Bewachung des Strandes beschränkt.

Dass die Ausstattung der Seen Einfluss auf die Zielwahl der Badegäste hat, dürfte unumstritten sein. Entsprechend haben die drei untersuchten Einrichtungen – trotz relativer räumlicher Nähe zueinander – völlig unterschiedliche Einzugsbereiche, die Gegenstand des nächsten Abschnittes sein werden.

3   Einzugsbereiche und Verkehrsmittelwahl

3.1   Einzugsbereiche der Badeseen

Aufgrund der unterschiedlichen Lage (vgl. Abb. 1) und der verschiedenen Profile (s. Kap. 2) der drei untersuchten Seen in der Region Rhein-Main ergeben sich auch andere Einzugsbereiche für die Seen. Um die Einzugsbereiche besser miteinander vergleichen zu können, wurden die erhobenen Daten auf die Postleitbezirke bezogen dargestellt.

Betrachtet man die drei vorliegenden Abbildungen (Abb. 5-8), fällt zunächst auf, dass der Einzugsbereich des Schultheisweihers im Vergleich zu den beiden anderen am kleinsten ist. Dafür gibt es hier ein eindeutiges „Zentrum", aus dem die meisten der Besucher dieser Einrichtung stammen. Dies ist zum einen Offenbach, zum anderen Frankfurt. Bezieht man in den Vergleich noch die Karte Frankfurts (ebenfalls nach Postleitzahlen geordnet) mit ein, so zeigt sich, dass die Besucher des Schultheisweihers vornehmlich aus den östlichen Stadtteilen Frankfurts, also den unmittelbar benachbarten an den Weiher kommen (vgl. WOLF et al. 1997a, 33). Für Offenbach gilt dies analog. Der Schultheisweiher erweist sich damit als eine Einrichtung, die offenbar im Nahbereich stark frequentiert wird.

Die Kerneinzugsbereiche des Langener Waldsees und des Rodgausees sind sich recht ähnlich: Die Größe unterscheidet sich kaum, lediglich der Schwerpunkt liegt in anderen Postleitbezirken der Region. Die Badegäste des Langener Waldsees kommen mehrheitlich aus den Postleitbezirken Frankfurt und Langen. Zum erweiterten Bereich gehören die Bezirke Frankfurt-West (65), Mainz, Groß-Gerau und Darmstadt. Entlang der Ostgrenze des Stadtgebietes von Frankfurt verläuft eine recht deutliche West-Ost-Grenze, ebenso wie die Durchquerung des Stadtgebiets von Frankfurt offensichtlich viele aus dem Norden der Region von einem Besuch am Langener Waldsee abhält (WOLF et al. 1997b, 22). Nur ein geringer Teil der Badegäste kommt aus den hessischen Gebieten östlich der beschriebenen Trennlinie bzw. aus den bayerischen Landkreisen. Dies ist ein Bereich, der dafür das Kerneinzugsgebiet des Rodgausees darstellt. Dieses liegt zum einen in der Postleitregionen von Offenbach (63) und Langen (632xx) und reicht davon ausgehend weiter nach Osten nach Bayern hinein. Ein guter Teil der Badegäste des Rodgausees kommt auch aus Frankfurt, alle weiteren Regionen können lediglich zum erweiterten Einzugsbereich des Rodgausees gezählt werden. Besonders deutlich – deutlicher als bei den beiden anderen untersuchten Seen – ist am Rodgausee die starke Ausrichtung der Besucher aus den Gemeinden in der Nähe des Sees an den Rodgausee: 52,2% der Besucher des Rodgausees kommen aus der umgebenden Postleitregion. Am Langener Waldsee sind es zum Vergleich nur 26,6%, am Schultheisweiher ist es etwas mehr als ein Drittel (nimmt man die Einwohner des nahen Frankfurt dazu, erhöht sich der Anteil allerdings auf etwa 77% (WOLF et al. 1997a, 34)). Damit werden zwei Typen Freizeiteinrichtungen deutlich: Zum einen der Rodgausee und der Schultheisweiher, die eher als überörtliche Anlagen mit besonderer Bedeutung für die Naherholung im Wohnumfeld gelten können, und der Langener Waldsee als Einrichtung mit tatsächlich regionaler Bedeutung. Dazu kommt, dass der Langener Waldsee für die Frankfurter trotz der größeren Entfernung offenbar eine ähnliche Funktion übernimmt wie der Rodgausee und der Schultheisweiher: Der Langener Waldsee scheint aufgrund des Einzugsbereiches als Naherholungsattraktion der Kernstadt Frankfurt genutzt zu werden.

In Hinblick auf die Konkurrenz unter den Seen ist die Karte mit dem Vergleich der Einzugsbereiche der drei Seen besonders interessant (Abb. 8). Man darf bei der Betrachtung nicht vergessen, dass alle drei untersuchten Einrichtungen im Landkreis Offenbach liegen und so im Nahbereich stark miteinander konkurrieren (zur Konkurrenz vgl. Kap. 5). Die Karte zeigt zunächst, dass der größte Teil der Gäste überhaupt aus dem Postleitbereich von Offenbach, unmittelbar gefolgt von Frankfurt und Langen stammt. Deutlich sichtbar ist, dass die räumliche Nähe einer Einrichtung im Verhältnis zur Wohnung der Befragten eine große Rolle spielt. Dem entsprechend groß ist die Zahl derjenigen, die aus dem Bereich Offenbach an den nahegelegenen Rodgausee fahren (der Langener Waldsee spielt für sie kaum eine Rolle) oder an den Schultheisweiher ausweichen. Analog dazu spielt der Langener Waldsee für die Bewohner der Langen zugeordneten Postleitzahlen eine größere Rolle.

Für die Bewohner Frankfurts ist der Langener Waldsee das erste Ziel, wenn es darum geht, an einen Badesee zu fahren. Im Frankfurter Westen (65) ist dies noch eine Spur deutlicher als im Osten. Entsprechend hoch ist auch der Anteil der Besucher des Langener Waldsees aus den angrenzenden südlichen Postleitbezirken. So fahren die Einwohner aus Groß-Gerau und Mainz fast ausschließlich an den Langener Waldsee und nur sehr wenige „verirren" sich an den Rodgausee.

Ausnahmen dieser Verteilung der Herkunftsorte der Badegäste gibt es wenige: So ist zum Beispiel der Anteil der Besucher des Rodgausees unter den Einwohnern von Eltville deutlich höher als die Anteile der Besucher der beiden anderen Seen. Auch an den Schultheisweiher reisen hin und wieder Gäste aus weiter entfernten Orten: So gibt es eine Reihe Anhänger dieser Einrichtung in Idstein, Friedberg und Gelnhausen.

Insgesamt wird aus den Abbildungen deutlich, dass die Einzugsbereiche zwar für sich betrachtet sichtbare Unterschiede aufweisen, es aber dennoch möglich ist, Kerneinzugsbereiche der einzelnen Seen auszumachen. Dies sind in allen drei Fällen die unmittelbar benachbarten Städte und Gemeinden. Dem Anspruch, tatsächlich „überörtlich bedeutsame" Freizeiteinrichtungen zu sein, werden die drei Seen nur ansatzweise gerecht. Sie sind eher Freizeitanlagen, die im unmittelbaren Wohnumfeld der Bevölkerung als ein Angebot zur Freizeitgestaltung wahrgenommen werden, wobei allerdings beim Langener Waldsee am ehesten eine Tendenz zur regionalen Freizeiteinrichtung zu beobachten ist.

Abb. 5: Einzugsbereich des Schultheisweihers

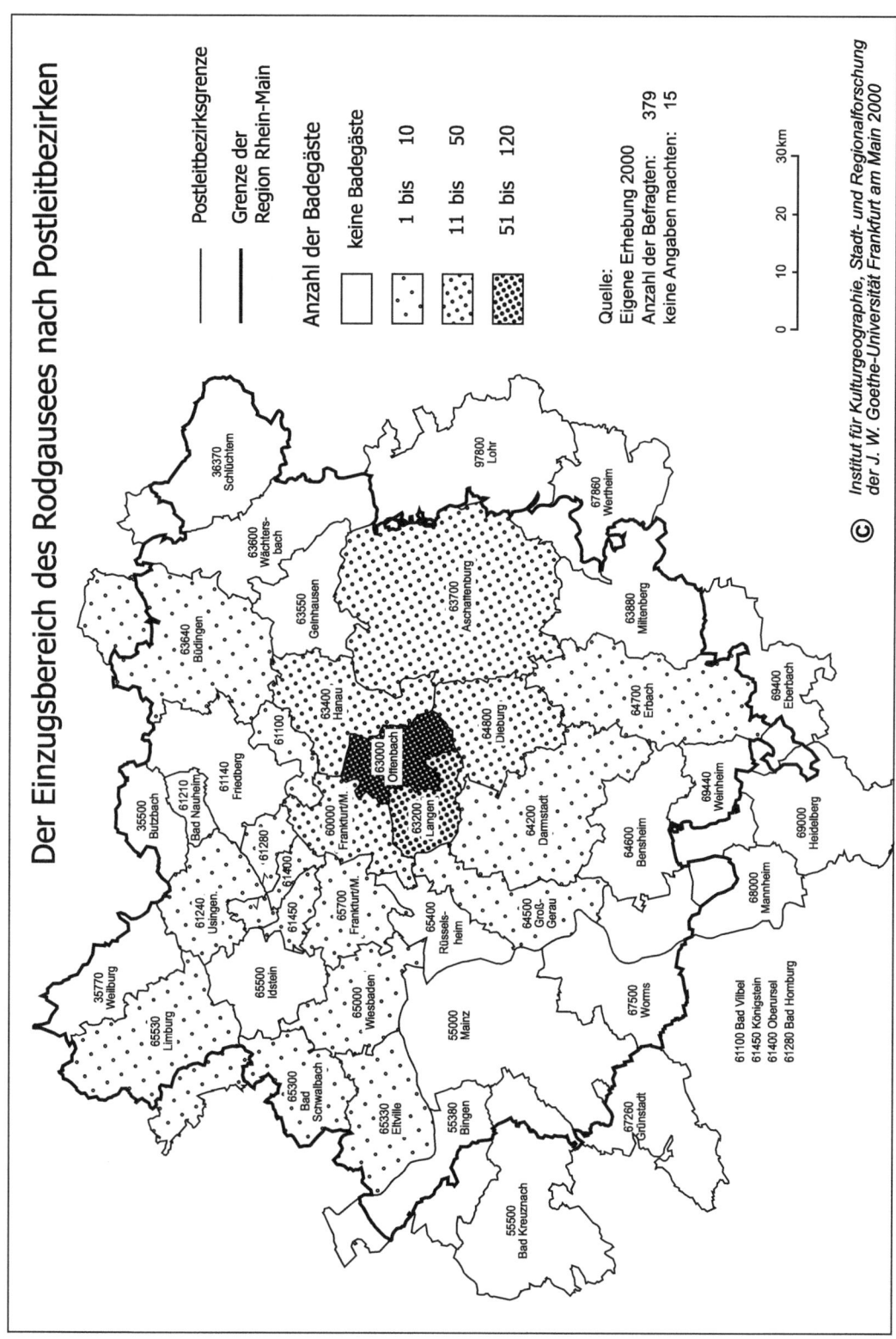

Abb. 6: Einzugsbereich des Langener Waldsees

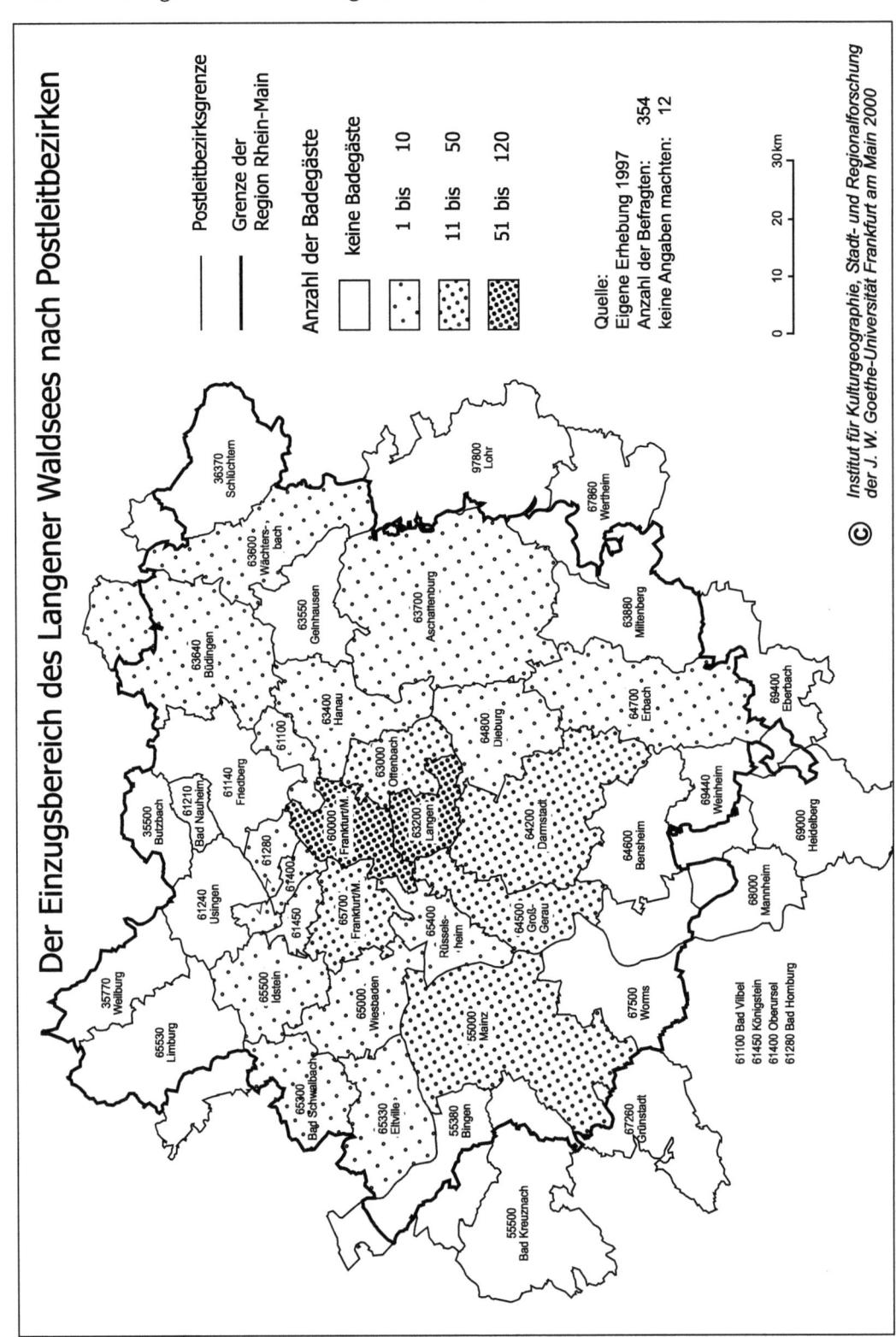

Abb. 7: Einzugsbereich des Rodgausees

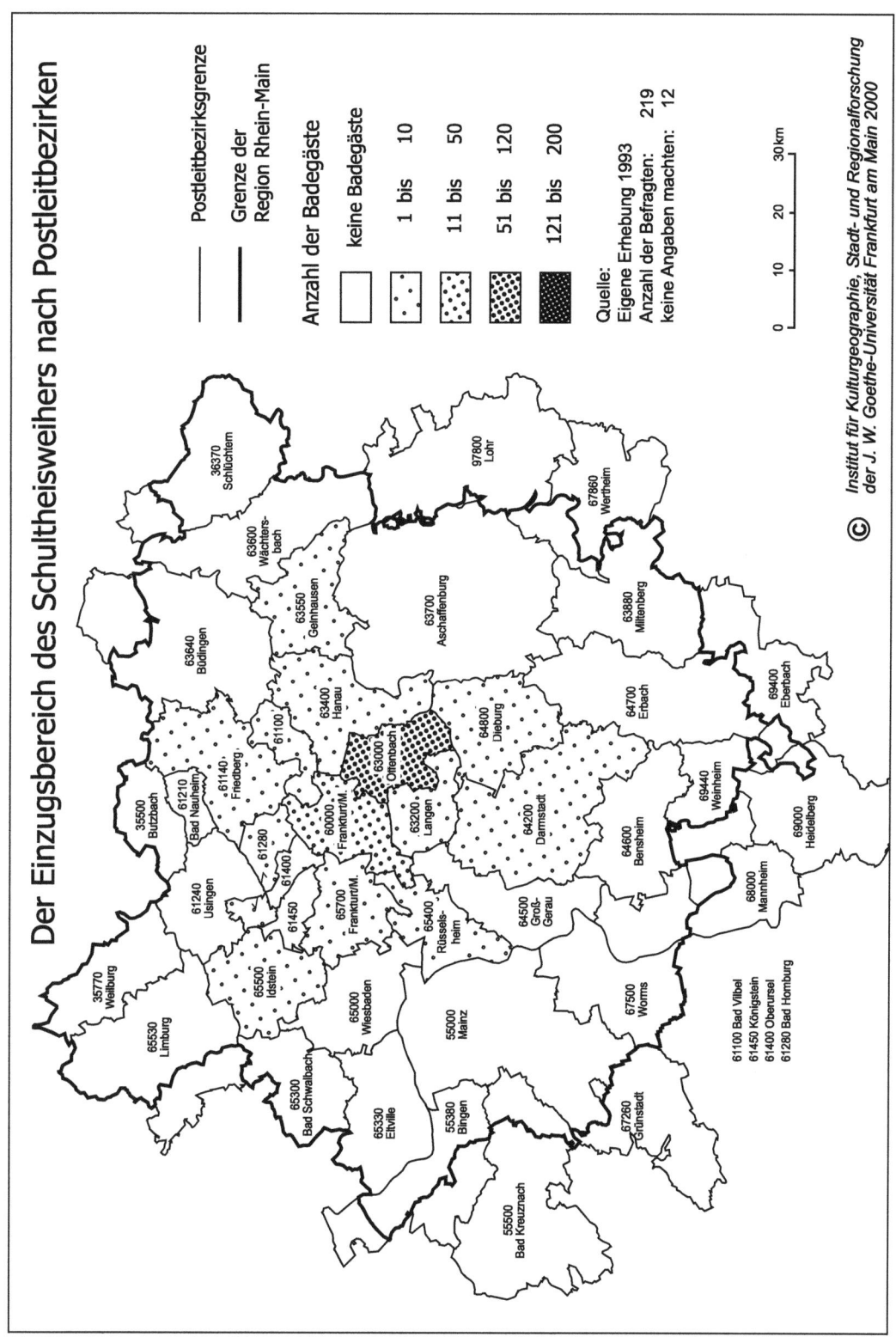

Abb. 8: Gemeinsame Darstellung der Einzugsbereiche aller Seen

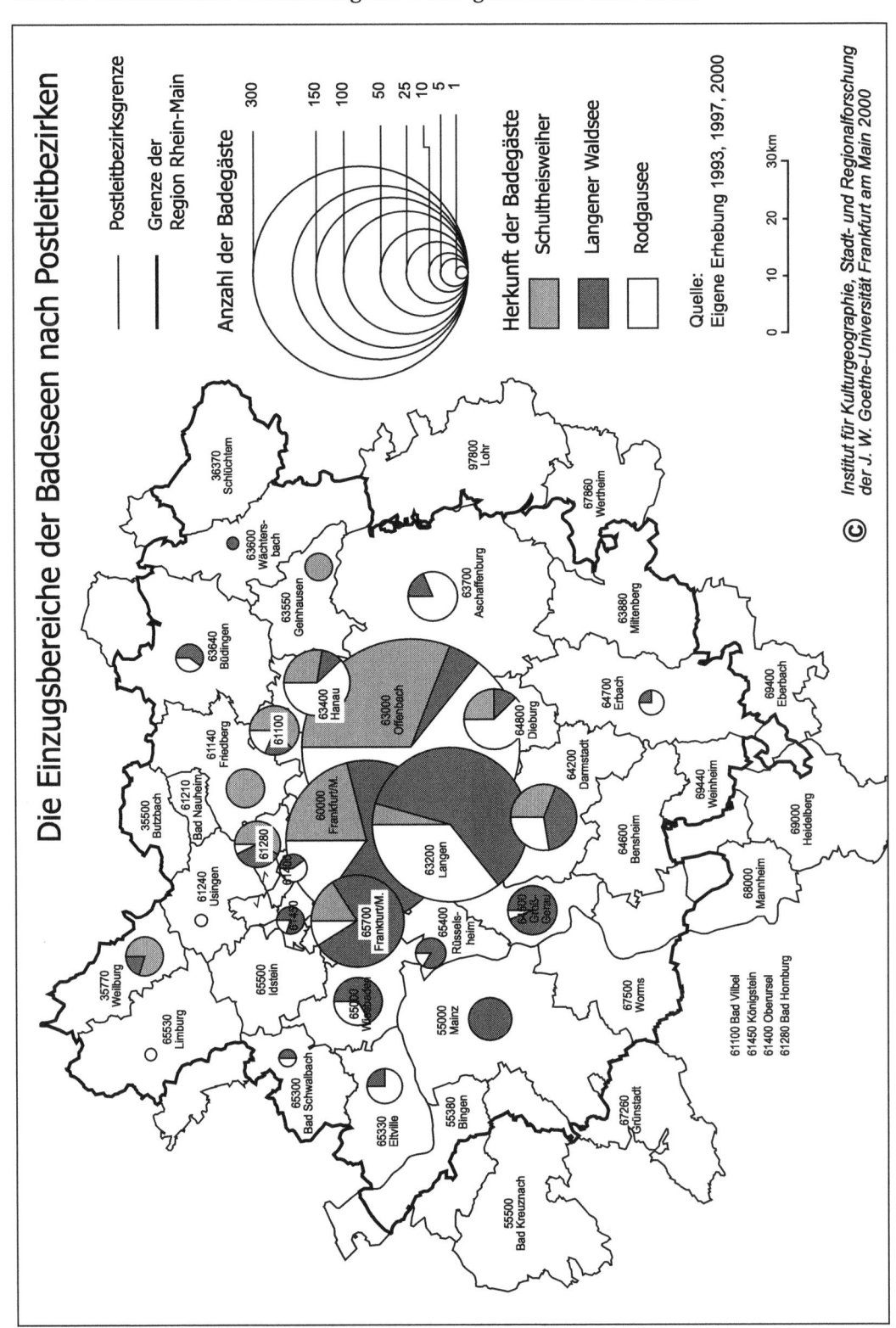

3.2 Verkehrsmittelwahl der Badegäste

Interessant ist auch – insbesondere aufgrund der geringen Distanzen zum See – im Zusammenhang mit den Einzugsbereichen die Art und Weise der Anreise an die jeweilige Einrichtung mit zu berücksichtigen. Wie oben beschrieben unterscheiden sich die drei Seen hinsichtlich der Anbindung an die Verkehrsnetze schon allein von der konzeptionellen Seite her. So ist das Ergebnis des Vergleichs der Verkehrsmittelwahl wohl besonders interessant: Tabelle 1 zeigt, dass der Pkw das hauptsächliche Verkehrsmittel ist, wenn der See mit dem Auto zu erreichen ist wie dies am Langener Waldsee und am Rodgausee der Fall ist. Er erreicht einen Anteil, der stets zwischen zwei Drittel und drei Viertel rangiert. Der zweite Verkehrsträger, der eine nennenswerte Rolle spielt, ist das Fahrrad. Es erreicht am Langener Waldsee und am Rodgausee einen Anteil von einem guten Viertel. Ein ganz anderes Bild ergibt sich am Schultheisweiher. In WOLF et al. (1997a, 35) heißt es dazu: „Die planerische Beschränkung der Zugänglichkeit des Freizeitareals für den motorisierten Individualverkehr ist erfolgreich gewesen. Nur gut ein Viertel der befragten Badegäste fährt mit dem Pkw zum Baden an den Schultheisweiher. Die übrigen Befragten benutzen nach eigenen Angaben umweltfreundliche Verkehrsarten (ÖPNV, Fahrrad, zu Fuß)." Damit ist erwiesen, dass trotz der Annahme, wie sie zum Beispiel in WOLF et al. (1997b, 38) formuliert ist, und der zu Folge der Pkw als Verkehrsmittel gewählt wird, um Gepäck zum See zu bringen, Möglichkeiten bestehen, seitens der Planung auf die Wahl des Verkehrsmittels Einfluss zu nehmen. Dies wird sicherlich auch dadurch unterstützt, dass der Schultheisweiher im Gegensatz zu den beiden anderen Seen nicht im näheren Umfeld ausgeschildert ist. So finden nur „Eingeweihte" überhaupt den Weg in dieses Erholungsgebiet.

Tab. 1: Verkehrsmittel bei der Anreise an einen Badesee

Verkehrsmittel	Schultheisweiher	Langener Waldsee	Rodgausee
Zu Fuß	9,6%	0,3%	4,5%
Fahrrad	56,2%	23,7%	23,0%
ÖPNV	6,4%	4,0%	0,8%
Motorrad	0,0%	4,2%	1,8%
Pkw	26,5%	67,5%	69,7%
k.A.	0,5%	0,3%	0,0%

Quelle: Eigene Erhebungen 1993, 1997, 2000

Auch die Tatsache, dass es 1997 möglich war, die Zahl der Parkmöglichkeiten rund um den Langener Waldsee stark einzuschränken, ohne dass der See an Beliebtheit verloren hat, zeigt, dass planerische Eingriffe möglich sind und vor allem auch ihr Ziel, nämlich die Einflussnahme in Richtung ökologisch orientierter Verkehrsmittel erfolgreich sein kann. Die Tabelle zeigt auch, dass – wenn auch in bescheidenem Rahmen – die Möglichkeit besteht, die Badegäste zur Nutzung des ÖPNV zu bewegen: Der Rodgausee verfügt über keinen adäquaten Anschluss an das Netz des ÖPNV. Im Jahr der Untersuchung war am Langener Waldsee gerade der „Waldsee-Bus" eröffnet worden, der den Langener Waldsee direkt mit der S-Bahn-Station in Dreieich-Buchschlag verbindet. Der Anteil 4,0% des ÖPNV am Langener Waldsee bzw. von 6,4% am Schultheisweiher zeigt, dass der ÖPNV angenommen wird, wenn zum einen ein gutes Angebot (schnelle Verbindung, hohe Frequenz) geschaffen wird und zum anderen die anderen Zugangsmöglichkeiten eingeschränkt werden.

Tab. 2: Bewertung der Erreichbarkeit je Verkehrsmittel

Verkehrsmittel	Schultheisweiher	Langener Waldsee	Rodgausee
Zu Fuß[4]	1,8	2,1	1,6
Rad	1,1	1,5	1,3
Pkw	1,6	1,3	1,0
ÖPNV	1,7	1,5	1,6

Quelle: Eigene Erhebungen 1993, 1997, 2000

Betrachtet man die Tabelle 2, in der die Bewertung der einzelnen Verkehrsträger ausgewiesen ist, so bestätigt sich das Ergebnis noch einmal. Es wird stets das Verkehrsmittel am besten bewertet, mit dem die Erreichbarkeit des angesteuerten Badesees am schnellsten und unkompliziertesten erscheint. Dies ist am Schultheisweiher das Fahrrad, am Langener Waldsee und am Rodgausee das Auto. Für die Fußgänger scheinen jedoch alle drei Seen Defizite hinsichtlich des vorhandenen Wegenetzes zu haben, denn die Fußwege schneiden an allen drei Seen nicht gut ab, während die Radwege offenbar besser zu sein scheinen – vielleicht liegt die Ursache der mäßigen Bewertung der Wege durch die Fußgänger aber auch an Konflikten, die durch die gemeinsame Nutzung der Wege durch beide Nutzergruppen entstehen?

---

[4] Für die Tabelle wurden die gegebenen Antworten aller Befragungen in Zahlen übersetzt und der Durchschnitt berechnet. Dabei wurde „gut" mit 1, „zufriedenstellend" mit 2, „schlecht" mit 3 eingesetzt. Keine Angabe bzw. „weiß nicht" blieben unberücksichtigt.

4 Tätigkeiten der Badegäste

4.1 Aktivitäten der Badegäste

In Kapitel 2 wurde darauf hingewiesen, dass die drei untersuchten Seen hinsichtlich der Ausstattung und ihres Profils deutliche Unterschiede aufweisen. An dieser Stelle soll nun im Vordergrund stehen, ob sich für den Schultheisweiher, den Langener Waldsee und den Rodgausee auch entsprechende Konsequenzen hinsichtlich der von den Badegästen ausgeübten Aktivitäten ergeben. Um die drei Seen miteinander vergleichen zu können, werden im Folgenden verschiedene Maßzahlen verwendet, die Auskunft über die Nutzung des Badesees bzw. die Aktivitäten geben. Dies sind:

- Tätigkeiten je Badegast (Quotient aus der Gesamtzahl der angegeben Aktivitäten und der Zahl der befragten Badegäste). Der Quotient gibt Auskunft darüber, wie viele Aktivitäten durchschnittlich je Badegast an einem See ausgeübt werden. Damit gibt der Quotient zum einen an, wie aktiv (oder passiv) die Gäste einer Einrichtung sind; zum anderen kann man aber über den Quotienten schließen, ob ausreichend Einrichtungen für Freizeitaktivitäten vorhanden sind: Eine niedriger Quotient kann auch ein Indikator für fehlende Freizeiteinrichtungen sein.

- Rangfolge der Tätigkeiten (auf den höchsten Rang kommt die Tätigkeit mit den meisten Nennungen). Dieser Indikator gibt an, welche Tätigkeiten am beliebtesten sind und kann damit Auskunft darüber geben, ob bestimmte Einrichtungen tatsächlich besucht werden, um dort spezifischen Aktivitäten nachzugehen. Man kann aus der Rangfolge schließen, ob die drei Seen auch ihrem Angebotsprofil entsprechend genutzt werden.

Tab. 3: Aktivitäten der Badegäste

Aktivitäten je Badegast	Schultheisweiher	Langener Waldsee	Rodgausee
Badewetter	3,2 (704/219)	3,9 (1392/354)	2,8 (1060/379)
Nicht-Badewetter	0,4 (87/219)	0,6 (206/354)	0,3 (114/379)

Quelle: Eigene Erhebungen 1993, 1997, 2000

Betrachtet man den Quotienten, der aus der Zahl der angegebenen Aktivitäten gebildet wird, ergibt sich das in Tabelle 3 wiedergegebene Bild. Es zeigt sich, dass die Gäste des Langener Waldsees mit Abstand die aktivsten sind und zwar bei Badewetter und gleichermaßen bei Nicht-Badewetter. Die Gäste des Schultheisweihers sind weniger aktiv und die Gäste des Rodgausees sind noch etwas weniger aktiv. Zu den Ursachen der Unterschiede im Aktivitätsquotienten zählen zum einen die vorgehaltenen Anlagen. Wie in Kapitel 2 beschrieben, verfügt der Rodgausee über das geringste Angebot an Freizeiteinrichtungen. Damit fehlen schlichtweg die Möglichkeiten, aktiv zu sein. Zum anderen ist aber die Altersstruktur der Gäste an den Seen unterschiedlich (vgl. Kap. 6). So ist sowohl am Schultheisweiher, als auch am Langener Waldsee die stärkste Altersgruppe die der 21-30jährigen. Am Rodgausee ist das gesamte Altersspektrum jedoch um eine Altersklasse zum höheren Alter hin verschoben, das Publikum somit im Verhältnis älter als das an den anderen beiden Seen. Dass ältere Menschen bei einem Besuch an einem Badesee eher Ruhe suchen, dürfte einleuchten.

Abb. 9: Aktivitäten bei Badewetter

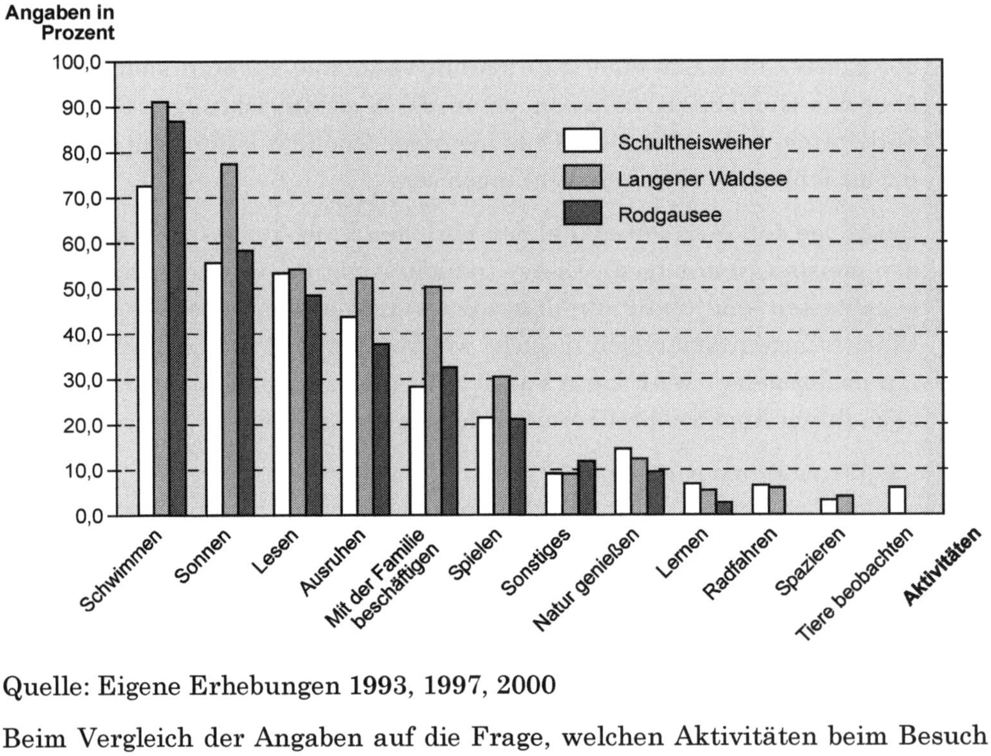

Quelle: Eigene Erhebungen 1993, 1997, 2000

Beim Vergleich der Angaben auf die Frage, welchen Aktivitäten beim Besuch des jeweiligen Badesees ausgeübt werden (Abb. 9), ergibt sich dennoch ein recht ähnliches Bild. Die Hauptmotivation, einen Badesee aufzusuchen, ist – wie der Name schon sagt – das Baden bzw. das Sonnenbaden (vgl. Tab. 4). Danach kommen an allen Seen in der Beliebtheit zunächst ruhebetonte Aktivitäten wie Lesen oder Ausruhen. Danach folgen „Mit der Familie/mit Freunden beschäftigen" und „Spielen/Sport treiben": Beides sind Aktivitäten, die eher mit „Action" verbunden sind. Hier zeigt sich deutlich der Unterschied zwischen den

Seen: Am Langener Waldsee können sich die meisten für diese Aktivitäten begeistern, an den beiden anderen Seen sind es – auch mangels Möglichkeiten – deutlich weniger[5]. Dass das Konzept des Schultheisweihers mit der Kombination eines Naturschutzgebietes mit einem Badesee zumindest von einem Teil der Besucher angenommen wird, zeigt die Tatsache, dass der Anteil derjenigen, die während ihres Besuches die „Natur genießen" am Schultheisweiher deutlich höher liegt als an den beiden anderen Seen.

Tab. 4: Rangfolge der Aktivitäten

Aktivität	Schultheisweiher	Langener Waldsee	Rodgausee
Schwimmen	1 (72,6%)	1 (91,1%)	1 (86,8%)
Sonnen	2 (55,7%)	2 (77,4%)	2 (58,3%)
Lesen	3 (53,4%)	3 (54,2%)	3 (48,5%)
Ausruhen	4 (43,8%)	4 (52,5%)	4 (37,7%)
Familie/Freunde	5 (28,3%)	5 (50,3%)	5 (32,5%)
Spielen/Sport	6 (21,5%)	6 (30,5%)	6 (21,1%)
Sonstiges	8 (9,1%)	8 (9,0%)	7 (11,9%)
Natur genießen	7 (14,6%)	7 (12,4%)	8 (9,5%)
Lernen	9 (6,8%)	10 (5,4%)	9 (2,6%)
Radfahren	10 (6,8%)	9 (5,9%)	-
Spazieren	12 (3,2%)	11 (4,0)	-
Tiere beobachten	11 (5,9%)	-	-

Quelle: Eigene Erhebungen 1993, 1997, 2000

Im direkten Vergleich der Rangabfolge der ausgeübten Aktivitäten fällt auf, dass an allen drei Seen dieselben Aktivitäten auf den ersten sechs Rängen stehen: Dies sind Schwimmen, Sonnen, Lesen, Ausruhen, mit der Familie/Freunden beschäftigen sowie Spiele/Sport treiben. Diese Aktivitäten können als die „originären Tätigkeiten" bezeichnet werden, die bei einem Besuch an einem Badesee zuverlässig ausgeübt werden. Das bedeutet auch, dass sich die Infrastruktur an einem See vorrangig an diesen Aktivitäten orientieren sollte und

---

[5] Das abgefragte Aktivitätenspektrum war je nach See den lokalen Gegebenheiten angepasst: So wurde zum Beispiel „Tiere beobachten" und „Radfahren" nur am Schultheisweiher abgefragt, „Spazieren" an diesen beiden Seen, aber nicht am Rodgausee.

Einrichtungen vorhalten sollte, die es den Gästen ermöglichen, die gewünschten Tätigkeiten auch ausüben zu können.

Unterschiede bei den weiteren abgefragten Aktivitäten entstehen vor allem durch mangelndes Angebot an Einrichtungen: Radfahren oder Spazieren gehen ist daher zum Beispiel vor allem am Langener Waldsee und am Schultheisweiher als Aktivität genannt worden: Der Langener Waldsee verfügt über eine überörtliche Anbindung an das markierte Radwegenetz (direkte Verbindung zur Frankfurter Innenstadt) und liegt in einem Waldgebiet, das auch dazu einlädt, Spazieren zu gehen. Am Schultheisweiher sind ebenfalls Wege zum Radfahren bzw. Spazieren vorhanden, nicht jedoch am Rodgausee: Zwar gibt es auch hier Wege, aber diese werden nur von wenigen benutzt und dann entweder zur An-/Abreise an den See oder um den Hund auszuführen. Wenn in diesem Bereich weitere Angebote geschaffen werden würden, wäre hier auch mit einer Annahme der Wege entsprechend der an den beiden erstgenannten Seen zu rechnen.

4.2 Genutzte und fehlende Einrichtungen

Die Feststellung, welche Einrichtungen von den Badegästen tatsächlich in Anspruch genommen werden, dient dazu, zu prüfen, ob mit den angebotenen Einrichtungen auch die Bedürfnisse der Gäste am Badesee befriedigt werden. Die Nutzung der an den Seen vorhandenen Infrastruktur ist Teil dieses Abschnittes. Im Gegenzug ist natürlich zu überlegen, ob es Anlagen gibt, die die Badegäste gerne nutzen würden, die bislang aber am jeweiligen See noch nicht vorhanden sind.

Es ist also nicht weiter verwunderlich, wenn das Spektrum der Antworten auch das am jeweiligen See vorhandene Infrastrukturangebot und menschliche Tätigkeiten abbildet (Tab. 5). So werden zum Beispiel die sanitären Anlagen (Duschen/WCs) an allen Seen mit am häufigsten nachgefragt. Häufiger nachgefragt wird nur – sofern vorhanden – ein Kiosk am jeweiligen See (vgl. Rodgausee und Langener Waldsee). Außerdem zeigt sich, dass den Sportanlagen am Langener Waldsee offenbar besondere Bedeutung zukommt, denn sie werden recht rege genutzt. Am Schultheisweiher und am Rodgausee besteht diesbezüglich noch Bedarf an Einrichtungen.

Dass von Seiten der Besucher das Interesse an weiteren Einrichtungen besteht, zeigt die Tatsache, dass an allen drei Seen – vor allem aber am Schultheisweiher und am Rodgausee – Wünsche nach weiteren Anlagen geäußert wurden. So sprachen sich beispielsweise 23,2% der Badegäste am Schultheisweiher dafür aus, dort weitere Infrastruktur einzurichten, also zum Beispiel einen Kiosk oder eine Gaststätte zu eröffnen (gerade die Versorgung mit Nahrungsmitteln scheint an Badeseen sehr wichtig zu sein, denn es besteht offensichtlich eine große Nachfrage nach den Produkten dieser Einrichtungen). An den beiden anderen Seen sind entsprechende Einrichtungen vorhanden und hier stehen andere Wünsche der Badegäste deutlich im Vordergrund.

Tab. 5: Genutzte Einrichtungen

	Schultheisweiher	Langener Waldsee	Rodgausee
Sanitäre Anlagen	57,1%	69,2%	34,8%
Badebereich	25,1%	-	3,7%
Keine Nutzung	5,5%	-	-
Wege[6]	4,5%	1,7%	-
Sonstige	6,6%	-	-
FKK-Bereich[7]	1,0%	-	3,2%
Kiosk	-	67,8%	48,3%
Sportanlagen	-	15,0%	4,5%

Quelle: Eigene Erhebungen 1993, 1997, 2000

Am Schultheisweiher wurde noch nicht nach weiteren gewünschten Einrichtungen direkt gefragt, sondern nur allgemein nach Verbesserungsvorschlägen. Hier wurde von den Badegästen vor allem das Fehlen „harter Infrastruktur" bemängelt – so sagte ein gutes Viertel der Badegäste (23,2%), dass ein Kiosk, eine Gaststätte, Telefon oder ein Briefkasten fehlen würden. Noch einmal gute 10% sprachen sich dafür aus, mehr Freizeiteinrichtungen am See zu installieren. Dazu gehören Spielgeräte (Volleyballplatz, Tischtennis-Platte, Rutsche oder Spielplatz), aber auch ein Kleinkinderbecken und Grillmöglichkeiten.

Auch am Langener Waldsee wurden vor allem bei den Fragen nach den Verbesserungsvorschlägen Anmerkungen zu auf dem Gelände fehlenden, aber wünschenswerten Anlagen gemacht. Bei den Badegästen konzentrierten sich die Vorschläge auf die sanitären Anlagen (14,7%), die Liegewiese (29,7%), die Erreichbarkeit bzw. das Parkplatzangebot (16,4%) und auf das nähere Umfeld des Sees (16,7%). Im Einzelnen beinhalten die genannten Kategorien Nennungen wie die folgenden: In Bezug auf die sanitären Anlagen sehen die Badegäste Verbesserungsbedarf (Renovierung?), wobei anzumerken ist, dass die sanitären

---

[6] Spazierwege gibt es am Rodgausee nicht.
[7] Der FKK-Bereich ist am Langener Waldsee und am Rodgausee extra abgetrennt. Die Besucher wurden getrennt befragt.

Anlagen bzw. ihr baulicher Zustand und die Sauberkeit an allen Badeseen ein neuralgischer Punkt zu sein scheint. Auch bei der Liegefläche wird etwas angesprochen, was die beiden anderen Seen ebenso betrifft, nämlich der Bedarf weiterer Schattenplätze. Die erhöhte Nachfrage nach Schatten in den letzten Jahren scheint unter anderem auch auf die Sensibilisierung der Bevölkerung für Krebserkrankung in Folge von längeren Aufenthalten in der Sonne zu resultieren. An keinem der Seen ist aber dieser erhöhten Nachfrage Rechnung getragen wurden (z.B. durch Neuanpflanzungen von Bäumen). Auch die Sauberkeit der Liegewiese wird angesprochen (dies wurde am Langener Waldsee auch noch einmal in der Kategorie deutlich, die sich auf Verbesserungen des näheren Umfelds bezog: Hier wurden ausdrücklich Mülleimer bzw. -container auf der Liegewiese und in der näheren Umgebung des Sees verlangt. Zu den geforderten Verbesserungen im Bereich Parken und Erreichbarkeit zählte unter anderem die unzureichende Beschilderung an den Zufahrtsstraßen zum See (ein Vorschlag, der auch am Schultheisweiher, dessen Zufahrtswege überhaupt nicht markiert sind, sinnvoll ist). Ferner wurde die Höhe der Parkgebühren beanstandet und eine bessere Anbindung an das Netz des ÖPNV gefordert. Nur unter „ferner liefen" wurde verlangt, mehr Parkplätze zu bauen bzw. die zu Beginn der Untersuchungssaison rückgebauten Parkflächen wieder zur Verfügung zu stellen. Nennungen, die ausdrücklich auf weitere Anlagen der Freizeitinfrastruktur bezogen waren, kamen nur von gut 9,6% der befragten Badegäste. Im Mittelpunkt der Kritik standen hier vor allem die bereits vorhandenen Grillmöglichkeiten, die weiter ausgebaut werden sollten.

Am Rodgausee werden so Schatten und weitere Spielmöglichkeiten reklamiert: Auf dem Gelände gibt es die sog. Schattenpilze und auch einige – wenige – Bäume, was aber für die doch recht große Zahl an Besuchern in diesem Strandbad zu wenig ist. Immerhin 12,4% wünschen sich mehr Bäume oder Schattenpilze. Sport- und Spieleinrichtungen stehen auf der Wunschliste der Badegäste am Rodgausee ebenfalls ganz oben: 10,8% meinen, auf diesem Sektor sei das Angebot am Rodgausee zu klein. Gefordert werden vor allem Spielmöglichkeiten auf dem Gelände des Strandbades, zum Beispiel eine Wiese zum Fußballspielen sowie einer oder mehrere Kinderspielplätze. Neben den vorhandenen Badeinseln wird auch der Wunsch geäußert, weitere wassergestützte Angebote zu errichten.

5 Bewertung der Anlagen und Zufriedenheit der Badegäste

In der Bewertung durch die Badegäste schneidet der Rodgausee sehr gut ab: Insgesamt 93,1% aller Badegäste gefällt der Rodgausee gut oder sogar sehr gut. Dies kann als eindeutiger Hinweis dafür gewertet werden, dass das vorhandene Angebot am Rodgausee – aller Kritik zum Trotz – so gut ist, dass es die Mehrzahl der Menschen, die den See besuchen, zumindest gut gefällt. Nach Schulnoten benotet erreicht der Rodgausee insgesamt die Note 1,6. Damit liegt der Rodgausee in der Bewertung durch seine Gäste in etwa mit dem Langener Waldsee und dem Schultheisweiher gleichauf: Der Schultheisweiher war 1993 mit 1,6 bewertet worden, der Langener Waldsee erhielt von den Badegästen die Note 1,9 und bildet das Schlusslicht. Etwas besser war die Bewertung des Langener Waldsees durch die dortigen FKK-Badegäste, die den See mit 1,8 bewerteten. Das heißt, dass der Rodgausee trotz einiger Defizite in seiner Ausstattung die anderen beiden Seen ohne weiteres aussticht und sein Publikum zufrieden stellt. Dieses Ergebnis ist insofern erstaunlich, als man annehmen möchte, dass der Langener Waldsee, an dem das bei weitem breiteste Spektrum am Aktivitäten angeboten wird, auch in der Gunst der Gäste entsprechend hoch stehen sollte. Dies ist aber gerade nicht der Fall!

Abb. 10: Zufriedenheit der Badegäste

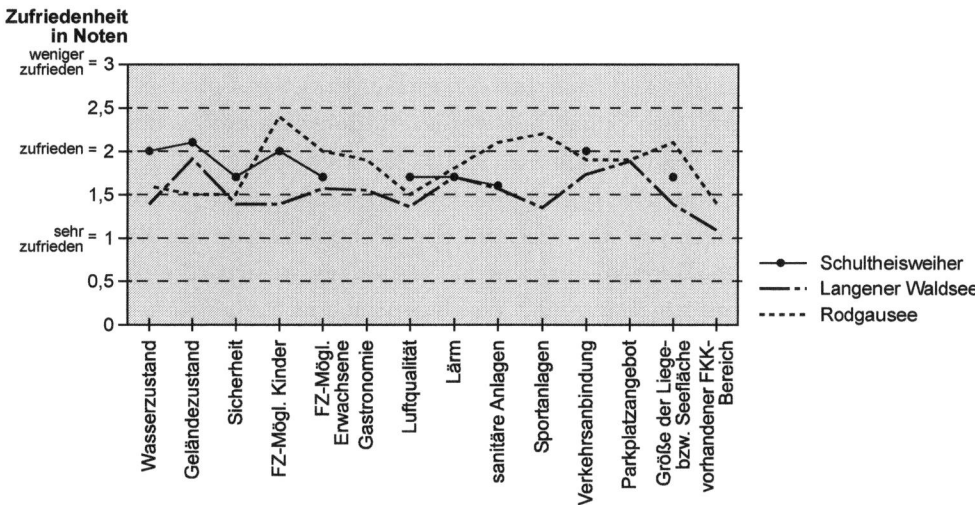

Quelle: Eigene Erhebungen 1993, 1997, 2000

Betrachtet man jedoch nicht nur das globale Urteil der Badegäste, sondern fragt dezidiert danach, wie zufrieden die Gäste mit einzelnen Einrichtungen oder Ausstattungsmerkmalen sind, so ergibt sich ein etwas anderes Bild (Abb. 10). In der Abbildung ist deutlich zu erkennen, dass die Badegäste am Rodgausee im Vergleich die Unzufriedensten sind. Der Rodgausee kann hinsichtlich der Zufriedenheit seiner Besucher nur bei der Wasserqualität, dem Geländezustand im Allgemeinen, der Sicherheit und dem Lärm bzw. der Ruhe mithalten. Letzteres ist erfreulich, da es ein deutlicher Hinweis darauf ist, dass der Kies- und Sandabbau am Rodgausee von den Badegästen tatsächlich kaum als störend empfunden wird. Bei allen anderen Bewertungen schneidet der Rodgausee jedoch schlechter ab als der Langener Waldsee und der Schultheisweiher. Besonders schlecht schneiden – sowohl am Rodgausee, als auch am Schultheisweiher – die Freizeitmöglichkeiten für Kinder ab. Weitere Ausreißer in die schlechtesten Noten gibt es bei den Sportanlagen (eine Kategorie, die am Schultheisweiher nicht abgefragt wurde) und der Größe der Einrichtung überhaupt: Hier wünschen sich die Badegäste vergleichsweise mehr Platz als dies an den beiden anderen Seen der Fall ist.

Erstaunlich ist in jedem Fall, dass die Verkehrsanbindung der drei untersuchten Seen nahezu identisch bewertet wird, obwohl völlig unterschiedliche Erreichbarkeitskonzepte zu Grunde liegen und auch die Möglichkeiten, die Seen mit unterschiedlichen Verkehrsträgern zu erreichen, differieren. Dies bestärkt die in Kapitel 3.2 getroffene Annahme, alternative Verkehrskonzepte können an Badeseen Erfolg haben, wenn sie konsequent durchgesetzt werden und Alternativen zum Pkw zur Verfügung stehen.

In weiteren einzelnen Variablen wurden die Bewertung der Seen noch weiter differenziert: Dies waren Fragen, die nach dem eigenen Empfinden in Bezug auf die Sicherheit und die Aufsicht am See sowie nach eventuellen Konflikten fragten. Die Nennungen der Badegäste an allen drei Seen sind in diesem Bereich allesamt positiv: Am Schultheisweiher fühlen sich 86,8% der Badegäste sicher, am Langener Waldsee sind es 91,0% der Badegäste und auch am Rodgausee fühlen sich fast alle Badegäste (94,2%) sicher. Das Sicherheitsgefühl scheint stark abhängig von der Präsenz des Wachpersonals am Strandbad zu sein, denn von den Badegästen wurde besonders positiv die Aufsicht am Strandbad (vor allem am Langener Waldsee und am Rodgausee) hervorgehoben. Auch ist das Beisammensein unterschiedlichster Alters- und Bevölkerungsgruppen in den Strandbädern beinahe völlig unproblematisch: Am Langener Waldsee sind 7,3% der Badegäste der Meinung, es gebe hin und wieder Konflikte unter den Gästen, am Rodgausee sind es sogar nur 4,5%. Die hier angeführten Zahlen unterstützen noch einmal die positive Bewertung der einzelnen Seen, die offensichtlich nicht nur auf die Ausstattung der Seen, sondern auch auf die Art der Aufsicht und Bewachung an den Seen bzw. die konfliktarme Atmosphäre unter den Badegästen zurückzuführen ist.

Insgesamt ergibt sich aus dem „Zufriedenheitsprofil" und den ergänzenden Fragen in etwa folgender Handlungsbedarf an den drei Seen:

- Schultheisweiher: Wasser- und Geländezustand prüfen und verbessern, fehlende Einrichtungen ggf. ergänzen (Gastronomie, Sport- und Freizeitanlagen)
- Langener Waldsee: Geländezustand verbessern, Parkmöglichkeiten erweitern oder bereits realisiertes Verkehrskonzept konsequenter umsetzen
- Rodgausee: Freizeit- und Sportmöglichkeiten schaffen, grundlegende Überarbeitung des Geländes mit verbesserten Angeboten in den Bereichen Gastronomie und sanitären Anlagen, Bad insgesamt vergrößern und damit die Situation entschärfen.

Von Bedeutung für die Zukunft der Badeseen ist auch die Wahrnehmung der Einrichtung durch die Gäste, wenn es darum geht, einzuschätzen, ob eine Anlage ihre Kapazitätsgrenze erreicht hat, oder nicht. Der Rodgausee fällt hier besonders negativ auf: 69,7% aller Badegäste ist der See zumindest zeitweise zu voll. Differenzierungen nach Alter, Geschlecht oder anderen soziodemographischen Merkmalen zeigen kein anderes Ergebnis. Zum Vergleich sei angemerkt, dass die Situation am Langener Waldsee nur von 36,7% (!) der dortigen Badegäste als übervoll empfunden wird. Auch am Schultheisweiher sind nur 49,7% der Badegäste der Meinung, der Weiher sei hin und wieder überlastet. Einigkeit herrscht unter allen Badegästen, dass der Rodgausee vor allem an Wochenenden unter dem Besucheransturm leidet. Als Gründe für die zeitweilige Überlastung werden vor allem schönes Wetter und hohe Besucherzahlen an den Wochenenden angegeben. Dennoch ist an allen drei Seen die Zahl derjenigen, die aus der Überbelegung unmittelbare Konsequenzen ziehen, gering: Lediglich eine Minderheit macht sich früher als vorgesehen auf den Heimweg, aber kaum jemand lässt von seinem Vorhaben, einen Badesee zu besuchen ganz ab.

Badegäste an allen drei Seen besuchen neben dem See, an dem sie befragt wurden, weitere Badeseen. Am Schultheisweiher nutzen insgesamt 51,6% der Badegäste auch andere Seen. Als Hauptkonkurrent tritt der Langener Waldsee in Erscheinung, gefolgt vom „Grünen See" in Mühlheim, der wie auch der Schultheisweiher in einem NSG liegt, an dem Baden aber nicht erlaubt ist (!). An dritter Stelle liegt der Badesee in Großkrotzenburg, der Rodgausee steht in dieser Liste erst an fünfter Stelle nach dem Mörfelder Badesee. Auch diese Liste bestätigt die weiter oben getroffene Feststellung, dass Badeseen vor allem als Freizeiteinrichtungen, die wohnstandortnah besucht werden, zu betrachten sind, denn die als Konkurrenten anzusehenden Seen des Schultheisweihers befinden sich noch im unmittelbaren Einzugsbereich seiner Badegäste. Gründe dafür, nicht immer den selben Badesee zu besuchen, sind unter anderem im Wunsch nach Abwechslung, aber beim Schultheisweiher auch in Unzufriedenheit mit der Einrichtung selbst zu suchen (WOLF et al. 1997a, 69).

Der Langener Waldsee scheint den Wünschen seiner Besucher weiter entgegen zu kommen als der Schultheisweiher: Nur 43,2% der Badegäste weichen überhaupt an andere Seen aus. Als unmittelbare Konkurrenz tritt hier – verständlicherweise – der benachbarte Mörfelder Badesee auf. Danach folgt weit abgeschlagen der Rodgausee, gefolgt vom Raunheimer See und dem Badesee in Großkrotzenburg. Der Schultheisweiher wurde so selten angegeben, dass er nur in der Restkategorie „andere Seen" berücksichtigt worden ist.

Auch am Rodgausee ist der Anteil der „Wechsler", die verschiedene Seen besuchen, so hoch wie am Langener Waldsee: 37,5% besuchen ab und zu andere Seen, vornehmlich aus der Region. Hauptsächlich wird von den Badegästen des Rodgausees beim Besuch eines anderen Sees der Langener Waldsee angesteuert (27,5% fahren dann an diesen See), auf dem zweiten Platz liegt der Königsee in Mainhausen-Zellhausen, gefolgt vom „Knochensee" in Hainburg-Klein-Krotzenburg. Auch diese Seen liegen in dem Bereich, in dem auch die Wohnstandorte der meisten Besucher des Rodgausees liegen. Als Gründe für den Besuch an anderen Seen werden – wie auch am Schultheisweiher – der Wunsch nach Abwechslung und die bessere Erreichbarkeit (Wohnstandortnähe!) angegeben.

Insgesamt zeigt sich, dass die Badegäste an allen Seen recht zufrieden sind. Im Einzelfall besteht zwar Renovierungs- oder Verbesserungsbedarf, aber da die Gesamtbewertung der Seen doch recht positiv ausfällt, scheinen die beanstandeten Dinge weniger ins Gewicht zu fallen. Auch die Tatsache, dass zwar an andere Badeseen gewechselt wird, liegt im Bereich des Normalen: Sind die Gründe für das „Pendeln" zwischen den Seen doch offensichtlich nicht an den Seen selbst zu suchen, sondern liegen im verständlichen Wunsch nach Abwechslung bzw. der besseren Erreichbarkeit (Wohnstandortnähe!) anderer Seen! Dennoch sollte schon jetzt in die Zukunft hinein gedacht werden: Insbesondere am Rodgausee ist die drohende Überbelegung bereits heute ein Problem, für das so schnell wie möglich eine Lösung gesucht werden sollte!

6 Soziodemographische Struktur der Badegäste

Im abschließenden Kapitel sind nun die soziodemographischen Merkmale der Badegäste an den drei Seen Gegenstand der Betrachtung. Dabei sollen jedoch vor allem die Hauptmerkmale der Besucher näher untersucht und miteinander verglichen werden.

An allen drei Seen fällt ein Männerüberschuss auf (Abb. 11). Am Rodgausee ist das Verhältnis der beiden Geschlechter zueinander am ehesten als ausgeglichen zu bezeichnen, am deutlichsten ist das Missverhältnis am Schultheisweiher. WOLF et al. (1997a, 59) begründeten die Überzahl der Männer damit, dass Frauen wegen etwaiger sexueller Belästigung dem Strandbad fernbleiben könnten. Für manche der befragten Frauen war sexuelle Belästigung ein Grund, sich am See nicht sicher zu fühlen. Die Differenz zur Gleichverteilung bzw. zur tatsächlichen Verteilung von Männern und Frauen in der Gesamtbevölkerung könnte aber auch auf erhebungstechnische Probleme zurückzuführen sein wie das WOLF et al. (1997b, 10) beschreiben.

Abb. 11: Geschlecht der Badegäste an allen Seen

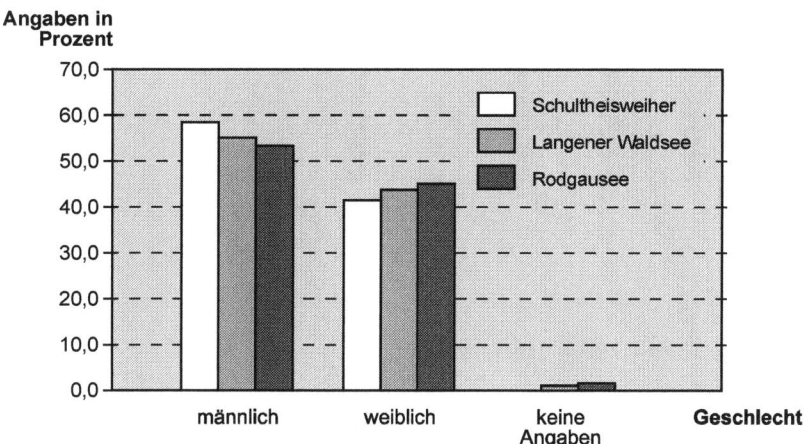

Quelle: Eigene Erhebungen 1993, 1997, 2000

Während man die Verteilung der Geschlechter an den drei Seen noch als sehr ähnlich ansehen kann, so gibt es bei der Altersstruktur deutlichere Unterschiede (Abb. 12). So ist der Anteil der „Jüngsten" am Schultheisweiher recht klein, aber bereits die nächsthöhere Altersklasse (21-30 Jahre) stellt ein gutes Drittel der Badegäste insgesamt. Zusammen mit den 31-40jährigen liegt der Anteil sogar bei knapp 60,0%. Bei den folgenden Jahrgängen sinken die Anteile stetig. Während sich auch am Langener Waldsee feststellen lässt, dass der Anteil der „Jüngsten" noch recht klein ist, liegt der Anteil am Rodgausee bereits deutlich über 20,0% - besonders auffallend an der Altersstruktur des Rodgausees ist sicherlich, dass die Altersklassen bis 40 Jahre beinahe gleich stark besetzt sind. Der Anteil liegt jeweils zwischen 20,0 und 25,0%. Grund für diese abweichende Altersstruktur und insbesondere den hohen Anteil der unter 20jährigen könnte die sehr wohnstandortnahe Lage des Rodgausees sein: Sowohl der Schultheisweiher, als auch der Langener Waldsee liegen außerhalb der geschlossenen Siedlungen ohne direkte Verbindung zu denselben. Dahingegen ist der Rodgausee in unmittelbarer Nähe des Rodgauer Stadtteiles Nieder-Roden und von dort aus ohne Probleme zu Fuß zu erreichen. Dies könnte auch eine Motivation für Eltern sein, ihren Kindern einen Ausflug an den nahe gelegenen Badesee eher zu erlauben als dies an den beiden anderen Seen der Fall ist.

Abb. 12: Altersstruktur der Badegäste an allen Seen

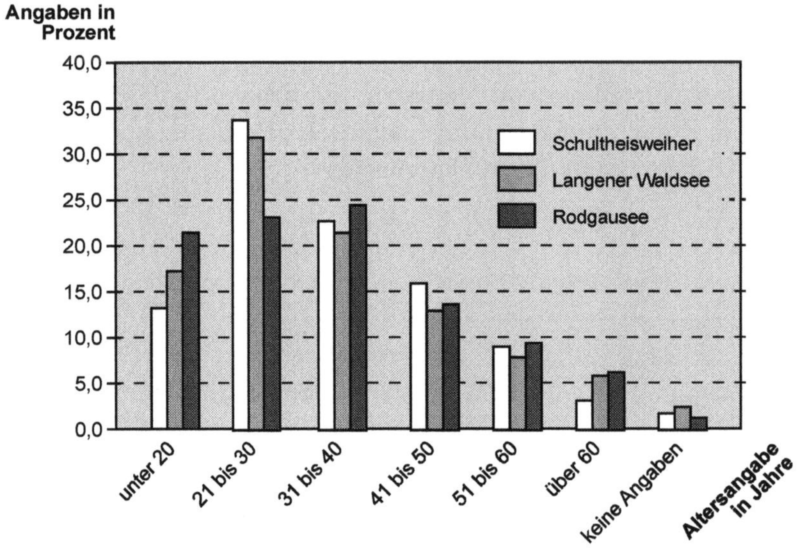

Quelle: Eigene Erhebungen 1993, 1997, 2000

In den höheren Altersklassen flacht der Anteil der Badegäste an allen drei Seen gleichermaßen ab. Die geringere Zahl an Badegästen aus diesen Altersklassen entspricht jedoch nicht ganz dem Anteil dieser Altersgruppen an der Gesamtbevölkerung, so dass anzunehmen ist, dass nur noch besonders aktive Jung-Senioren und Senioren Badeseen besuchen. Zu einem gewissen Anteil – und dies zeigt die Untersuchung zum Rodgausee sehr gut (WOLF/LANGHAGEN-ROHRBACH 2001) – sind gerade die Gäste höheren Alters im Bereich des FKK-Geländes zu finden. Der Besuch des FKK-Strandes scheint bei vielen dieser Gäste maßgebliche Motivation für den See-Besuch zu sein, da die Freikörperkultur für sie Ausdruck einer bestimmten gesundheitsorientierten Lebensweise zu sein scheint. Insbesondere ältere Menschen neigen anscheinend dem FKK-Baden in dieser Form zu.

In Bezug auf die Lebenssituation der Badegäste gibt die Wohnfläche pro Person (errechnet aus der von den Badegästen angegebenen Gesamtwohnfläche und der Zahl der Personen im Haushalt) recht gut Auskunft (vgl. Abb. 13). Da zwar in allen Untersuchungen nach dem Haushaltseinkommen gefragt wurde, aber stets nur von weniger als der Hälfte der Befragten Auskunft über die Einkommenssituation gegeben, kann das Nettoeinkommen der Haushalte kaum als hinreichender Indikator verwendet werden.

Abb. 13: Wohnfläche pro Person

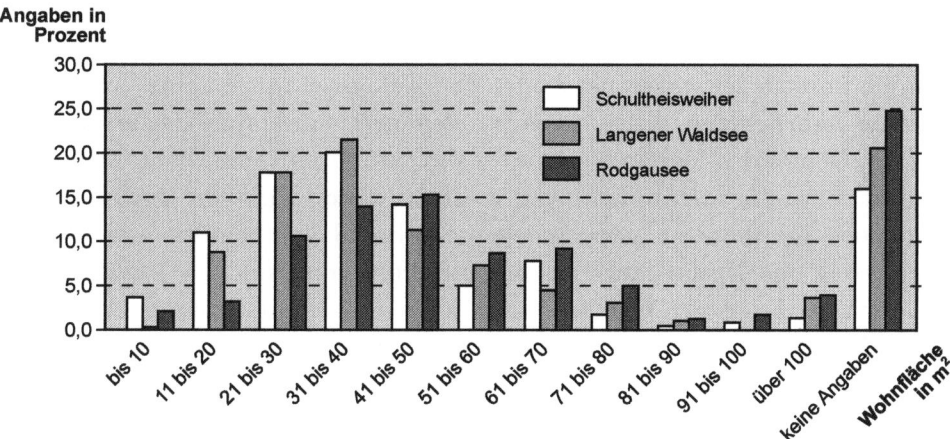

Quelle: Eigene Erhebungen 1993, 1997, 2000

Die Größe der Wohnfläche pro Person zeigt gut die Unterschiede zwischen dem Publikum an den drei Seen. Besonders auffallend ist, dass die Wohnfläche pro Person unter den Besuchern des Rodgausees mit Abstand am größten ist – der Mehrheit der Besucher dieses See stehen mehr als 41 qm pro Person zur Verfügung. Am Schultheisweiher und am Langener Waldsee ist es hingegen umgekehrt. Den meisten Gästen dieser Einrichtungen stehen weniger als 40 qm pro Person zur Verfügung. Die Wohnfläche scheint dabei Ausdruck der besseren ökonomischen Situation der Besucher des Rodgausees zu sein. Vielleicht drückt sich hier aber auch der suburbane Einzugsbereich des Rodgausees aus: Beim Vergleich der Altersstruktur war aufgefallen, dass die Besucher des Rodgausees im Schnitt etwas älter sind als die der beiden anderen Seen. Dies kann bedeuten, dass diese Personen bereits in einer Zeit (bis Mitte der 80er Jahre) in den suburbanen Raum zogen, als die Grundstücke noch großzügiger geschnitten wurden, so dass auch größere Häuser gebaut werden konnten. Zudem ist es möglich, dass diese Häuser – ursprünglich für Familien mit Kindern gebaut – nun ausschließlich von der Elterngeneration bewohnt werden, was zum einen zu einer Überalterung der Bevölkerung, zum anderen aber auch zu hohen Wohnflächen pro Person führt.

Der Vergleich weiterer soziodemographischer Merkmale ist schwierig, da zum Beispiel bei der Frage nach dem erlernten bzw. dem ausgeübten Beruf je nach See und Publikum unterschiedliche Kategorisierungen verwendet wurden.

7 Fazit

Der Vergleich der drei untersuchten Seen miteinander bringt weniger Unterschiede, sondern vielmehr Gemeinsamkeiten ans Licht. So kann als eine wichtige Erkenntnis angesehen werden, dass Badeseen vornehmlich Bedürfnisse der den Seen benachbarten Bevölkerung befriedigen. Dem entsprechend kommen auch vornehmlich Bewohner umliegender Städte und Gemeinden an den jeweiligen Badesee. „Regional bedeutsam" sind alle drei Badeseen nur, wenn man den Begriff der Region räumlich sehr eng begreift – keiner der drei Seen kann im Bereich der wasserbezogenen Freizeiteinrichtungen eine Versorgungsfunktion wahrnehmen, die die gesamte Region Rhein-Main (oder auch nur das gesamte Gebiet des Umlandverbandes Frankfurt) mit einbezieht. Dies ist zumindest deswegen erstaunlich, weil versucht wurde, an allen drei Seen unterschiedliche Konzepte zu verwirklichen: Während der Schultheisweiher Freizeitnutzung und Naturschutz miteinander verbindet, sind der Rodgausee und vor allem der Langener Waldsee mehr auf sportliche Aktivitäten ausgerichtet. Dennoch reicht ihre „Anziehungskraft" kaum weiter als bis in die unmittelbare Nachbarschaft.

Betrachtet man jedoch die Art und Weise, in der die Anreise an den jeweiligen Badesee erfolgt, so stellt man fest, dass zwei der drei untersuchten Seen trotz restriktiver Maßnahmen bei der Verkehrserschließung häufig besucht werden und von den Badegästen als gutes Freizeitangebot eingestuft werden. Hier besteht sicherlich auch für den dritten See, den Rodgausee, die Möglichkeit, vom Langener Waldsee und dem Schultheisweiher zu lernen: Wenn Parkplätze und Erreichbarkeit unverändert bleiben, wird sich auch am Modal Split der Anreise der Badegäste nichts ändern. Mit entsprechenden weitreichenden Maßnahmen (Reduktion der Parkfläche, strikte Umzäunung, evtl. kostenpflichtigen Parkplatz einrichten) könnte das Verkehrsverhalten der Badegäste gelenkt werden. Voraussetzung ist allerdings, dass entsprechende Alternativen geschaffen werden. Dazu zählt vor allem eine Buslinie hoher Frequenz, die den Bahnhof mit dem Strandbad verbindet (evtl. im Rahmen eines Stadtbus-Konzeptes für Rodgau), entsprechende P+R-Parkplätze sowie eine S-Bahn mit kurzem Takt.

In Bezug auf die Aktivitäten der Badegäste während ihres Besuches lässt sich festhalten, dass es an drei untersuchten Badeseen – unabhängig von der übrigen Ausstattung mit Spiel- und Sportgeräten und -anlagen – Aktivitäten gibt, die die Badegäste an die Seen ziehen. Diese wurden oben bereits als „originäre Tätigkeiten" während des Besuchs eines Badesees bezeichnet. Diese sind Schwimmen, Sonnen, Lesen, Ausruhen, mit Freunden/der Familie zusammen sein, Spielen bzw. Sport treiben (in der Reihe der Häufigkeit der Nennungen). Dies bedeutet, dass jeder Badesee zuerst einmal sicher stellen muss, dass es den Badegästen möglich ist, diesen Aktivitäten nachzugehen. Erst wenn darüber hinaus weiterer Bedarf nach anderen Einrichtungen besteht, sollten diese angeboten werden.

Die FKK-Strände haben an allen drei Seen einen großen Anteil an Stammgästen, der sich vor allem aus höheren Altersgruppen rekrutiert. Beim Ausbau bzw. der Planung weiterer Anlagen und Einrichtungen an den drei Seen sollte auf diese Gruppe besondere Rücksicht genommen werden. Der Anteil der Stammgäste ist unter den Besuchern der FKK-Strände jeweils höher als an den Textil-Stränden. Außerdem ist das Publikum in den FKK-Abteilungen das ältere und etwas inaktivere – dementsprechend ist das Publikum an den Textil-Stränden jünger und auch eher auf Aktivitäten erpicht.

Aus den vorgenannten Aussagen kann eine Liste erstellt werden, die den Idealumfang der Ausstattung eines Badesees wie folgt vorsieht:

- Strand mit Abschnitt für Textil- und FKK-Badegäste und ausreichender Fläche (je größer die Fläche, desto größer ist die Wahrscheinlichkeit, dass ein See von den Gästen nicht als überbelegt empfunden wird),
- nach Möglichkeit Sandstrand (auch als Spielplatz),
- gepflegte und saubere Liegewiese mit viel Schatten (Bäume sind Schattenpilzen und anderen Schattenspendern vorzuziehen), Sitzmöbeln und Papierkörben,
- gepflegte und saubere sanitäre Anlagen (Toiletten und Duschen) sowie Umkleidekabinen in ausreichender Zahl und von allen Strandteilen aus gut erreichbar,
- Kiosk (Minimalausstattung), Café oder Gaststätte (mit Außenterrasse und „Straßenverkauf")(Idealausstattung), evtl. am Kiosk bzw. im Außenverkauf mit erweitertem Angebot (Zeitschriften, Sonnencreme, Taschenbücher etc.), als Möglichkeit, selbst aktiv zu werden, bieten sich Grillplätze in ausreichender Zahl an,
- Spielmöglichkeiten für Erwachsene und Kinder (Volleyballfelder, Kinderspielmöglichkeiten, multifunktionale Spielfläche (Wiese)), sowie spezielle Attraktionen, die das Profil des Badesees schärfen,
- Gute Erreichbarkeit (ausreichende Parkflächen *oder* konsequente Umsetzung eines alternativen Verkehrskonzeptes),
- Bewachter Badestrand,
- Werbung innerhalb des Einzugsbereichs (wenn gewünscht), mit der auf die Qualitäten der Einrichtung hingewiesen wird,

- „Events" bzw. Großveranstaltungen sollten an den Badeseen nur dann durchgeführt werden, wenn sie den regulären Badebetrieb nicht stören (z.B. abends nach Ende des Badebtriebs).

Diese Liste macht deutlich, dass ein gut geführter Badesee von seinem Betreiber auch ein gewisses finanzielles Engagement fordert, das dazu nötig ist, die Anlage in ordentlichem und vor allem sauberen Zustand zu halten, aber auch, um den Betrieb zu gewährleisten. Je weniger dabei die Anwesenheit des Personals auffällt, sich aber dennoch alle Abläufe in geregelten Bahnen bewegen, desto wohler werden sich die Badegäste in einer Einrichtung fühlen.

An dieser Stelle wurde ein „Idealzustand" beschrieben, den zu erreichen die Betreiber des Schultheisweihers, des Langener Waldsees und des Schultheisweihers bestrebt sein sollten. Auf der Basis der Untersuchungsergebnisse, wäre der Langener Waldsee derjenige, der diesem Ideal am nächsten kommt. Aufgrund aktueller Ereignisse und Umstrukturierungen in dieser Einrichtung, scheint jedoch der Rodgausee „die Nase vorn" zu haben. Insgesamt lässt sich festhalten, dass alle drei Seen ihre Vor- und Nachteile sowie ihr eigenes Stammpublikum haben. Veränderungen jeder Art müssen daher sorgfältig durchdacht sein und vor allem muss vorher eine grundlegende Entscheidung getroffen werden: Soll das Stammpublikum gepflegt werden oder soll durch Veränderungen vornehmlich neues Publikum – evtl. zu Lasten der Stammgäste – gewonnen werden.

8 Literatur

Luftbilder:

http://www.uvf.de/atlas/lb/lang.html

http://www.uvf.de/atlas/lb/off.html

http://www.uvf.de/atlas/lb/rodga.html

UMLANDVERBAND FRANKFURT (UVF) 2000: Naturlehrangebote in der Region Frankfurt Rhein-Main. – Frankfurt.

WOLF, K., LILIENBECKER-HECHT, U., SCHRADER, K. u. J. WÜRGES 1997a: Evaluierung einer wasserbezogenen Freizeiteinrichtung im großstädtischen Verdichtungsraum am Beispiel des Schultheisweihers in Offenbach am Main. Teil 1: Erhebung der Nachfrage im Zielgebiet. – In: Materialien Bd. 20, S. 7-114, Frankfurt.

WOLF, K. SCHOLZ, C.-M. u. C. ROHRBACH 1997b: Der Langener Waldsee. Struktur und Nutzerpotential einer Freizeiteinrichtung. – unveröffentlichtes Gutachten, Frankfurt.(= MATERIALIEN 30/2001 in Druckvorbereitung)

WOLF, K. u. C. LANGHAGEN-ROHRBACH 2001: Der Rodgausee – Struktur und Potential einer Freizeiteinrichtung im Verdichtungsraum. = Materialien Band 31.

9 Anhang

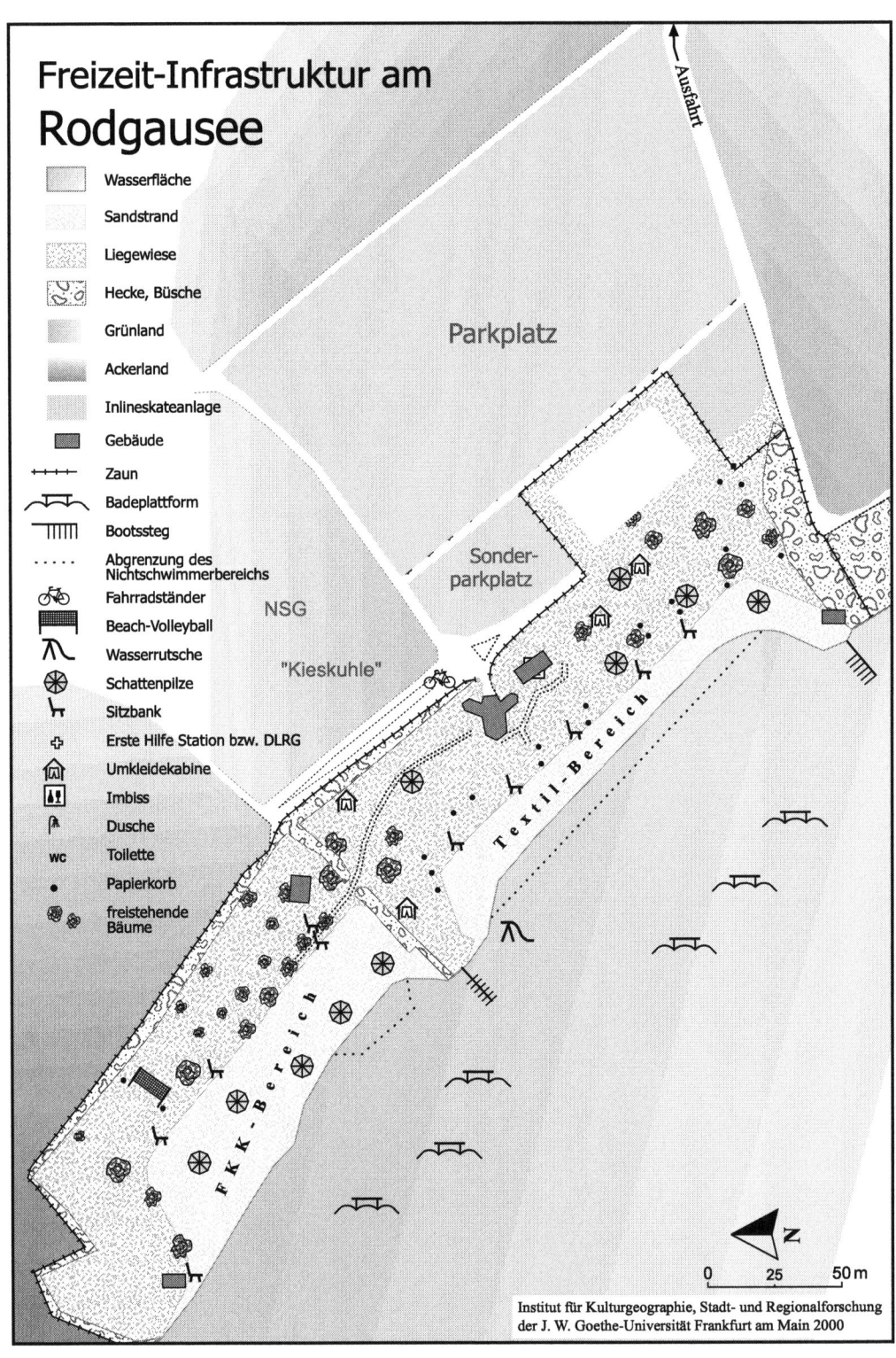

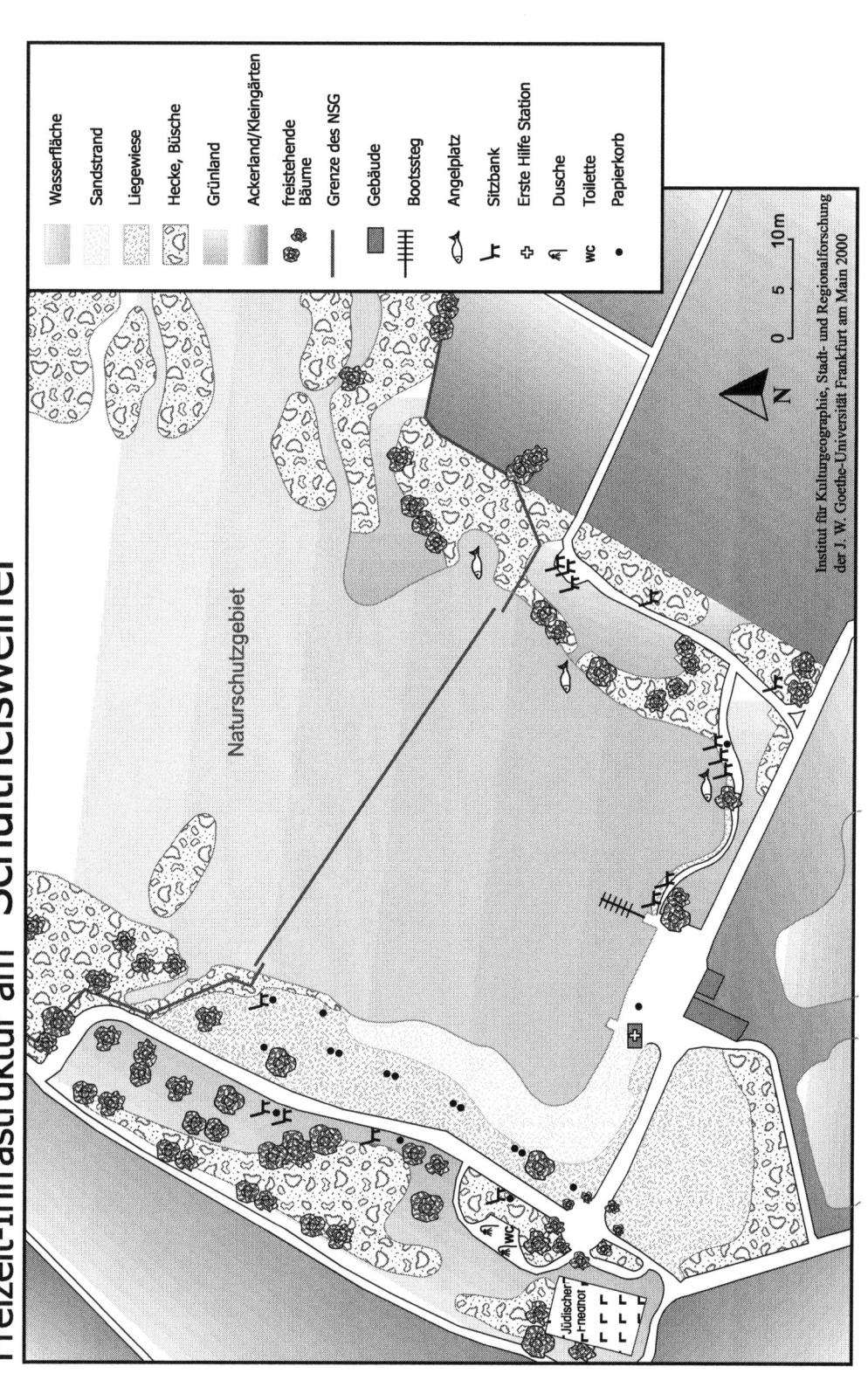

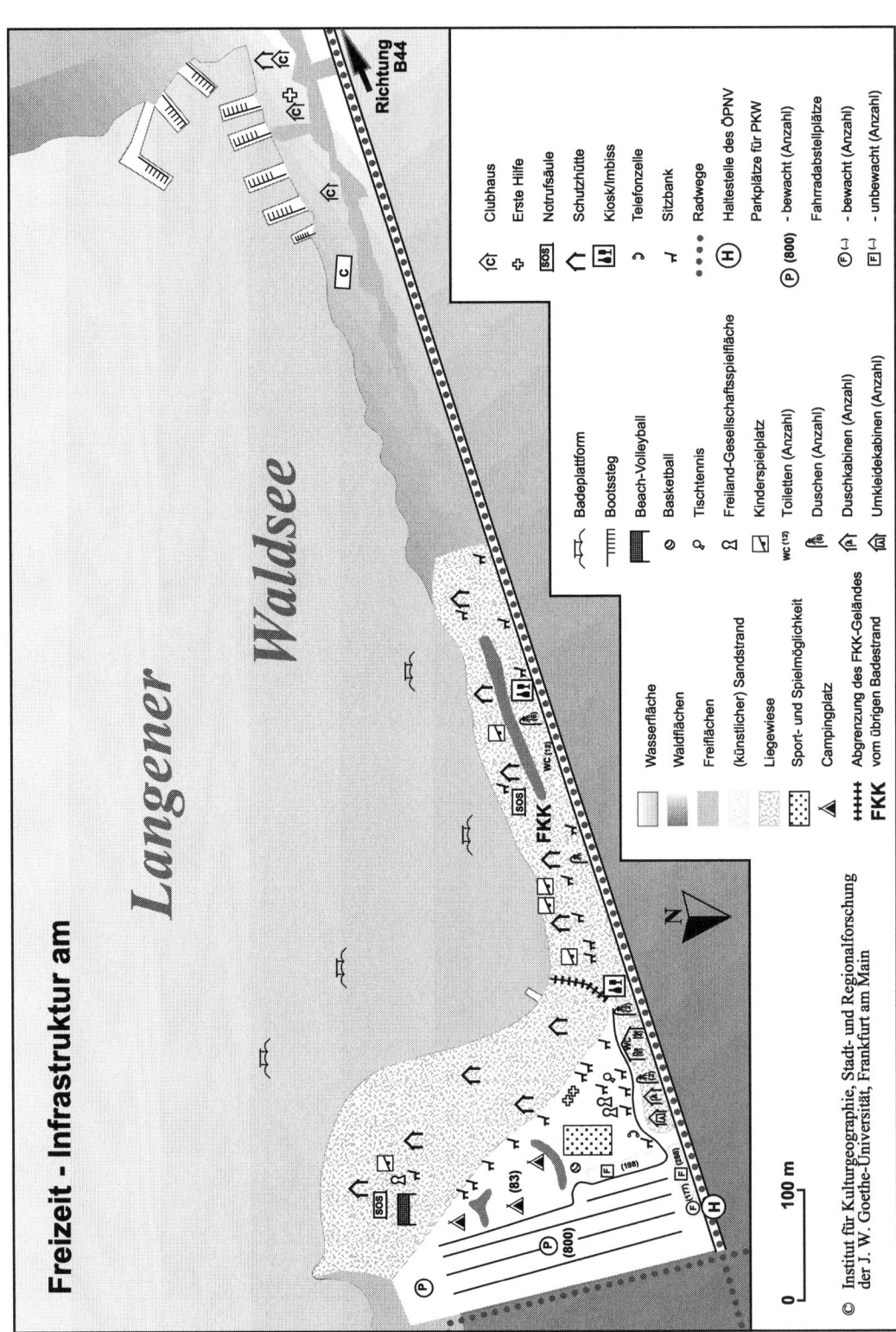

MATERIALIEN

Herausgegeben von K. WOLF/Institut für Kulturgeographie, Stadt- und Regionalforschung der J.W. Goethe-Universität Frankfurt am Main. Schriftleitung: F. SCHYMIK

1974   Nr. 1 KLAUS WOLF, PETER JURCZEK, PETER ROTH, JENS SCHULZE: Struktur und Entwicklung von Freizeit und Fremdenverkehr im Odenwaldkreis. 239 Seiten mit 37 Abb. und 12 Tab. *Vergriffen.*

1975   Nr. 2 SUBURBANE TRANSFORMATIONSPROZESSE IN VERDICHTUNGSRÄUMEN DER NIEDERLANDE. Herausgegeben von Klaus Wolf unter Mitwirkung von Franz Schymik und Elke Tharun. Mit Beiträgen von U. Bös /J. G. Borchert / F.-D. Buchheimer / B. Dittmar / K. Gathof /J. Holzhauer / P. Jurzcek / D. Krüger-Röth / B. Kubenka / H. J. Müller / N. H. Noisser / I. Ohlig / H. Wielpütz / S. Winners / K. Wolf. 194 Seiten mit 16 Abb. und 17 Tab. *Vergriffen.*

1975   Nr. 3 NAHERHOLUNG / STUDENTISCHES WOHNEN. Ortwin Gierhake: Probleme der Naherholung im Verdichtungsraum Rhein-Main, untersucht am Beispiel des Campingplatzes "Bärensee" (bei Hanau); Peter Jurczek: Geographierelevante Überlegungen zum studentischen Wohnen. Darstellung der studentischen Wohnverhältnisse als Ursache für Kontaktschwierigkeiten bei Studenten. 132 Seiten mit 5 Abb. DM 12,00.

1976   Nr. 4 VARIA I. Klaus Wolf: Bemerkungen zum innerstädtischen Freizeitverhalten am Beispiel der Stadt Speyer am Rhein; Bodo Freund: Probleme der Flächennutzung in einem Naherholungsort am Beispiel Pfaffenwiesbach; Friedel Sauerwein: Waldneuanlagen im Hessischen Odenwald 1960 - 1971. 97 Seiten mit 11 Abb. und 14 Tab. DM 10,00.

1976   Nr. 5 SOZIALGEOGRPAHISCHE FRAGESTELLUNGEN. Beiträge zum Symposium in Ljubljana/Maribor, im Oktober 1975. Herausgegeben von Klaus Wolf. Mit Beiträgen von I. Braun / K. Gathof / H.-G. Glaeßer / R. Hantschel / P. Jurczek / D. Krüger-Röth / P. Roth / F. Schymik / E. Tharun / K. Wolf / M. Jersic / M. Klemencic / Vl. Klemencic / J. Medved / M. Pak / M. Ravbar / D. Uranjek / I. Vriser / B. Belec / B. Kert / L. Olas / M. Zgonik. 173 Seiten, mit 20 Abb. und 23 Tab. DM 26,50.

1978   Nr. 6 KLAUS WOLF, PETER JURCZEK, FRANZ SCHYMIK unter Mitwirkung einer studentischen Projektgruppe: Errichtung, Struktur und Nutzung von Feriendörfern in Mittelgebirgen. Modellanalyse "Ostertal"/Odenwald und "Herbstein"/Vogelsberg. 322 Seiten mit 25 Abb., 101 Tab. und Anlagen. DM 36,00.

1981   Nr. 7 KLAUS WOLF, KURT GATHOF unter Mitarbeit einer studentischen Projektgruppe: Nutzungsstrukturen in der Naherholung, erläutert am Beispiel Frankfurt-Sossenheim. Die Nutzwertanalyse als sozialgeographisches Bewertungsverfahren zur Bestimmung des Versorgungsgrades des Stadtteils Frankfurt-Sossenheim mit Freizeitinfrastruktur. 143 Seiten mit 24 Abb., 2 Übersichten und 15 Tab. DM 18,50. ISBN 3923218-00-1.

1984   Nr. 8 KLAUS WOLF zusammen mit ASTRID WIEMANN, WERNER BÖHM, THOMAS FRIEDERICH, NORBERT KORDEY: Aktionsräumliches Freizeit verhalten Jugendlicher am Frankfurter Stadtrand, erläutert am Beispiel Frankfurt-Sossenheim. Ergebnisse einer studentischen Projektgruppe. 216 Seiten mit 59 Abb. und 84 Tab. DM 26,00. ISBN 3-923218-01-X.

1984   Nr. 9 KLAUS WOLF, FRANZ SCHYMIK (Hrsg.): Urbane und suburbane Entwicklung im Rhein-Main-Gebiet (Bundesrepublik Deutschland) und Slowenien (Jugoslawien) im Vergleich. Beiträge zum Symposium in Frankfurt am Main, im Oktober 1983. 174 Seiten. DM 22,00. ISBN 3-923218-02-8.

1986	Nr. 10 NORBERT KORDEY: Raumstrukturelle Wirkungen neuer Informations- und Kommunikationstechnologien, dargestellt anhand der Strategien öffentlicher Verwaltungen und unternehmerischer Standortentscheidungen. 205 Seiten mit 46 Abb. und 14 Tab., 40 Seiten Anhang. DM 28,00. ISBN 3-923218-03-6.
1987	Nr. 11 WILHELM STEINGRUBE, REINER DÖLGER: TOPOLOG - ein Programmsystem zur Erzeugung topologischer Karten. 32 Seiten mit 14 Abb. DM 8,00. ISBN 3-923218-04-4.
1987	Nr. 12 RUTH BÖRDLEIN: Informationstechnisch bedingte raumstrukturelle Veränderungen im Frankfurter Umland, untersucht am Beispiel der Anbieter neuer Informations- und Kommunikationstechnologien. 202 Seiten mit 34 Abb. und 39 Tab., 24 Seiten Anhang. DM 26,00. ISBN 3-923218-05-2.
1989	Nr. 13 WOLF, KLAUS , GUDRUN OTTO und eine studentische Projektgruppe (herausgegeben und bearbeitet): Regionalbewußtsein im Hessischen Ried. Ansätze zur Begriffsbestimmung, räumlichen Dimensionierung und Interpretation. 274 Seiten m. Tabellen, Karten und Abbildungen. DM 26,00. ISBN 3-923218-06-0.
1991	Nr. 14 SUSANNE KREINZ: Wohnungsversorgung als kommunale Aufgabe. Zur gesamtgesellschaftlichen Einbindung der Wohnungspolitik Frankfurts in den 20er Jahren. 189 Seiten mit 21 Abb., 16 Tab. und Anhang. DM 24,00. ISBN 3-923218-07-9.
1992	Nr. 15 WOLF, KLAUS, STEINGRUBE, WILHELM, HELLBERG, UTE, KORINTH, HELGA, SCHÄFLEIN, SUSANNE: Raumansprüche bewegungsorientierter Freizeitaktivitäten im Rhein-Main-Gebiet. VII und 73 Seiten mit 13 Tab. und 13 Abb. DM 12,00. ISBN 3-923218-08-7.
1994	Nr. 16 RONALD ODEHNAL: Truppenreduzierungen und Stadtentwicklung - Zielvorstellungen, Maßnahmen und Instrumente im Zusammenhang mit der Umnutzung aufgelassener Militärliegenschaften, erläutert am Beispiel der Städte Diez, Gießen und Frankfurt am Main. 231 Seiten mit 11 Tab. u. 27 Abb. DM 28,00. ISBN 3-923218-10-9.
1994	Nr. 17 RUTH BÖRDLEIN: Geographinnen an Hochschulen in der Bundesrepublik Deutschland, Österreich und der Schweiz. 100 Seiten mit 35 Tab. u. 3 Abb. DM 14,00. ISBN 3-923218-11-7.
1994	Nr. 18 WOLF, KLAUS, CLAUDIA MARIA SCHOLZ: Stadtentwicklung Bensheim an der Bergstraße. 492 Seiten mit 58 Abb. und 2 Farbkarten. DM 40,00. ISBN 3-923218-9-5.
1995	Nr.19 PATRICK KEMPF : Konzepte und Möglichkeiten der Baulandmobilisierung. BARBARA REHM: Städtebauliche Entwicklungsmaßnahmen nach dem Maßnahmengesetz zum Baugesetzbuch. 208 Seiten. DM 20,00. ISBN 3-923218-12-5.
1997	Nr. 20 WOLF, KLAUS u.a.: Evaluierung einer wasserbezogenen Freizeiteinrichtung im großstädtischen Verdichtungsraum am Beispiel des Schultheis-Weihers in Offenbach am Main. Teil 1: Erhebung der Nachfrage im Zielgebiet; Teil 2: Ergebnisse der Befragung der Anwohner der angrenzenden Stadtteile Bürgel, Fechenheim und Rumpenheim. WOLF, KLAUS u.a.: Strukturanalyse des Fremdenverkehrs in Oberammergau. 412 Seiten. DM 34,00. ISBN 3-923212-13-3.
1997	Nr. 21 WOLF, KLAUS und ELKE THARUN (Hrsg.): Einzelhandelsentwicklung (Vorträge einer Tagung am 24. November 1995) und Zielorientierte Regionale Geographie (Vorträge einer Tagung am 22. November 1996). 223 Seiten. DM 20,00. ISBN 3-923218-14-1.

1998	Nr. 22 CLAUDIA SCHMEDES: Das hessische Dorferneuerungsprogramm im Spannungsfeld von administrativer Wirklichkeit und dörflichem Lebensraum. 152 Seiten. DM 16,00. ISBN 3-923218-15-X.
1998	Nr. 23 WILFRIED KÖRNER: Der Frankfurter Grüngürtel als sozialer Raum: Diskurse, Raumbilder und Netzwerke - das Beispiel Sossenheim. 152 Seiten. DM 20,00. ISBN 3-923218-16-8.
1998	Nr. 24 WOLF, KLAUS und ELKE THARUN (Hrsg.): Verkehrsplanung und städtebauliche Entwicklung. (Vorträge eines Symposiums am 21. November 1997). 96 Seiten. DM 14,00. ISBN 3-923218-17-6.
1998	Nr. 25 JENS PETER SCHELLER: Rhein - Main. Eine Region auf dem Weg zur politischen Existenz. 228 Seiten, 25 Abb., 10 Karten, Anhang. DM 24,00. ISBN 3-923218-18-4.
1999	Nr. 26 CHRISTIAN ROHRBACH: Regionale Identität im Global Village - Chance oder Handicap für die Regionalentwicklung? 149 Seiten, 26 Tab., 16 Abb., 11 Karten, Anhang. DM 20,00. ISBN 3-923218-19-2.
1999	Nr. 27 WOLF, KLAUS und CLAUDIA MARIA SCHOLZ: Bebauung "Am Riedberg Frankfurt am Main". Vorschlag zur funktionalen und sozialräumlichen Verknüpfung der geplanten Neubauten der Universität Frankfurt am Main und der beabsichtigten Bebauung des "Riedberg-Geländes" durch die Stadt Frankfurt am Main. 199 Seiten, 28 Abb., 1 Tab. DM 28,00. ISBN 3-923218-20-6.
2000	Nr. 28 JENS PETER SCHELLER, KLAUS WOLF unter Mitarbeit einer studentischen Projektgruppe: Lokale Agenda 21 in Frankfurt am Main. Ein Evaluationsbericht. 101 Seiten, 2 Tab., 9 Abb. DM 16,00. ISBN 3-923218-21-4.
2001	Nr. 29 MATTHIAS SCHNEIDER. Der deutsche Kongress- und Tagungsmarkt unter besonderer Berücksichtigung des Nachfragesegmentes „mittelständische Unternehmen". JOCHEN WÜRGES: Städtenetze als Perspektive der interkommunalen Zusammenarbeit. (im Druck)
2001	Nr. 30 WOLF, KLAUS, CLAUDIA MARIA SCHOLZ und CHRISTIAN ROHRBACH: Der Langener Waldsee – Struktur und Potential einer regionalen Freizeiteinrichtung. (im Druck)
2001	Nr. 31 WOLF, KLAUS und CHRISTIAN LANGHAGEN-ROHRBACH: Regionale Freizeiteinrichtungen im Rhein-Main-Gebiet: Teil A: Der Rodgausee – Struktur und Potential. Teil B: Badeseen der Region im Vergleich. 228 Seiten. DM 39,80. ISBN 3-923218-24-9